金蝶 ERP 实验课程指定教材

金蝶 K/3 ERP 供应链管理系统实验教程

傅仕伟　李湘琳　著

清华大学出版社

北　京

内 容 简 介

本书是金蝶ERP实验课程指定教材。以金蝶K/3 WISE V13.1版为蓝本,详细介绍了供应商管理、供应商门户、采购管理、客户关系管理、销售管理、进口管理、出口管理、应收应付、仓存管理、存货核算、总账管理等系统功能。同时,本书最后一章还提供了练习案例,可以让学生在学完本书后,进行实际操作演练。

本书结合了作者所在企业多年信息化实践的经验,非常适于高等院校的财务会计、企业管理、软件技术、物流管理等相关专业作为教学用书,对于学生了解企业的管理与实际业务,以及如何与信息系统结合非常有帮助。当然,对于企业信息化主管及业务人员也是一本不错的参考书。

本书封面贴有清华大学出版社防伪标签,无标签者不得销售。
版权所有,侵权必究。举报:010-62782989,beiqinquan@tup.tsinghua.edu.cn。

图书在版编目(CIP)数据

金蝶K/3 ERP供应链管理系统实验教程/傅仕伟,李湘琳 著. —北京:清华大学出版社,2015
(2023.8重印)
(金蝶ERP实验课程指定教材)
ISBN 978-7-302-39470-9

Ⅰ.①金… Ⅱ.①傅…②李… Ⅲ.①供应链管理—计算机管理系统—教材 Ⅳ.①F252-39

中国版本图书馆CIP数据核字(2015)第036209号

责任编辑:崔　伟
封面设计:牛艳敏
责任校对:成凤进
责任印制:宋　林

出版发行:清华大学出版社
网　　址:http://www.tup.com.cn,http://www.wqbook.com
地　　址:北京清华大学学研大厦A座
邮　　编:100084
社 总 机:010-83470000
邮　　购:010-62786544
投稿与读者服务:010-62776969,c-service@tup.tsinghua.edu.cn
质 量 反 馈:010-62772015,zhiliang@tup.tsinghua.edu.cn
课 件 下 载:http://www.tup.com.cn,010-62796865

印 装 者:北京鑫海金澳胶印有限公司
经　　销:全国新华书店
开　　本:185mm×260mm　　印 张:23.25　　字　数:537千字
(附光盘1张)
版　　次:2015年5月第1版　　印　次:2023年8月第11次印刷
定　　价:59.00元

产品编号:060679-02

前 言

供应链管理一直是企业物流管理的核心业务。在早期的 ERP 系统中，企业物流管理只关注企业内部的物流管控，也就是销售、采购、仓存。但是，随着市场竞争越来越激烈，企业不能再单独依靠自身来进行竞争了，必须打造强有力的供应链才能获得更强的竞争优势。为此，ERP 系统的功能也在不断扩展，开始将供应商、客户一同纳入 ERP 系统的体系架构中。

金蝶作为国内知名的企业管理软件厂商，一直在不断地完善其产品体系。可以说，金蝶发布的 K/3 V13.1 版具有跨时代的意义，完整地将客户、制造企业、供应商链接在一起，具有真正意义上的供应链管理功能。为此，本书以 K/3 V13.1 版为蓝本，详细介绍了供应链管理系统的主要功能和业务操作。

金蝶 ERP K/3 V13.1 版凝聚了一百多万家客户的成功实践，旨在为企业管理者打造最佳的信息化平台。为企业提供包括财务管理、供应链管理、生产制造管理、供应商关系管理(SRM)、客户关系管理(CRM)、分销管理、人力资源管理(HR)、协同办公(OA)、企业绩效、商业智能分析等全面的应用系统，有效整合企业内外部资源，实现企业价值最大化，推动中国企业走向卓越管理之路。尤其是供应商门户、客户关系管理、经销商门户这三个基于 B/S 架构模式的产品，真正将企业的两端——客户/销售商和供应商纳入整个供应链体系中，使得企业对市场的响应更加快速有效。

在编写本书时，摒弃了以往很多书籍纯模块功能的介绍模式，而采用贴近企业实际业务流程处理的方式进行。为此，本书设计了一个企业的案例来贯穿全书，每个章节都围绕该企业具体的管理和业务流程，同时提供完整的业务数据来详细介绍会计信息系统所涉及的功能和具体操作。这种业务流程化的编写模式有利于让读者对会计信息系统的功能有更深刻的认识，并对企业的实际业务理解更透彻，让学员达到不仅"知其然"，更"知其所以然"，能将所学的知识立刻应用于企业的实际业务处理。

本书共分为 16 章，详细介绍了供应商管理、供应商门户、采购管理、客户关系管理、销售管理、进口管理、出口管理、应收应付、仓存管理、存货核算、总账管理等系统功能。同时，本书最后一章还提供了练习案例，可以让学生在学完本书后，进行实际操作演练。

本书提供了完整的教学资源，其中包含的内容有：

(1) 金蝶 ERP K/3 V13.1 安装盘(本书附配光盘)。
(2) 金蝶 ERP K/3 V13.1 资源盘[①](安装必备)。
(3) 每个章节的账套数据，便于学生练习。
(4) 教学课件(PPT 格式)，便于教师授课。
(5) 考试题库，便于教师在教完本书后，利用题库进行关键知识点的考试。

关于每个章节账套数据的使用，在此特别说明一下：教师可以在讲完一个章节后，就恢复上一章节末的备份账套，让学生开始练习。这种方式有利于分章节独立教学，但又保证供应链管理系统业务处理的连贯性。另外，考题的答案可发邮件至 cuiwei80@163.com 获取。

本书在以下方面非常具有特色：

(1) 更侧重于从企业的实际业务流程角度出发，深入浅出地介绍管理信息系统的应用。 在多年的信息化实践过程中，作者体会到从信息系统使用者的角度来介绍业务流程和业务操作会更便于被理解和接受。为此，在本书的编写过程中，突出了对企业实际业务的介绍，并结合这些实际业务来阐述信息系统是如何操作和管理的。

(2) 有利于自我学习。 本书每个章节的实验操作讲解非常详细，读者完全可以按照实验操作进行自我学习，而且能快速上手。

(3) 方便分学时的实验教学。 本书每个章节都配有账套，便于教师在教完一个章节后，就恢复账套，让学生进行练习，因此对于分学时的教学非常方便。

(4) 强调实战应用。 本书的授课时长可由讲师自行掌握，但应把握一个重点：实验教程更多以练习为主，让学生在练习的过程中更加深刻地体会企业的实际业务，以及信息系统如何处理企业的业务。

本书结合了作者所在企业的多年信息化实践的经验，非常适于高等院校的财务会计、企业管理、软件技术、物流管理等相关专业作为教学用书，对于学生了解企业的管理与实际业务，以及如何与信息系统结合非常有帮助。当然，对于企业信息化主管及业务人员也是一本不错的参考书。

本书在编写过程中，参考了作者所在公司的一些工作成果，也借鉴了一些企业管理和信息化建设的相关资料和文献。因人员较多，在此不一一表述。因为有了他们的辛勤劳动，才会凝结成本书的最终成果。在此，谨对他们表示衷心的感谢！

---

① 因光盘容量有限，金蝶 ERP K/3 V13.1 资源盘、账套文件、教学 PPT 课件、考题等请通过 http://pan.baidu.com/s/1ntxFFoH 链接下载，请注意该网址的英文字母需区分大小写。

目 录

第 1 章 系统简介 1
   1.1 产品体系结构 1
   1.2 整体应用流程图 3

第 2 章 实验背景介绍 4

第 3 章 系统管理 6
   3.1 系统概述 6
   3.2 实验练习 6
      【实验一】 K/3 产品安装 6
      【实验二】 新建账套 19
      【实验三】 账套维护 24
      【实验四】 用户管理 26

第 4 章 初始化 32
   4.1 系统概述 32
   4.2 实验练习 33
      【实验一】 总账系统初始化 33
      【实验二】 应收应付初始化 46
      【实验三】 供应链初始化 53

第 5 章 供应商管理 66
   5.1 系统概述 66
      5.1.1 供应商管理业务 66
      5.1.2 重点功能概述 67
      5.1.3 与其他系统的关系 69
   5.2 实验练习 70
      【实验一】 供应商档案管理，并进行资质申请 70
      【实验二】 供应商的评估 75

第 6 章 供应商门户系统 81

6.1 系统概述 81
6.1.1 业务流程 81
6.1.2 重点功能概述 83
6.1.3 与其他系统的关系 86

6.2 实验练习 87
【实验一】 创建供应商门户账套并进行相关设置 87
【实验二】 了解信息中心的功能 100
【实验三】 样品试制申请 103
【实验四】 询报价 109
【实验五】 采购订单、采购变更通知与交货通知 112
【实验六】 退货通知 117
【实验七】 发布品质异常报告 123
【实验八】 处理往来对账 126

第 7 章 采购管理 132

7.1 系统概述 132
7.1.1 采购管理业务的处理流程 132
7.1.2 重点功能概述 133
7.1.3 与其他系统的关系 134

7.2 实验练习 135
【实验一】 采购管理基础资料设置 135
【实验二】 业务流程定义 138
【实验三】 请购申请 140
【实验四】 采购订货 142
【实验五】 仓库收货 146
【实验六】 财务记账 150
【实验七】 采购退货 153
【实验八】 供应商管理库存(VMI) 156
【实验九】 分次收货采购 163
【实验十】 受托代销 164
【实验十一】 委外加工 165
【实验十二】 代管物资 166

第 8 章 客户关系管理 167

8.1 系统概述 167

  8.1.1 市场管理业务的处理流程 ·· 167
  8.1.2 商机管理业务的处理流程 ·· 168
  8.1.3 服务管理业务的处理流程 ·· 169
  8.1.4 重点功能概述 ·· 170
  8.1.5 与其他系统的关系 ·· 171
 8.2 实验练习 ·· 172
  8.2.1 市场管理实验练习 ·· 172
   【实验一】 客户关系管理基础资料设置 ·································· 172
   【实验二】 定义组织架构 ·· 174
   【实验三】 收集市场情报 ·· 175
   【实验四】 开展市场调查 ·· 177
   【实验五】 举办市场活动 ·· 180
   【实验六】 线索管理 ·· 184
   【实验七】 满意度调查 ··· 186
  8.2.2 商机管理实验练习 ·· 186
   【实验一】 定义业务资料 ·· 186
   【实验二】 客户管理 ·· 189
   【实验三】 商机创建与评估 ··· 191
   【实验四】 商机推进 ·· 194
   【实验五】 活动管理 ·· 196
   【实验六】 任务管理 ·· 199
   【实验七】 样品管理 ·· 202
   【实验八】 商机推进 ·· 205
  8.2.3 销售过程实验练习 ·· 210
   【实验一】 报价管理 ·· 210
   【实验二】 合同管理 ·· 212
   【实验三】 客户价值 ·· 216
  8.2.4 服务管理实验练习 ·· 220
   【实验一】 产品档案 ·· 220
   【实验二】 服务请求 ·· 222

第 9 章 销售管理 ·· 228
 9.1 系统概述 ·· 228
  9.1.1 销售管理业务的处理流程 ·· 228
  9.1.2 重点功能概述 ·· 229

  9.1.3 与其他系统的关系 ·················230
 9.2 实验练习 ·················231
  【实验一】 销售价格管理 ·················231
  【实验二】 信用管理 ·················235
  【实验三】 销售业务流程定义 ·················239
  【实验四】 销售报价 ·················239
  【实验五】 签订销售订单 ·················242
  【实验六】 仓库发货 ·················244
  【实验七】 财务记账 ·················246
  【实验八】 销售退货 ·················249
  【实验九】 经销商门户—在线订货 ·················252
  【实验十】 直运销售 ·················264
  【实验十一】 委托代销 ·················265
  【实验十二】 分期收款销售 ·················266

第 10 章 进口管理 ·················268
 10.1 系统概述 ·················268
  10.1.1 进口管理系统基本业务处理流程 ·················268
  10.1.2 重点功能概述 ·················269
  10.1.3 与其他系统的关系 ·················270
 10.2 实验练习 ·················270
  【实验一】 进口业务基础资料 ·················270
  【实验二】 签订进口合同 ·················276
  【实验三】 进口作业 ·················280

第 11 章 出口管理 ·················286
 11.1 系统概述 ·················286
  11.1.1 出口管理系统基本业务处理流程 ·················286
  11.1.2 重点功能概述 ·················287
  11.1.3 与其他系统的关系 ·················287
 11.2 实验练习 ·················288
  【实验一】 出口业务基础资料 ·················288
  【实验二】 签订外销订单 ·················289
  【实验三】 出口信用证处理 ·················292
  【实验四】 出运通知 ·················295
  【实验五】 装箱处理 ·················297

第 12 章 应收应付系统··········300
12.1 系统概述··········300
12.1.1 应收应付基本业务处理流程··········300
12.1.2 重点功能概述··········301
12.1.3 与其他系统的关系··········303
12.2 实验练习··········304
【实验一】 登记应收款··········304
【实验二】 出纳收到货款··········305
【实验三】 出纳收到应收票据··········307
【实验四】 往来账款核销··········309
【实验五】 坏账处理··········310
【实验六】 凭证制作··········312
【实验七】 期末处理··········315

第 13 章 仓存管理··········318
13.1 系统概述··········318
13.1.1 仓存基本业务处理··········318
13.1.2 重点功能概述··········318
13.1.3 与其他系统的关系··········319
13.2 实验练习··········320
【实验一】 生产领料··········320
【实验二】 产品入库··········322
【实验三】 外销发货··········324
【实验四】 仓库调拨··········325
【实验五】 盘点处理··········327

第 14 章 存货核算··········332
14.1 系统概述··········332
14.1.1 存货核算管理基本业务处理流程··········332
14.1.2 重点功能概述··········332
14.1.3 与其他系统的关系··········333
14.2 实验练习··········333
【实验一】 入库核算··········333
【实验二】 出库核算··········337
【实验三】 凭证处理··········339
【实验四】 存货跌价准备··········344

　　　　　【实验五】 期末处理 ·· 346

第 15 章　总账管理 ··· 349
15.1　系统概述 ·· 349
　　15.1.1　总账系统基本业务流程 ·· 349
　　15.1.2　重点功能概述 ·· 350
　　15.1.3　与其他系统的关系 ·· 350
15.2　实验练习 ·· 350
　　【实验一】 凭证处理 ·· 351
　　【实验二】 结转损益 ·· 353
　　【实验三】 期末结账 ·· 355

第 16 章　模拟练习案例 ··· 357
16.1　案例背景 ·· 357
16.2　初始化 ··· 357
　　16.2.1　建账 ··· 357
　　16.2.2　设置系统参数 ·· 358
　　16.2.3　设置基础资料 ·· 358
　　16.2.4　初始化数据 ·· 359
　　16.2.5　结束初始化 ·· 361
16.3　日常业务处理 ··· 361
　　16.3.1　采购管理 ·· 361
　　16.3.2　销售管理 ·· 361
　　16.3.3　仓存管理 ·· 362
　　16.3.4　存货核算管理 ·· 362
　　16.3.5　应收管理 ·· 362
　　16.3.6　应付管理 ·· 362
　　16.3.7　总账管理 ·· 362
16.4　期末处理 ·· 362

第 1 章 系统简介

供应链管理信息系统,是一门融电子计算机科学、管理科学、信息科学和供应链管理科学为一体的边缘学科。学生对供应链管理信息系统(物流电算化)基本理论的学习,可以为以后工作中的实际应用打下坚实的基础。随着企业市场竞争的日益激烈,越来越多的公司要求学生一上岗就能熟练操作使用信息化软件,光有理论的学习已远远不能满足需要。本书以企业的实际运作为蓝本,结合学校实验操作的要求,让学生通过上机实验模拟企业的真实环境进行相关技能的演练。

考虑到目前企业信息化软件的流行情况,本书选择了国内知名的软件公司——金蝶国际软件集团有限公司的 K/3 系统。

与国外的软件相比,K/3 系统更适合中国企业,符合中国国情,其优异性通过一百多万客户的应用已得到了验证。

K/3 系统是中国软件领域第一个基于 DNA 三层结构的 ERP 系统,希望通过接下来的实验练习,让我们对金蝶 K/3 系统软件有所了解。

1.1 产品体系结构

金蝶产品根据企业应用规模的大小划分为四个系列,它们分别是适用于小型企业的 KIS、适用于中小型企业的 K/3、适用于大中型企业的 K/3 Cloud 以及适用于超大型企业的 EAS。同时,金蝶还有第一个基于服务导向架构(SOA)的商业操作系统——金蝶 BOS。

下面以金蝶公司的主流产品 K/3 为蓝本,介绍金蝶软件的应用。

金蝶 K/3 ERP 系统是完全基于 Windows DNA(Windows Distributed interNet Application) 技术架构的分布式应用系统。金蝶公司于 1997 年开始研究三层结构技术,1998 年应用于 K/3 系列产品的研发,1999 年 5 月推出业界第一个真正三层结构的 ERP 产品。经过十几年的潜心研究和大量的客户验证,三层结构技术在金蝶 K/3 系统中的应用已经非常成熟、稳定,成为金蝶软件提供给中小企业用户的性价比最高的企业 ERP 系统。

金蝶 K/3 ERP 系统的主要功能涵盖了企业经营管理的各个方面,其子系统主要有:

- 总账管理子系统。
- 报表管理子系统。
- 现金流量表子系统。

- 现金管理子系统。
- 工资管理子系统。
- 固定资产管理子系统。
- 资产管理子系统。
- 费用管理子系统。
- 网上报销子系统。
- 网上银行子系统。
- 应收款管理子系统。
- 应付款管理子系统。
- 预算管理子系统。
- 业务预算管理子系统。
- 费用预算管理子系统。
- 资金预算子系统。
- 合并报表管理子系统。
- 合并账务管理子系统。
- 结算中心管理子系统。
- E-网上结算子系统。
- 企业绩效子系统。
- 内控管理子系统。
- 成本管理子系统。
- 采购管理子系统。
- 进口管理子系统。
- 销售管理子系统。
- 出口管理子系统。
- 仓存管理子系统。
- 存货管理子系统。
- 质量管理子系统。
- 分销管理子系统。
- 门店管理子系统。
- 零售前台子系统。
- 电子商务子系统。
- 主生产计划管理子系统。
- PLM 管理子系统。
- 物料需求管理子系统。

- 生产任务管理子系统。
- 车间管理子系统。
- 委外加工管理子系统。
- 设备管理子系统。
- 粗能力管理子系统。
- 细能力管理子系统。
- HR 管理子系统。
- OA 子系统。
- CRM 子系统。
- 供应商管理子系统。
- 供应商协同管理子系统。
- 客户门户等。

1.2 整体应用流程图

金蝶 K/3 ERP 各个系统无缝集成，基础资料数据完全共享，是真正意义上的财务、业务、生产一体化管理，实现了各种信息一次录入永久可用、一人录入多人共用的高效集成与管理。

K/3 ERP 各主要子系统间的数据流程，如图 1-1 所示。

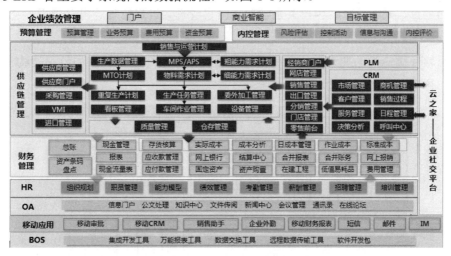

图 1-1　K/3 整体应用流程

K/3 ERP 管理信息系统涵盖了企业管理的方方面面，这里以 K/3 WISE V13.1 为蓝本，介绍 K/3 供应链的相关内容。

第 2 章
实验背景介绍

下面模拟一家高科技企业——诚信电子公司的 ERP 系统上线实施的全过程。

诚信电子公司是一家集研发、生产、销售电子产品为一体的高科技企业,生产的产品主要有数码相机、MP3、优盘、移动硬盘等。公司刚成立不久,财务部门采用市场上通用的一套财务软件,其他部门都暂时没有上信息系统。随着企业业务的扩大,企业迫切希望整合各个部门的信息资源,以进行实时监控。在经过多方面的考察、评估之后,企业于 2014 年末购买了金蝶 K/3 财务及供应链系统,并准备于次年 2 月正式启用。考虑到实施的难度及工作量,决定先实施供应链及财务部分系统,实施成功后,再全面实施其他系统。

因为应收应付系统和采购、销售紧密相关,而供应链系统的许多相关业务也需要生成凭证传递到总账系统,所以本次实施的系统包括总账、应收、应付、供应商管理、供应商协同平台、采购管理、客户关系管理、销售管理、进口管理、出口管理、仓存管理、核算管理系统。

按照软件供应商的要求,上线前要先行整理企业的一些资料,如组织架构、部门、人员等,该企业的组织架构如图 2-1 所示。

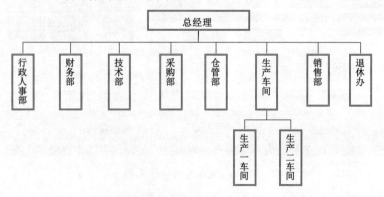

图 2-1 企业组织架构

各部门的主要职责如表 2-1 所示。

表 2-1 企业各部门的主要职责

部门	职责	拟使用的软件系统及功能
行政人事部	• 采购发放办公用品、文具、福利品 • 制定员工工作手册，员工招聘、培训、绩效考核、管理等 • 制定薪资管理制度，计算员工的工资、奖金等 • 负责公司资产的综合管理	• 总账系统——查询相关资产及管理费用明细 • 工资系统——工资奖金的计算、发放 • 固定资产系统——固定资产的登记、计提折旧、报废等
财务部	• 日常凭证、账簿的编制、登记及管理 • 采购、销售各环节业务成本的核算与管理 • 出纳业务管理 • 为管理人员提供各种财务分析数据和报表	• 总账系统——凭证制作、账簿输出 • 报表系统——报表制作与输出 • 采购系统——采购发票管理及采购成本分析 • 销售系统——销售发票管理及销售损益分析 • 存货核算系统——根据选择的存货计价方法计算采购原材料的采购成本，并计算销售产品的销售成本 • 应收款、应付款系统——往来账款的管理，信用额度的管理 • 现金管理系统——现金、银行存款的日记账管理、各种票据管理，以及与银行对账等
技术部	研究新产品，抽查采购的原材料及生产的产成品是否满足质量要求	质量系统——原材料及产成品的检验
采购部	制定采购计划，采购生产原材料、供应商管理	• 供应商管理系统——供应商评估等 • 采购系统——采购业务跟踪管理 • 进口系统——进口业务跟踪管理
仓库	检验原材料、产成品等，存货管理	仓存系统——原材料及产品的出入库管理等
生产一车间	负责优盘、移动存储器、MP3 的生产	仓存系统——原材料申请、领用及产品的入库
生产二车间	负责数码相机的生产	仓存系统——原材料申请、领用及产品的入库
销售部	负责产品的海内外市场销售政策的制定、业务的统计分析等	• CRM——商机、服务管理等 • 销售系统——销售业务跟踪管理 • 出口系统——出口业务跟踪管理
退休办	负责退休人员的管理	无

企业的其他资料在后述的操作中将逐一介绍。

第 3 章 系统管理

3.1 系统概述

ERP 软件的使用不但涉及的部门、人员众多,而且对信息资源的共享要求度高,因此要求有标准统一的基础资料。同时,信息的共享又对权限的控制提出了要求,信息的集中也要求确保数据的安全可靠。上述这些业务都要求在系统管理中得到处理。

3.2 实验练习

实验一 K/3 产品安装

在使用 K/3 系统之前,必须先行安装好金蝶 K/3 系统。

↗ 应用场景

公司购买了金蝶软件 K/3 供应链系统和 K/3 财务系统,并准备于 2015 年 2 月正式使用,信息部主管收到软件供应商提供的软件安装包后,开始准备安装系统。

↗ 实验步骤

- 硬件配置。
- 配套软件安装。
- 金蝶应用软件安装。
- 应用部署。

↗ 操作部门及人员

软件的安装一般由软件供应商或公司信息系统部的人员负责,有时也可以由财务人员负责兼做。在诚信电子公司,ERP 软件的安装等工作由财务部张婷兼管。

↗ **实验前准备**
- 当企业购买了软件后，就要开始安装工作。与普通应用软件不同的是，ERP 软件的安装相对复杂，需要考虑的因素更多。根据使用人数的多少、数据量的大小等，ERP 软件的安装布局也有不同的解决方案。在安装金蝶软件前，需要统计企业的业务流量、数据大小、用户数等，据以分析计算机及网络等的配置标准。
- 一般情况下，中型应用企业客户需要准备两台部门级服务器及若干个 PC 机(根据用户数确定 PC 机数量)。

↗ **实验数据**

根据公司未来的发展前景，预计系统的使用人数可能为 30 人，每天处理的单据或凭证记录为 200 条左右，系统的使用都在同一局域网内。

↗ **操作指导**

K/3 系统是一个三层结构的应用，系统安装也可以分为多个部分来进行，包括客户端、中间层、Web 服务部件、数据库端等。

客户端指的是基于 Windows 的 GUI 桌面应用程序，需要安装在业务系统使用人员的机器上。

中间层包括所有业务系统的业务逻辑组件，这些组件会被客户端所调用，是 K/3 系统的核心部分，对硬件环境的配置要求较高。

Web 服务部件基于 IIS 提供 K/3 人力资源、SRM、CRM、网上报销等 Web 服务。

数据库端主要安装数据库产品和 K/3 系统的数据库端组件。对目前的 K/3 系统而言，要安装的数据库是 SQL Server，所有的业务数据都是存储在这里的。

不同部分可能需要安装在不同的机器上，它们对系统的配置要求也不尽相同，中间层和数据库还可以根据需要进行分布部署。高端应用可通过群集技术提供高可靠、高性能、容错等高级特性。下面我们来具体描述其配置策略。

1. 硬件配置

进行硬件配置时，要考虑三个方面的因素。
- 数据量。
- 并发客户端的数量。
- 安全问题。

衡量数据量的指标有：①账套数据文件的大小；②基础资料——物流中的物料或商品，财务中的科目和核算项目；③业务数据——财务中的凭证，物流中的仓库单据。

一般的经验数据是：数据库服务器的内存要大于账套数据文件的大小，如数据文件 2.5GB，内存配置 3GB。

并发客户端的数量是指同时在线使用的人数、主要影响服务器 CPU 的个数。经验性的数字为：中间层服务器每20个客户端一个CPU，数据库服务器每10个客户端一个CPU，一个超线程CPU可以带15个客户端，但是1+1>2，即两个1GHz的CPU的负荷远远大于一个2GHz的CPU。

此外，考虑到安全需要，一般建议客户端、中间层和数据库服务器分别在不同的机器上安装，特别是客户端和数据库服务器最好隔离在不同的子网内。

(1) 数据库服务器配置

数据库服务器作为账套数据的存储平台，无论从性能还是可靠性方面都提出了很高的要求。其配置的基本要求如表3-1所示。

表3-1 数据库服务器配置

项目	配置
处理器	Intel Xeon 2.4GHz 及以上，建议配置四核以上的 CPU
内存	4GB 以上
存储	SAS 企业级存储，数据盘推荐设置为 RAID 5/10/50
网络	1.0Gb/s 到中间层服务器
其他	磁带机等备份设备

(2) 中间层服务器配置

中间层的任务是运行K/3系统的业务组件，一个中间层服务器往往要为多个客户端(包括 Web)提供服务，因此对中间层机器的配置要求一般较高。其配置的基本要求如表3-2所示。

表3-2 中间层服务器配置

项目	配置
处理器	Intel Xeon 2.4GHz 及以上，建议配置四核以上 CPU
内存	4GB 以上
存储	SATA/SAS，推荐设置为 RAID 1/5
网络	100Mb/s 到客户端，1.0Gb/s 到数据库和 Web 服务器

(3) Web 服务器配置

由于供应商协同管理、客户关系管理均涉及浏览器方式远程应用的需要，因此需要配置相应的Web服务器。其配置的基本要求如表3-3所示。

表3-3 WEB 服务器配置

项目	配置
处理器	Intel Xeon 2.4GHz 及以上，建议配置四核 CPU
内存	4GB 以上

(续表)

项　　目	配　　置
存储	SATA/SAS，推荐设置为 RAID 1/5
网络	100Mb/s 到局域网客户端，1.0Gb/s 到中间层服务器

(4) 客户端配置

客户端配置如表 3-4 所示。

表 3-4　客户端配置

项　　目	配　　置
处理器	P4 双核 2.0GHz 以上
内存	最少 1.0GB，建议 2.0GB 以上
存储	10GB 空闲空间
显示	14"或更高
网络	100Mb/s

(5) 网络配置

网络的选型可能会对 K/3 系统的性能产生较大的影响。下面分别介绍局域网应用和广域网的应用。

在局域网的应用环境下，网络带宽一般不会成为性能瓶颈，在进行网络设计和部署时应遵循如表 3-5 所示的一些原则。

表 3-5　局域网网络配置

项　　目	配　　置
局域网	• 数据库/中间层布置在同一子网，网络带宽≥100Mb/s • 出于安全考虑，客户端在另一子网，并只能连接中间层，客户端与中间层之间的网络带宽≥10Mb/s

而广域网的应用比局域网的应用复杂得多，因为整个系统往往需要跨越多个子网，网络带宽的不足往往成为系统的性能瓶颈。在广域网下的应用应遵循如表 3-6 所示的一些原则。

表 3-6　广域网网络配置

项　　目	配　　置
广域网	• 中间层、数据库应尽可能部署在同一个子网里，同时保证高速的连接带宽 • 使用 Citrix 等终端模式以提高广域网 GUI 应用的性能，减小网络流量 • 使用 VPN 技术提高广域网 GUI 应用连接的安全性，并提供较理想的跨越防火墙的部署方案

注意

在网络应用中,各计算机之间必须通过 TCP/IP 协议进行通信,每台机器必须加入某个域,这些域之间的通信必须保证畅通。由于安全性的问题,防火墙只允许通过 Internet 信息数据交换使用特定端口(如 Web 用端口 80),而 DCOM 创建对象时使用的是 1024~65535 之间的动态 TCP 端口,并且由于防火墙的 IP 伪装特性,使 DCOM 在有防火墙的服务器上不能进行正常连接。要解决此问题,可通过统一的 RPC 管理(远程过程调用,由 RPC 统一进行创建 DCOM 对象所需的端口的映射处理),所以须在防火墙服务器上打开 RPC 端口 135。

2. 配套软件安装

- 服务器端,SQL Server 2005 Standard/Enterprise SP3、SQL Server 2008 Standard/Enterprise 或者 Windows Server 2012 Datacenter/Standard 等。安装时系统管理员 sa 的口令设置为"sa123"。
- 中间层,Windows 2000 Server 或以上版本(需再打 SP4 补丁)、Windows Server 2003 Standard/Enterprise/DataCenter SP1/SP2、Windows Server 2008 Standard/Enterprise/DataCenter 或者 Window Server 2012 Datacenter/Standard 等。
- 客户端,Windows XP Professional SP2/SP3、Windows 7 Home Basic/Home Premium/Professional/Ultimate、Windows Vista Ultimate/Enterprise/Business SP1 或者 Windows 8 Core/ Professional/Enterprise 等。

除此之外,还需要 Microsoft DCOM98 等组件。由于需要的配套软件比较多,本书所附光盘中提供了"环境检测"程序,来帮助用户自动检测当前机器所需的环境是否都符合安装金蝶 K/3 的条件。

3. 金蝶应用软件安装

机器及安装环境准备好后,接下来开始安装金蝶软件。下面的所有安装都以本机系统管理员的身份登录,关闭其他应用程序,特别是防病毒软件。

 注意

① 按下面的步骤进行安装前,一定要保证已经安装了 IIS,然后进行环境检测,检测通过后才可以进行 K/3 安装。
② 如果电脑上以前安装了其他版本的金蝶软件,建议完全卸载成功后再进行安装。
③ 如果安装过程中碰到一些更深层次的问题,可以参考安装盘中随机帮助手册。这里不作进一步介绍。

用户在新环境上安装 K/3 时，请按如下顺序进行。

登录百度云盘 http://pan.baidu.com/s/1ntxFFoH(请注意此网址中英文字母大小写需区分)下载资源盘文件，并解压缩至本地磁盘。然后双击【K3_Wise_v13.1.0_资源盘】文件夹中的 Setup.exe 图标，打开如图 3-1 所示的窗口。单击【环境检测】按钮，先对环境进行检测。符合安装条件才可进行 K/3 安装。

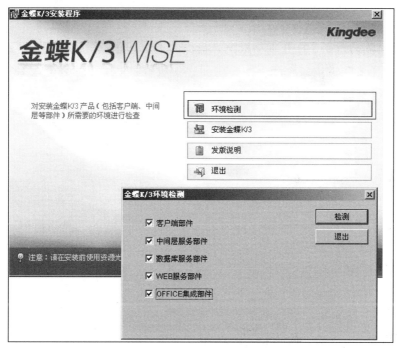

图 3-1　环境检测

注意

K/3 有两种部署方式：一种是可将所有的服务组件、客户端安装在一台计算机上，主要用于学习；另一种是采用网络部署方式，客户端和服务组件安装在不同的计算机上。

(1) 单机安装所有服务组件和客户端的操作步骤

如果想在一台电脑上将客户端、数据库服务、中间层服务都安装好，建议在进行图 3-1 所示的环境检测时，选中所有的部件进行检测，然后根据系统提示将相关的组件安装好。

注意

系统有可能提示 XP、Windows 7 等非服务器端的操作系统不能安装数据库服务、中间层服务。可以忽略此提示,作为练习可以在这些操作系统上安装服务组件。

① 环境检测通过后,打开本书附配光盘中的【K/3 安装盘】文件夹,双击 Setup.exe 图标,首先出现 K/3 的安装程序界面,如图 3-2 所示。单击【安装金蝶 K/3】按钮,按照系统提示进行安装。

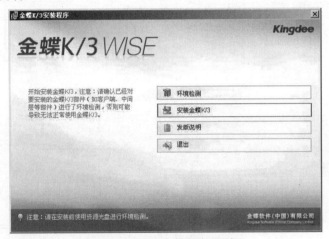

图 3-2　K/3 安装程序界面

② 单击【下一步】按钮,进入许可协议页面,如图 3-3 所示。

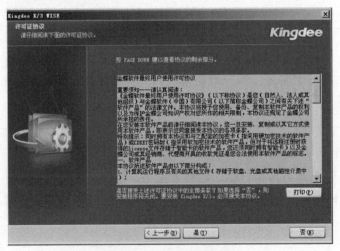

图 3-3　许可协议页面

③ 单击【是】按钮进入客户信息页面，输入用户名和公司名称，如图 3-4 所示。

图 3-4 客户信息页面

④ 单击【下一步】按钮，选择要安装的部件。如果是在单机上安装所有的部件，建议选择【全部安装】。如果仅安装数据库部件，建议选择【数据库服务部件】。如图 3-5 所示。

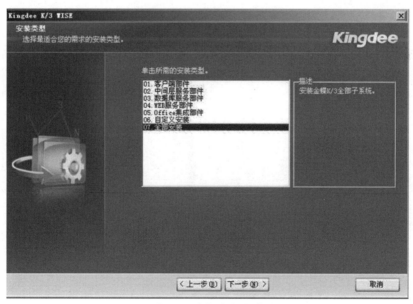

图 3-5 选择安装部件

⑤ 单击【下一步】按钮，系统开始安装，如图 3-6 所示。

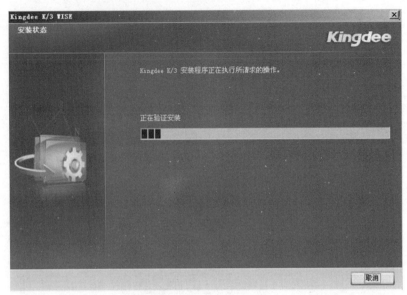

图 3-6　开始安装

⑥ 在以上安装完成之后，将开始进行中间层组件安装，如图 3-7 所示。单击【安装】按钮。

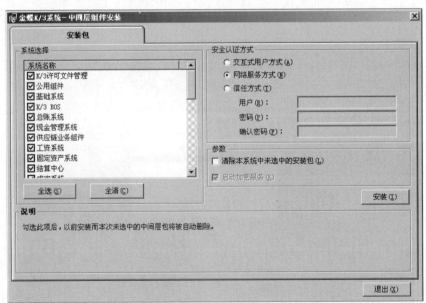

图 3-7　安装中间层组件

⑦ 安装完成之后，系统将自动运行"注册中间层组件"功能。注册完中间层组件后，将安装 Web 服务组件，并自动运行"注册 Web 服务组件"功能。

⑧ Web 服务组件注册完毕，将配置 Web 服务器站点，如图 3-8 所示。

图 3-8 配置 Web 服务器站点

⑨ 配置完毕，系统会提示配置的结果。注意，查看各个站点是否配置成功。如图 3-9 所示。

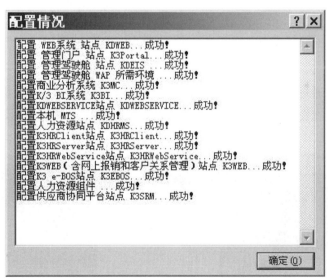

图 3-9 配置 Web 服务器站点的结果

配置完成之后，整个 K/3 的安装就完成了。

以下为网络应用的部署方式，将分数据库服务器、中间层服务器、Web 服务器、客户端等安装在不同计算机上的方式进行部署。

(2) 数据库端安装操作步骤

数据库服务部件仅在数据库服务器与中间层服务器连接时，在中间层账套管理程序中进行新建、备份、恢复这三种账套操作时起作用。如果不需要在中间层服务器做上述操作，例如账套备份恢复直接通过 SQL Server 或者第三方备份软件进行，可以不必在数据库服务器上安装 K/3 数据库服务部件。

① 选择数据库服务器，打开计算机电源，启动操作系统。

② 通过 http://pan.baidu.com/s/1ntxFFoH 链接下载资源盘文件，并解压缩至本地磁盘。

③ 双击【K3_Wise_v13.1.0_资源盘】文件夹中的 Setup.exe 图标，进入【金蝶 K/3 安装程序】窗口。单击【环境检测】，如图 3-10 所示，选择【数据库服务部件】，先检查是否已经安装了相关的配套软件，如果没有，系统会给出提示，自动进入资源盘安装配套软件。

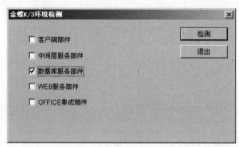

图 3-10　环境检测

④ 环境检测通过后，打开本书附配光盘中的【K/3 安装盘】文件夹，双击 Setup.exe 图标进行安装。 在图 3-11 所示窗口中，仅选择【数据库服务部件】，按照系统提示逐步操作即可。

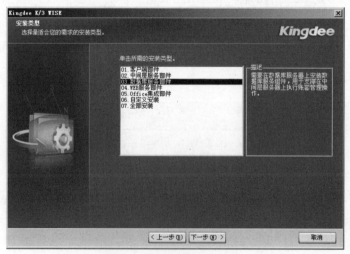

图 3-11　服务器部件安装

(3) 中间层安装操作步骤

① 选择中间层服务器，打开计算机电源，启动操作系统。

② 通过 http://pan.baidu.com/s/1ntxFFoH 链接下载资源盘文件，并解压缩至本地磁盘。

③ 双击【K3_Wise_v13.1.0_资源盘】文件夹中的 Setup.exe 图标，进入【金蝶 K/3 安装程序】窗口。同样，先进行环境检测，选择【中间层服务部件】。

④ 环境检测通过后，打开本书附配光盘中的【K/3 安装盘】文件夹，双击 Setup.exe 图标，根据系统提示安装中间层服务部件。

⑤ 安装完成后，会自动运行"注册中间层组件"。中间层组件注册完毕后，即可运行【程序】—【金蝶 K3 WISE】—【金蝶 K3 服务器配置工具】—【账套管理】，新建或恢复、注册账套。

注意

① 为了保证安装成功，中间层服务部件我们只选择会使用到的一些系统，如财务核算系统、供应链管理系统、基础管理系统、财务管理系统等(不选择人力资源系统，这部分内容比较复杂，本书不作介绍)。

② 安装完成后，系统会自动运行"注册中间层组件"功能(如需安装后重新注册中间层组件，可以手动运行【程序】—【金蝶 K3 WISE】-【金蝶 K3 服务器配置工具】—【中间层组件注册】)。

③ K/3 中间层服务器使用标准的 TCP 协议与数据库服务器、Web 服务器、客户端通讯。

(4) Web 服务器安装操作步骤

① 选择 Web 服务器，打开计算机电源，启动操作系统。

② 通过 http://pan.baidu.com/s/1ntxFFoH 链接下载资源盘文件，并解压缩至本地磁盘。

③ 双击【K3_Wise_v13.1.0_资源盘】文件夹中的 Setup.exe 图标，进入【金蝶 K/3 安装程序】窗口。同样，先进行环境检测，选择【Web 服务部件】。

④ 环境检测通过后，打开本书附配光盘中的【K/3 安装盘】文件夹，双击 Setup.exe 图标，根据系统提示安装 Web 服务部件。

(5) 客户端安装操作步骤

① 选择客户应用机，打开计算机电源，启动操作系统。

② 通过 http://pan.baidu.com/s/1ntxFFoH 链接下载资源盘文件，并解压缩至本地磁盘。

③ 双击【K3_Wise_v13.1.0_资源盘】文件夹中的 Setup.exe 图标，进入【金蝶 K/3 安装程序】窗口。同样，先进行环境检测，选择【客户端部件】。

④ 环境检测通过后，打开本书附配光盘中的【K/3 安装盘】文件夹，双击 Setup.exe

图标，根据系统提示安装客户端部件。

如果需要使用 K/3 HR/CRM/SRM/网上报销等系统，还必须进行 Web 服务器端的安装，这里不作详细介绍。远程使用也可以通过采用远程终端的方式实现。

⑤ 客户端安装完毕后，请先运行【程序】—【金蝶 K3 WISE】—【金蝶 K3 工具】—【远程组件配置工具】，指定中间层服务器，完成远程组件的注册和配置，客户端才能正常使用。

注意

K/3 软件的加密方式有软加密和硬加密两种。软加密和硬盘绑定，如果采用硬加密方式，则应将加密狗插在中间层服务器的并口上。

4．应用部署

金蝶 K/3 系统从应用上讲分为单机和网络两种模式，在企业的实际应用中，一般都是采用网络模式。

实验时，先模拟单机应用模式(如图 3-13 所示)，将三层都安装在一台机器上，安装完毕，进入账套管理，新建账套，以检测是否都安装正确。

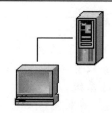

图 3-13　单机应用模式

接下来，再分组实验，模拟网络应用模式。如图 3-14 所示，为根据诚信公司实际情况给出的网络布局图。

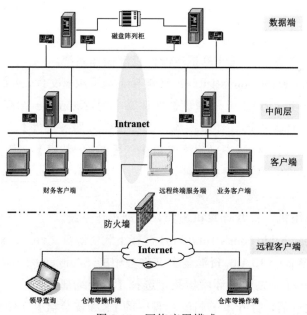

图 3-14　网络应用模式

按照上述给出的网络布局图来进行模拟企业的实际网络配置。每个小组一般 8 人左右，分别是 A1，A2，B1，B2，C1，C2，C3，D。
- A1，A2 负责数据端的配置，各自配置一台。
- B1，B2 负责中间层的配置，中间层服务器采用双网卡，其中一块和数据库在同一个子网内，另一块和客户端也在同一个子网内，各自配置一台。加密狗插在 B1 配置的中间层上，负责承担财务人员的使用，B2 配置的中间层服务器负责承担业务人员的使用。
- C1 负责财务客户端的安装，并利用远程组件配置工具注册 B1 配置的中间层。
- C2 负责业务客户端的安装，并利用远程组件配置工具将客户端上除"系统服务"模块外的其他模块指向 B2 配置的中间层，系统服务模块必须指向有加密狗的 B1 配置的中间层。
- C3 负责远程终端服务器的配置安装，同样也必须安装 K/3 客户端，远程终端服务器可以采用 Windows 2000 Server 自带的远程服务，也可以采用 CITRIX 的产品。
- D 负责远程终端客户端的安装。

实验二　新建账套

账套类似于手工方式下的凭证、账簿、报表等存储财务或业务数据的载体。要进行财务处理，必须先购置相应的凭证、账簿、报表等。同样，要使用 ERP 系统，也必须建立存储数据的账套。

↗ 应用场景
金蝶软件安装已经完成，即将准备使用 ERP 软件。

↗ 实验步骤
- 新建账套。
- 设置参数及启用。

↗ 操作部门及人员
账套的设立可以由公司信息系统部的人员或财务人员负责兼做。在诚信电子公司，新建账套及设置启用由财务部张婷兼管。

↗ 实验前准备
- 了解拟使用的系统，进而确定账套类型。
- 确认数据库服务器路径、拟采用的数据库类型、身份验证方式。

📍 **实验数据**

公司于 2015 年 2 月正式使用 K/3 系统，账套选择"标准供应链解决方案"；账套号为"201502"；账套名称为"诚信电子公司"；拟采用 SQL Server 2005 数据库；采用 SQL Server 身份验证；用户名为"sa"；系统口令为"sa123"。

公司地址在深圳，电话号码是 88888888，于 2015 年 2 月启用。记账本位币为"人民币"；小数点位数为 2，凭证过账前必须审核，会计期间采用自然年度会计期间。

📍 **操作指导**

1. 新建账套

(1) 选择中间层服务器，执行【开始】—【程序】—【金蝶 K/3 WISE】—【金蝶 K/3 服务器配置工具】—【账套管理】命令，打开【金蝶 K/3 系统登录】对话框。

(2) 输入用户名及密码，单击【确定】按钮，打开【金蝶 K/3 账套管理】对话框。用户名为 Admin，初次进入时，密码为空。

(3) 单击【新建】按钮，弹出【信息】窗口，浏览账套的分类后，单击【关闭】按钮，打开【新建账套】对话框，如图 3-15 所示。

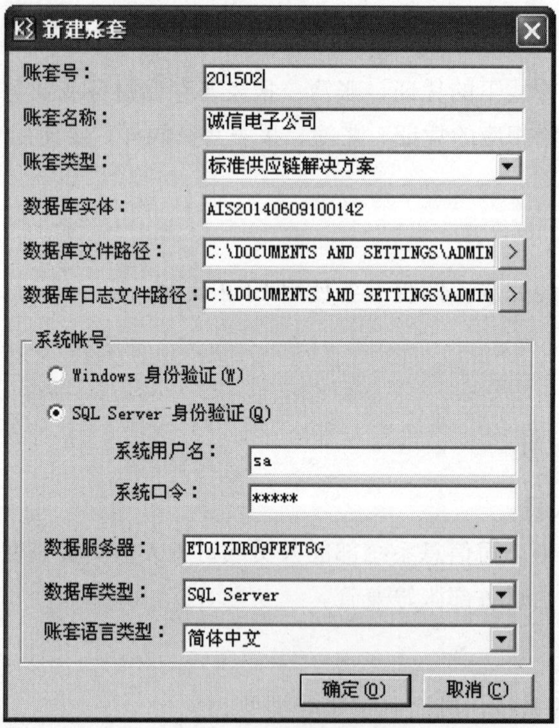

图 3-15 新建账套

> 根据数据库结构表的不同，账套可以分为多种类型。不同的业务应用有不同类型的账套，可以选择使用的系统模块也不同，如"标准供应链解决方案"的账套类型，可以使用供应链系统、生产管理系统、人力资源系统、标准财务系统，而"标准财务解决方案"则不能使用供应链系统等，只能使用除合并报表、合并账务外的纯财务系统。
>
> 而有些行业由于行业属性非常明显且特殊，也有不同类型的账套，如房地产行业，一般开发过程较长，对项目开发过程的管理比较关注，包括项目测算、进度管理、招评标、合同等，所以如果要使用这些功能，则需要选择"房地产行业解决方案"。
>
> 大部分的机械、电子、五金等行业的企业，一般选择"标准供应链解决方案"即可。

(4) 如图3-15所示，输入账套信息。

- 账套号：必须输入，本例输入"201502"。
- 账套名称：必须输入，本例输入"诚信电子公司"。
- 账套类型：选择"标准供应链解决方案"。
- 数据库实体：由系统自动给出，为了方便管理，特别是存在多个账套时，可以修改为比较容易识别的内容，如"诚信电子公司2015"。
- 数据库文件路径：指数据库存放的物理位置。考虑到扩展应用的需要，最好放在空间足够大的硬盘上。
- 数据库日志文件路径：指数据库日志资料存放的物理位置。考虑到扩展应用的需要，最好放在空间足够大的硬盘上。
- 系统账号：在该界面中，选择"SQL Server身份验证"，并将"系统用户名"输入为"sa"，"系统口令"输入为"sa123"。
- 数据服务器：指安装了数据端程序的计算机名称，也可以直接输入计算机的IP地址。
- 数据库类型：选择SQL Server。
- 账套语言类型：简体中文。

(5) 单击【确定】按钮，系统开始创建K/3数据库。

(6) 数据库创建完毕，在【金蝶K/3账套管理】对话框的【账套列表】中，可以找到新增的数据库记录。

2. 设置参数及启用

系统参数是决定企业一些核算方法、规章制度等的重要选项，不同的选择往往会有不同的操作过程，或带来不同的结果。例如，固定资产折旧有多种折旧方法可以选择，每项资产只能选择一种，此时就必须进行参数的设置。账套也有自己的参数。

(1) 在【金蝶 K/3 账套管理】对话框的【账套列表】中，选择要设置参数的数据库记录。

(2) 单击【设置】，打开【属性设置】对话框，如图 3-16 所示。

(3) 输入系统信息。

机构名称：本例输入"诚信电子公司"。

地址：不必输入。本例输入"深圳"。

电话：不必输入。本例输入"88888888"。

公司图标：不必输入。本例为空。

注意

机构名称、地址、电话、公司图标，主要用于以后单据、账簿等打印时自动显示公司的信息。

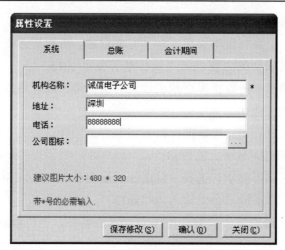

图 3-16　账套属性设置

(4) 输入总账信息。

- 记账本位币代码：默认为 RMB。如果采用外币核算，则可以修改。一旦启用后，在基础资料的【币别维护】窗口，可以看到系统自动新增了一条币别记录——代码：RMB；名称：人民币。
- 名称：本例为人民币。

- 小数点位数：2，指凭证、账簿等的小数位数。人民币的最小单位是分，所以小数点位数选择 2；对于日元来说，最小单位是元，小数点位数则选择 0。
- 凭证过账前必须审核：勾上。
- 启用标准成本体系：不勾。由于本书只对 ERP 系统的供应链部分进行练习，不涉及成本系统，所以此处不用勾选。

(5) 输入会计期间。

单击【更改】按钮，打开【会计期间】对话框，如图 3-17 所示。按照提供的实验数据正确输入。启用会计年度：2015。启用会计期间：2。勾选【自然年度会计期间】，即一年 12 个期间，每个期间从 1 号开始。单击【确认】按钮，返回【属性设置】对话框。

注意

会计期间采用自然年度会计期间。中国会计制度要求采用自然会计年度，但有些国外公司，会计年度是从头年的 7 月 1 日到次年的 6 月 30 日，或者有的公司一个会计年度内有 13 个会计期间，这些都可以根据要求进行修改。

图 3-17　会计期间

上述参数一旦设置就不能再进行修改，除非重新建立账套。

(6) 单击【确认】按钮，完成账套参数的设置，并确定启用账套。

实验三　账套维护

账套维护即对企业的数据资料进行定期备份、优化等。

↗ 应用场景

为了确保数据的安全或为了在灾难发生时将损失减少到最低限度，需要定期将业务操作过程中发生的各种数据保存存档。一旦原有的账套毁坏，则可以通过账套恢复功能将以前的账套备份文件恢复成一个新账套进行使用。

与机器设备随着使用时间的加长需要定期维护保养相类似，数据资料也需要定期优化。如果一个账套使用时间较长，由于其数据量日增，数据查询和使用的速度就会下降，则系统的整体性能就会下降。通过优化账套的功能，可以帮助用户减少这种性能下降的问题。

如果一个中间层需要使用多个数据库服务器上的账套，就可以通过注册账套功能连接网络内其他机器上的金蝶账套。

↗ 实验步骤

- 账套备份与恢复。
- 账套优化。
- 账套注册。

↗ 操作部门及人员

账套维护由公司信息系统部的人员负责，也可以由财务人员兼做。在诚信电子公司，账套维护由财务部张婷兼管。

↗ 实验前准备

根据企业业务的繁忙时间段确定备份等操作的时间，确定备份的机器及路径等。

↗ 实验数据

自系统启用起，每天 22:00 开始自动备份账套，每隔 24 小时完全自动备份一次，每隔 4 小时增量备份一次，每个月优化账套一次。

↗ 操作指导

1. 账套备份与恢复

(1) 以 Admin 的身份注册进入账套管理。

(2) 账套备份一般分为手工备份和自动批量备份。

手工备份时，选择需要备份的账套，执行【数据库】—【备份账套】命令，打开【账套备份】对话框，选择备份方式、备份路径，单击【确定】按钮即可。

自动批量备份时，执行【数据库】—【账套自动批量备份】命令，打开【账套批量自动备份工具】对话框，如图 3-18 所示。选择需要自动备份的账套，备份开始时间是从新建账套这天开始，如 2015-02-08，时间为 22:00:00，增量备份时间间隔为 4，完全备份时间间隔为 24，勾选【是否备份】及【是否立即执行完全备份】，备份路径和新建账套的路径一致。按实验数据设置完账套备份方案后，单击【保存方案】按钮，方案名称为"诚信电子公司"，确定即可。

图 3-18　账套自动批量备份

（3）如果要恢复账套，可执行【数据库】—【恢复账套】命令，打开【选择数据库服务器】对话框，输入数据库服务器等信息，单击【确定】按钮。在打开的【恢复账套】对话框中，从对话框左边的列表中选择需要恢复的备份文件，在右边输入账套号、账套名称及恢复后的数据库文件存放路径，单击【确定】按钮即可。

2．账套优化

如果一个账套的使用时间较长，由于其数据量日增，数据查询和使用的速度就会下降，系统的整体性能也会下降。通过优化账套的功能，可以帮助减少这种性能下降的问题。

优化账套的操作非常简单。执行【数据库】—【优化账套】命令，在弹出的提示框中，选择【是】，系统即自动进行账套优化操作。

3．账套注册

注册账套是将已经存在于其他数据库服务器上的金蝶账套，加入到当前的账套管理环境中，以实现一个中间层对多个数据库服务器上多个账套的管理。

(1) 执行【数据库】—【账套注册】命令，打开【注册账套】对话框。

(2) 输入需要注册的账套信息。

(3) 单击【确定】按钮即可。

实验四　用户管理

用户管理，即对用户使用某一个具体账套的权限进行控制，控制哪些用户可以登录到指定的账套中，对账套中的哪些子系统、哪些模块或者哪些单据甚至单据中的哪些项目有使用或者管理的权限等。

↗ 应用场景

为了防止企业的一些关键信息被无关的人员随意获取，需要对操作软件系统的每一个人员进行权限的分配。

↗ 实验步骤

- 新增用户组。
- 新增用户。
- 针对用户组授权。
- 针对用户授权。

↗ 操作部门及人员

用户管理一般由系统管理员组的人员负责。在诚信电子公司，账套维护由财务部张婷兼管。

↗ 实验前准备

先调查、统计每个系统使用人员的业务操作范围，并明确功能、业务等的操作权限。

↗ 实验数据

用户分组及功能权限如表 3-7 所示。

表 3-7　用户分组及功能权限

用 户 组 名	说　　明	功 能 权 限
Administrators	系统管理员组	所有权限
Cashiers	收银员组	基础资料、现金管理、应收账、应付账
总账组	非业务类凭证制作、个人往来账管理、会计报表制作等	基础资料、数据引入引出、总账、报表、财务分析、现金流量表
应收应付组	企业往来账管理、坏账计提、往来凭证制作	基础资料、总账、应收账、应付账、采购管理、销售管理、仓存管理、供应链系统公用设置
人事薪资组	工资核算	基础资料、工资

(续表)

用户组名	说明	功能权限
固定资产组	固定资产入账、计提折旧、报废等管理	基础资料、固定资产、资产购置、在建工程、低值易耗品
存货核算组	材料成本、生产成本、销售成本的核算	基础资料、存货核算、供应链系统公用设置
采购组	物料采购处理	基础资料、供应商管理、供应商协同管理、采购管理、进口管理、供应链系统公用设置、VMI
销售组	商品销售处理	基础资料、销售管理、供应链系统公用设置、商机管理、服务管理、出口管理
仓库组	各种处入库业务、库存盘点等业务的管理	基础资料、采购管理、仓存管理、销售管理、供应链系统公用设置
一车间组	一车间各种材料的申请、领用、生产产品及产品入库业务的处理	基础资料 高级授权中： 供应链物流单据中的采购申请单、供应链单据——领料/发货中的生产领料单、供应链单据——验收入库中的产品入库单的所有权限
二车间组	二车间各种材料的申请、领用、生产产品及产品入库业务的处理	基础资料 高级授权中： 供应链物流单据中的采购申请单、供应链单据——领料/发货中的生产领料单、供应链单据——验收入库中的产品入库单的所有权限
技术组	各种技术研究，材料、产品质量管理等业务处理	基础资料、质量管理

操作人员明细资料如表 3-8 所示。

表 3-8 操作人员明细资料

姓 名	认证方式	权限属性	用户组
金鑫	密码认证，传统认证方式，密码：123	可以进行业务操作 具有用户管理权限	Administrator
许静	密码认证，传统认证方式，密码：123	可以进行业务操作 具有用户管理权限	Administrator
张婷	密码认证，传统认证方式，密码：123	可以进行业务操作 具有用户管理权限	Administrator
胡美玲	密码认证，传统认证方式，密码：123	可以进行业务操作	总账组
孙晓红	密码认证，传统认证方式，密码：123	可以进行业务操作	总账组
李梅	密码认证，传统认证方式，密码：123	可以进行业务操作	Cashiers

(续表)

姓　　名	认 证 方 式	权 限 属 性	用 户 组
张爱萍	密码认证，传统认证方式，密码：123	可以进行业务操作	人事薪资组
葛微	密码认证，传统认证方式，密码：123	可以进行业务操作	人事薪资组
刘丽佳	密码认证，传统认证方式，密码：123	可以进行业务操作	固定资产组
马秀伟	密码认证，传统认证方式，密码：123	可以进行业务操作	应收应付组
徐力军	密码认证，传统认证方式，密码：123	可以进行业务操作	技术组
李大勇	密码认证，传统认证方式，密码：123	可以进行业务操作	采购组
胡开林	密码认证，传统认证方式，密码：123	可以进行业务操作	采购组
张二柱	密码认证，传统认证方式，密码：123	可以进行业务操作	一车间组
胡兵	密码认证，传统认证方式，密码：123	可以进行业务操作	一车间组
朱铁	密码认证，传统认证方式，密码：123	可以进行业务操作	二车间组
赵武	密码认证，传统认证方式，密码：123	可以进行业务操作	二车间组
王池	密码认证，传统认证方式，密码：123	可以进行业务操作	销售组
李强	密码认证，传统认证方式，密码：123	可以进行业务操作	销售组
赵力	密码认证，传统认证方式，密码：123	可以进行业务操作	仓库组
曹敏	密码认证，传统认证方式，密码：123	可以进行业务操作	仓库组

操作指导

1. 新增用户组

进入中间层服务器的账套管理，选择【用户】，进入【用户管理】窗口，如图3-19所示。单击【新建用户组】按钮，进入【用户组属性】窗口，按照提供的实验数据正确输入。

注意

用户组除了方便管理外，其主要作用就是方便对多个用户进行集中授权。只要对用户组进行一次授权，用户组下的所有用户就都可以继承用户组下的权限，而无须对每个用户进行逐一授权。

图 3-19　用户管理

2. 新增用户

单击【新建用户】按钮，进入【新增用户】窗口，如图 3-20 所示。用户姓名：金鑫。认证方式：密码认证。密码：123。权限属性：勾选前两个。用户组：Administrators。单击【确定】按钮保存，按照提供的实验数据正确输入其他用户。

图 3-20　新增用户

注意

用户认证分为 NT 安全认证和密码认证两种，密码认证又可以选择传统认证、动态密码锁认证等方式。

3. 用户组授权

选定需要授权的用户组，单击【功能权限管理】按钮，打开【用户管理_权限管理[总账组]】对话框，如图 3-21 所示，按照提供的实验数据正确输入。输入完毕，单击【授权】按钮，完成对选定用户组的授权。单击【关闭】按钮，退出用户组授权。

 注意

除了功能授权外，系统还可以按字段授权，如仓库保管员不能看到存货的成本、销价等信息；还可以按数据进行授权，如销售人员分区管理，北区的销售员只能查看到北区自己客户的信息资料，不能查询其他区域的客户资料。

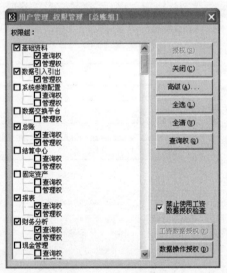

图 3-21　用户组授权

4. 用户授权

选定需要授权的用户，单击【功能权限管理】按钮。用户授权操作和用户组一样，此处不再赘述。

注意

① 某个用户隶属于某个用户组,如果对该用户组进行了授权,那么该用户自动拥有隶属的用户组的所有权限。

② 某个用户除了拥有本组的权限外,如果还有其他的功能权限或需要删除一些功能权限等,就可以通过用户授权功能对该用户进行单独授权。

上述实验做完后,备份账套(备份方式采用完全备份),备份文件名为"F诚信电子公司(系统管理)"。

第 4 章 初 始 化

4.1 系统概述

在当今社会经济生活中,销售采购业务的发生必然伴随着大量往来账款的产生。一般情况下,销售采购业务中的销售、采购发票是双方统计销售收入、登记应收账款或是计算采购成本、登记应付账款的凭据。而所有业务发生的数据最终都要通过凭证反映到财务核算中。

因此,反映销售采购业务的供应链系统、往来款管理的应收应付系统、凭证处理等财务核算的总账系统都是紧密相连的。销售发票既是供应链系统统计销售收入的依据,也是应收系统汇总应收账款的凭据。采购发票既是供应链系统计算采购成本的依据,也是应付系统汇总应付账款的凭据。销售、采购、应收应付系统产生的凭证又会自动传递到总账系统进行财务核算。

虽然供应链、应收应付、总账系统联系紧密,但考虑到企业逐步推进信息化进程的实际需要,供应链、应收应付、总账系统又可独立使用。故此,几大系统都有自己的初始化操作设置。

注意

① 在应收应付系统结束初始化之前,应收应付、供应链两大系统之间不进行发票的传递,因此,初始化操作时,互不影响。

② 销售系统只在应收款管理系统结束初始化之后提供销售发票的单向传递,而且是强制传递,即只要应收款管理系统结束初始化后,销售系统新增的销售发票会自动传递到应收款管理系统。所以,如果供应链系统和应收应付系统同时使用,那么应先完成应收应付系统初始化的操作。

③ 应收应付系统新增的发票不能传递到供应链系统。所以,初始化结束后,发票的输入在供应链系统完成,应收应付系统无须新增发票。

④ 对于供应链中的采购、销售、仓存、存货核算系统,虽然也可以互相独立使用,但数据关联度更高、更紧密,故初始化操作时,共同使用同一个初始化操作设置,即只需在其中任一系统完成,则其他系统也同时完成初始化操作。

下面，我们进行三大系统的初始化练习。

4.2 实验练习

实验一 总账系统初始化

↗ 应用场景

掌握总账系统初始化的设置方法。

↗ 实验步骤

- 设置基础资料。
- 设置系统参数。
- 录入初始数据。
- 关闭初始化。

↗ 操作部门及人员

由财务主管张婷设置系统参数，由总账会计胡美玲录入基础资料、初始数据，并结束初始化的工作。

↗ 实验前准备

- 将系统日期调整为 2015-02-01。
- 恢复前述备份账套"F 诚信电子公司(系统管理)"。

↗ 实验数据

1. 系统参数

系统参数如表 4-1 所示。

表 4-1 系 统 参 数

参 数 名 称	参 数 值
"本年利润"科目	4103
"利润分配"科目	4104
数量单价位数	0
启用往来业务核销	是
结账要求损益类科目为零	是

注：其他参数采用系统默认值。

2. 基础资料

基础资料是企业进行日常业务处理时所必需的，并且是一些通用的基础性数据，如币别、会计科目、结算方式、供应商、客户等。

(1) 币别如表 4-2 所示。

表 4-2 币 别

币别代码	币别名称	记账汇率	折算方式	金额小数位数
RMB	人民币	(默认)	(默认)	2
USD	美元	8.00	原币×汇率＝本位币	2

(2) 凭证字："记"。

(3) 会计科目采用新会计准则科目，下面的科目应稍做修改，如表 4-3 所示。

表 4-3 会 计 科 目

科目代码	科目名称	核算项目	备 注
1001	库存现金		外币核算：所有币别，期末调汇
1002	银行存款		外币核算：所有币别，期末调汇
1221	其他应收款	职员	外币核算：所有币别，往来业务核算
1122	应收账款	客户	科目受控系统：应收应付
1123	预付账款	供应商	科目受控系统：应收应付
1408	委托加工物资		数量金额辅助核算，加工物资组，箱
2202	应付账款	供应商	科目受控系统：应收应付
2203	预收账款	客户	科目受控系统：应收应付

(4) 新增明细科目如表 4-4 所示。

表 4-4 明 细 科 目

科目代码	科目名称	外币核算	期末调汇	核算项目
1002.01	招行	所有币别	是	
1002.01.01	人民币	不核算		
1002.01.02	美元	美元	是	
1002.02	中行	不核算		
2221.01	应交增值税	不核算		
2221.01.01	进项税额	不核算		
2221.01.05	销项税额	不核算		
6601.01	办公费			部门
6601.02	招待费			部门
6601.03	工资福利			部门
6601.04	折旧费			部门

(续表)

科目代码	科目名称	外币核算	期末调汇	核算项目
6602.01	办公费			部门
6602.02	差旅费			部门
6602.03	工资福利			部门
6602.04	折旧			部门
6602.05	坏账准备			
6602.09	其他			
6603.01	汇兑损益			
6603.02	利息			

注：2221.01.01 进项税额科目的余额方向为借方。

(5) 计量单位如表 4-5 所示。

表 4-5 计 量 单 位

计量单位组	计量单位代码	计量单位名称	是否默认	换算率
存货组	01	个	是	1
	02	盒(数码相机)		10
	03	盒(MP3/优盘)		20
	04	盒(移动存储器)		5
加工物资组	001	箱	是	1
固定资产组一	1	辆	是	1
固定资产组二	2	台	是	1

注：全部采用固定换算方式。

(6) 仓库如表 4-6 所示。

表 4-6 仓 库

库房代码	库房名称	仓库属性	仓库类型	是否进行仓位管理
001	西区库	良品	普通仓	否
002	东区库	良品	普通仓	否
003	代管库	良品	代管仓	否

(7) 客户如表 4-7 所示。

表 4-7 客　户

客户代码	客户名称
001	香港中环公司
002	浦东金茂公司
003	北方高科公司

(8) 供应商如表 4-8 所示。

表 4-8 供应商

供应商代码	供应商名称
001	绵阳电子
002	佛山通讯
003	美国高盛

(9) 部门如表 4-9 所示。

表 4-9 部　门

部门代码	部门名称	部门属性	成本核算类型
001	技术部	非车间	期间费用部门
002	财务部	非车间	期间费用部门
003	行政人事部	非车间	期间费用部门
004	采购部	非车间	期间费用部门
005	生产车间		
005.01	生产一车间	车间	基本生产部门
005.02	生产二车间	车间	基本生产部门
006	销售部	非车间	期间费用部门
007	仓管部	非车间	期间费用部门

(10) 职员如表 4-10 所示。

表 4-10 职　员

代码	姓名	部门名称	性别	职务
001	金鑫	行政人事部	男	总经理
101	许静	财务部	女	财务部经理
102	张婷	财务部	男	财务主管
103	胡美玲	财务部	女	总账会计
104	李梅	财务部	女	出纳
105	张爱萍	行政人事部	女	薪资管理员

(续表)

代码	姓名	部门名称	性别	职务
106	刘丽佳	行政人事部	女	资产管理员
107	马秀伟	财务部	女	往来账会计
201	孙晓红	财务部	女	费用及个人往来账会计
202	葛微	行政人事部	女	行政专员
301	徐力军	技术部	男	经理
401	李大勇	采购部	男	经理
402	胡开林	采购部	男	采购员
501	张二柱	生产一车间	男	车间主任
502	胡兵	生产一车间	男	工人
601	朱铁	生产二车间	男	车间主任
602	赵武	生产二车间	男	工人
701	王池	销售部	男	经理
702	李强	销售部	男	销售员
801	赵力	仓管部	男	经理
802	曹敏	仓管部	女	仓管员

3. 初始余额

(1) 人民币账户余额如表 4-11 所示。

表 4-11 人民币账户余额

科目代码	科目名称	核算项目类别及明细	本年累计借方	本年累计贷方	期初余额	实际损益发生额
1001	库存现金		100 000.00	30 000.00	80 000.00	
1002.01.01	人民币		278 000.00	515 000.00	9 016 500.00	
1122	应收账款	香港中环公司	1 000.00		1 000.00	
		浦东金茂公司	2 000.00		2 000.00	
1405	库存商品		120 000.00		120 000.00	
1403	原材料		126 000.00		126 000.00	
1601	固定资产		1 200 000.00		1 325 000.00	
1602	累计折旧			2 000.00	24 000.00	

(续表)

科目代码	科目名称	核算项目类别及明细	本年累计借方	本年累计贷方	期初余额	实际损益发生额
2202	应付账款	佛山通讯		5 000.00	5 000.00	
		绵阳电子		30 500.00	30 500.00	
2001	短期借款			50 000.00	50 000.00	
2501	长期借款			1 332 500.00		
6001	主营业务收入		1 000 000.00	1 000 000.00		1 000 000.00
6401	主营业务成本		632 000.00	632 000.00		632 000.00
6602.01	管理费用——办公费(财务部)		30 000.00	30 000.00		30 000.00
6602.04	管理费用——折旧费(行政人事部)		2 000.00	2 000.00		2 000.00
4103	本年利润			336 000.00	336 000.00	
2221.01.01	进项税额		4 000.00		170 000.00	
2221.01.05	销项税额			170 000.00		
4001	实收资本				11 035 000.00	

(2) 美元账户期初余额如表 4-12 所示。

表 4-12 美元账户期初余额

| 科目代码 | 科目名称 | 累计借方发生额 | | 累计贷方发生额 | | 期初余额 | |
		原币	本位币	原币	本位币	原币	本位币
1002.01.02	美元	80 000.00	640 000.00			80 000.00	640 000.00

➤ 操作指导

1. 设置基础资料

(1) 总账会计胡美玲登录金蝶 K/3 主控台。

执行【开始】—【程序】—【金蝶 K/3 WISE】—【金蝶 K/3 WISE】命令,打开【金

蝶 K/3 系统登录】窗口，输入需要登录的账套信息。
- 当前账套：本案例选择"201502|诚信电子公司"。
- 选择命名用户身份登录。
- 用户名：胡美玲。
- 密码：123。

单击【确定】按钮，进入【我的工作台】，在工具栏选择【K/3 主界面】进入【K/3 系统-[主界面]】窗口。

(2) 设置币别。

执行【系统设置】—【基础资料】—【公共资料】—【币别】命令，进入【基础平台-[币别]】窗口，单击【新增】，打开【币别-新增】对话框，按照提供的实验数据正确输入。币别的相关属性如表 4-13 所示。

表 4-13 币 别 属 性

项 目 名 称	相 关 说 明
币别代码	表示货币币别的代码，一般使用 3 个字符表示
币别名称	表示货币的名称，如人民币、港币、美元等
记账汇率	在经济业务发生时的记账汇率，期末调整汇兑损益时，系统自动按对应期间的记账汇率折算，并调整汇兑损益额度
折算方式	提供两种方式
金额小数位数	指定币别的精确小数位数，范围为 0～4

(3) 设置凭证字。

执行【系统设置】—【基础资料】—【公共资料】—【凭证字】命令，进入【基础平台－[凭证字]】窗口，单击【新增】，打开【凭证字-新增】对话框。设置凭证字：记，单击【确定】按钮，完成凭证字录入。再单击【关闭】按钮，即退出凭证字录入。

(4) 设置会计科目。

第一步，引入系统设置的会计科目模板。

执行【系统设置】—【基础资料】—【公共资料】—【科目】命令，进入【基础平台-[科目]】窗口。选择【文件】—【从模板中引入科目】，打开【科目模板】对话框，选择【新会计准则科目】，单击【引入】，在【引入科目】对话框，单击【全选】、【确定】按钮，引入系统预设的会计科目。

第二步，修改引入的会计科目属性。

选定需要修改的会计科目，单击【属性】按钮，打开【会计科目-修改】对话框，如图 4-1 所示，按照提供的实验数据修改刚才引入的个别会计科目。会计科目的相关属性说明如表 4-14 所示。

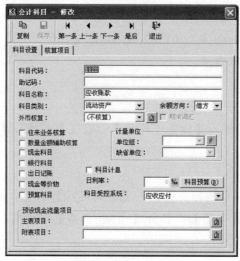

图 4-1　会计科目

表 4-14　会计科目属性

项目名称	相关说明
科目代码	科目的代码。在系统中必须唯一
助记码	帮助记忆科目的编码。在录入凭证时,为了提高科目录入的速度可以用助记码进行科目录入。例如:将"银行存款"科目的助记码输为"YHCK",则在输入银行存款科目时输入"YHCK",系统将会自动找到"银行存款"科目
科目名称	科目名称是该科目的文字标识
科目类别	科目类别用于对科目的属性进行定义。科目的属性一般分为分六大类:资产类、负债类、所有者权益类、成本类、损益类及表外科目等
余额方向	余额方向是指该科目的余额默认的方向。一般资产类科目的余额方向在借方,负债类科目的余额方向在贷方
核算项目	多项目核算,可全方位、多角度地反映企业的财务信息,设置核算项目就相当于将某类核算项目具体的内容作为该科目的明细科目
外币核算	● 如果选择不核算,则表示此科目在使用时只能选择记账本位币 ● 如果选择核算某种外币,则表示此科目在使用时只能选择某外币,但是系统会自动根据汇率折算成记账本位币 ● 如果选择核算所有外币,则表示此科目在使用时可以选择"币别"资料中的所有币别,包括本位币。对于非本位币,系统也会自动根据汇率折算成记账本位币
往来业务核算	主要用于一些往来业务的管理,特别是没有启用应收应付系统时,可以利用此功能进行简单的往来账款管理,包括输出往来对账单、账龄分析表
数量金额辅助核算	主要用于存货的数量管理。特别是没有启用供应链系统时,可以利用此功能进行简单的数量管理,选择此选项后,在制作凭证时,会要求既录入金额,又录入数量

注意

修改委托加工物资科目属性时，由于需要引用到计量单位，所以还需先增加相关计量单位后再进行修改。

第三步，增加新的会计科目，在此主要练习新增一些明细科目。

在【基础平台-[科目]】窗口，单击【新增】，打开【会计科目-新增】对话框，按照提供的实验数据新增会计科目，如图4-1所示。

第四步，删除不需用的会计科目。

 注意

① 科目的属性将关系到后面账务、报表的处理，以及是否能由业务系统自动生成凭证等，因此，需要慎重设置科目属性。

② 核算项目，简言之，就是另一种方式的明细科目，只是比普通的明细科目使用起来更灵活、更方便。以往来账款为例，应收账款、预收账款都要按客户明细进行分类统计。手工方式下，必须在应收账款下设置客户明细，同时还要在预收账款科目下再设置一次明细。如果有了核算项目，则只需要设置好客户资料后，将应收账款、预收账款分别绑定即可。这大大减少了科目设置的工作量，同时还能快速获得客户的数据资料。手工方式下，要查询某客户的往来款余额，还需要将此客户涉及的所有科目进行手工汇总统计，经常会出现遗漏等情况而导致统计的数据不准确。计算机方式下，只需按客户进行查询即可。

③ 科目通过点号来区分级次。科目的代码不能重复。新增科目时先增加上级科目，再增加下级科目，下级科目可以自动携带上级科目的属性。

④ 如果会计科目被其他系统引用，如供应链系统指定存货会计科目为1243，则1243不允许被删除。或者，会计科目已有发生额、余额，也不允许删除，但可以禁用。删除的资料不能自动恢复，如果需要被删除的基础资料，需要手工重新录入一遍。此外，非最明细的科目也不允许删除。

(5) 设置计量单位。

要设置计量单位，必须先增加计量单位组。在K/3系统主界面，执行【系统设置】—【基础资料】—【公共资料】—【计量单位】命令，打开【基础平台-[计量单位]】对话框。单击【新增】，打开【新增计量单位组】对话框，按照提供的实验数据新增计量单位组。计量单位组设置完毕，选择需要增加计量单位的组，如"存货组"，在右边空白方框中单击鼠标右键，执行【编辑】—【新增计量单位】命令，在打开的【计量单位-新增】对话框中，依次增加计量单位"个"、"盒(数码相机)"等，如图4-2所示。

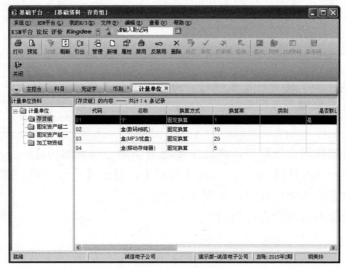

图 4-2　设置计量单位

① 设置计量单位，首先需要设置计量单位组，没有计量单位组，就无法增加计量单位。如可以分为：数量组、重量组、体积组等。每一个计量单位组中，系统要求有一个基本的计量单位，本组内的其他计量单位与基本计量单位都有一定的换算关系。比如"个"是基本计量单位，还有计量单位"箱"，且 1 箱 = 20 个，就与基本计量单位有一定的换算关系。

② 系统默认计量单位组中新增的第一个计量单位为基本计量单位，即【是否默认】中显示的是【是】。如果要修改基本计量单位，则选中要设为基本计量单位的行，单击鼠标右键，选择【设为默认值】即可。

③ 单击工具栏上的【新增】按钮可以新增计量单位组，也可以增加计量单位。如果选择根目录"计量单位"，则新增的是组；如果选择的是具体的计量单位组，则新增的是本组内具体的计量单位。

④ 通过给计量单位设置不同的换算方式可以支持多计量单位处理。固定换算方式的计量单位与默认计量单位间始终维持固定的换算比率，而浮动换算计量单位则可在物料、单据上使用时根据需要指定其换算率，实现了更加灵活的运用。例如：钢材入库的时候一般按吨计量，使用时可能按米一根根切割领用，此时吨和米之间就没有固定的换算关系，可能这次是 1 吨=600 米，下次是 1 吨=620 米。

⑤ 计量单位设置完毕，可以再修改前面委托加工物资的科目属性。

(6) 设置仓库(存放地点)。

在 K/3 系统主界面，执行【系统设置】—【基础资料】—【公共资料】—【仓库】命令，打开【基础平台-[仓库]】对话框。单击【新增】，打开【仓库-新增】对话框，按照提供的实验数据新增仓库。

注意

① 根据企业的实际管理需要，可以在仓库下设置"仓位"。仓库多用于供应链系统中。

② 仓库的类型分为普通仓和代管仓等。普通仓是实仓，进行数量和金额核算，代管仓等是虚仓，只核算数量，不核算金额。

(7) 设置客户。

在 K/3 系统主界面，执行【系统设置】—【基础资料】—【公共资料】—【客户】命令，打开【基础平台-[客户]】对话框。单击【新增】，打开【客户-新增】对话框，按照提供的实验数据新增客户资料。客户的信息除了代码、名称外，还有联系人、地址、电话等其他信息，此处不一一列举。但是有些内容会涉及其他系统或功能的使用，如是否进行信用管理，如果不选，则不能在应收或销售系统进行信用控制。

(8) 设置供应商。

执行【系统设置】—【基础资料】—【公共资料】—【供应商】命令，打开【基础平台-[供应商]】对话框。单击【新增】，打开【供应商-新增】对话框，按照提供的实验数据新增供应商资料。供应商的信息除了代码、名称外，也有联系人、地址、电话等其他信息。

(9) 设置部门资料。

执行【系统设置】—【基础资料】—【公共资料】—【部门】命令，打开【基础平台-[部门]】对话框。单击【新增】，打开【部门-新增】对话框，按照提供的实验数据新增部门资料。

注意

部门资料中的"部门属性"、"成本核算类型"用于生产管理系统、成本管理系统。此外，设置"生产车间"时，注意选择"上级组"。

(10) 设置职员资料。

执行【系统设置】—【基础资料】—【公共资料】—【职员】命令，打开【基础平台-[职员]】对话框。单击【新增】，打开【职员-新增】对话框，按照提供的实验数据新增职员资料。此处只需先录入职员的代码、名称、性别和所属部门信息，职务和工资系统紧密相关，在工资系统中再进行录入、介绍。

2. 设置系统参数

由于系统参数只能由系统管理员设置，以张婷身份登录系统，执行【系统设置】—【系统设置】—【总账】—【系统参数】命令，打开【系统参数】对话框。按照提供的实验数据正确输入。

3. 录入初始数据

以胡美玲的身份重新登录系统，执行【系统设置】—【初始化】—【总账】—【科目初始数据录入】命令，打开【总账系统-[科目初始余额录入]】对话框，如图 4-3 所示。按照提供的实验数据正确输入。

(1) 先录入科目的人民币初始余额。

代码	名称	本年累计借方 原币	本年累计贷方 原币	方	期初余额 原币	核算项目
1001	库存现金	100,000.00	30,000.00	借	80,000.00	
1002	银行存款	278,000.00	515,000.00	借	9,016,500.00	
1002.01	招行	278,000.00	515,000.00	借	9,016,500.00	
1002.01.01	人民币	278,000.00	515,000.00	借	9,016,500.00	
1002.02	中行			借		
1012	其他货币资金			借		
1101	交易性金融资产			借		
1111	买入返售金融资产			借		
1121	应收票据			借		
1122	应收账款	3,000.00		借	3,000.00	√
1123	预付账款			借		√
1131	应收股利			借		
1132	应收利息			借		
1212	应收分保合同准备金			借		
1221	其他应收款			借		√
1231	坏账准备			贷		
1302	拆出资金			借		
1321	代理业务资产			借		
1401	材料采购			借		
1402	在途物资			借		
1403	原材料	126,000.00		借	126,000.00	
1404	材料成本差异			借		
1405	库存商品	120,000.00		借	120,000.00	
1406	发出商品			借		
1407	商品进销差价					
1408	委托加工物资					

图 4-3 本币初始余额录入

> ① 在录入初始数据时,首先是根据核算币别的不同,分别录入初始数据。
> ② 录入初始数据时,只需录入最明细科目的初始数据,即白色的行。黄色的行是非明细科目,由系统自动汇总算出。
> ③ 当输入到损益类科目时,还需输入实际损益发生额,这关系到损益表输出的正确性。
> ④ 对于有核算项目的会计科目,需通过单击对应会计科目行、核算项目列的带有"√"的单元格,进入分核算项目录入的窗口,其数据内容和普通窗口一致。
> ⑤ 进行数量金额辅助核算的科目,还需要输入相关科目的数量信息。数量资料的内容和金额内容相似。

(2) 再录入科目的美元初始余额。

录入科目的"美元"账户初始余额时,在【总账系统-[科目初始余额录入]】窗口的【币别】处,通过下拉按钮选择【美元】即可,如图4-4所示。

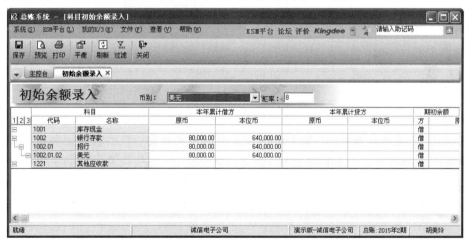

图4-4 外币初始余额录入

(3) 试算平衡。

在【币别】处,通过下拉按钮选择【综合本位币】,单击工具栏的【平衡】按钮,测算初始数据的正确性,如图4-5所示。

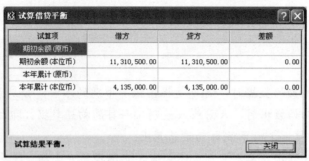

图 4-5 试算平衡

① 如果试算的结果不平衡，则系统不允许结束初始化。
② 如果此处试算不平衡，请检查一下是否是在科目设置时，没有将 2221.01.01 进项税额科目的余额方向修改为借方。

4. 结束初始化

以财务主管张婷的身份登录系统，执行【系统设置】—【初始化】—【总账】—【结束初始化】命令，完成初始化录入工作。初始化结束后，初始数据则无法修改。

① 一旦结束初始化，所有科目的初始数据将不能再修改、录入。
② 如果发现初始化数据错误，可以通过反初始化操作，再进行修改。
③ 在实际业务中，总账系统一般最后结束初始化。即总账系统要等其他业务系统，如应收应付、供应链等系统完成初始化，并且其他业务系统的初始数据核对一致后才结束初始化。这里为了操作方便，我们先结束总账初始化。

总账初始化实验做完后，备份账套，备份文件名为"F 诚信电子公司(总账初始化)"。

实验二 应收应付初始化

应收应付系统可以互相独立使用，如果要使用应收应付系统，则必须先进行应收应付系统的初始化操作。下面我们以应收系统为例进行介绍，应付系统则留给大家自己练习。

↗ 应用场景

如果要启用应收应付系统进行往来账管理,则必须先进行应收应付系统初始化操作。

↗ 实验步骤

- 设置系统参数。
- 设置基础资料。
- 输入初始数据。
- 与总账对账。
- 结束初始化。

↗ 操作部门及人员

初始建账时,由财务部往来账会计马秀伟负责应收应付系统的初始余额输入。

↗ 实验前准备

- 系统日期调整为 2015-02-01。
- 恢复前述备份账套"F 诚信电子公司(总账初始化)"。
- 如果采用新建账套,则账套(即数据库)已经建好并已启用,操作员的往来业务操作权限已经分配。币别、凭证字已经设置,会计科目已经引入。应收账款科目下挂客户核算,应付账款科目下挂供应商核算,并设置为应收应付系统受控科目。客户资料、存货资料、部门资料、职员资料已经输入完毕。

↗ 实验数据

(1) 系统参数如表 4-15 和表 4-16 所示。

表 4-15 应收系统参数

基 本 信 息	启用年份 2015,启用期间 2 月
坏账计提方法	坏账损失:6602.05;坏账准备:1231;计提坏账科目:应收账款;计提比例:0.5%
科目设置	单据类型科目都为 1122,应收票据为 1121,应交税金为 2221.01.05
凭证处理	使用凭证模板(勾选);预收冲应收需要生成转账凭证(不勾选)

表 4-16 应付系统参数

基 本 信 息	启用年份 2015,启用期间 2 月
科目设置	单据类型科目都为 2202,应收票据为 2201,应交税金为 2221.01.01
凭证处理	使用凭证模板(勾选);预付冲应付需要生成转账凭证(不勾选)

没有特殊说明的内容均采用系统默认值,不更改。

(2) 基础资料包括单据类型、采用系统默认、不作更改。凭证模板、信用管理的相关内容在后面介绍。

(3) 初始数据如表 4-17 和表 4-18 所示。

表 4-17　应收账款余额

客户名称	单据类型	单据日期	财务日期	本年发生额	本年收款	余额	应收日期	应收金额
浦东金茂公司	增值税发票	2015-01-23	2015-01-23	2 000.00	0	2 000.00	2015-01-30	2 000.00
香港中环公司	其他应收单	2015-01-23	2015-01-23	1 000.00	0	1 000.00	2015-01-30	1 000.00

两张单据部门均为销售部，业务员均为王池。

表 4-18　应付账款余额

供应商名称	单据类型	单据日期	财务日期	本年发生额	本年付款	余额	应付日期	应付金额
佛山通讯	增值税发票	2015-01-23	2015-01-23	5 000.00	0	5 000.00	2015-01-30	5 000.00
绵阳电子	其他应付单	2015-01-23	2015-01-23	30 500.00	0	30 500.00	2015-01-30	30 500.00

两张单据部门均为采购部，业务员均为李大勇。

↗ 操作指导

1. 设置应收应付系统参数

以往来账会计马秀伟的身份登录金蝶 K/3 主控台，执行【系统设置】-【系统设置】-【应收款管理】-【系统参数】命令，打开应收系统【系统参数】对话框，如图 4-6 所示，按照提供的实验数据正确输入。

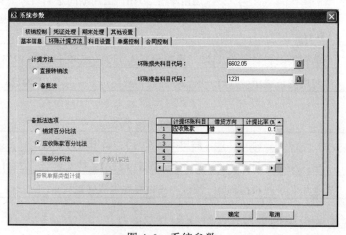

图 4-6　系统参数

> **注意**
>
> ① 启用年份、启用会计期间指初次启用应收款管理系统的时间。它决定了初始化数据输入时应输入哪一个会计期间的期初余额。如启用年份为 2015 年，启用会计期间为 2 期，则初始化数据输入时应输入 2015 年第 2 期的期初余额。启用年份、启用会计期间在初始化结束后不能修改。
>
> 当前年份、当前会计期间指当前应收款管理系统所在的年度与期间。初次使用，启用年份=当前年份，启用会计期间=当前会计期间，初始化结束后，每进行一次期末处理，当前会计期间自动加 1，如果经历一个会计年度，则当前年份自动加 1。当前年份、当前会计期间由系统自动更新，用户不能修改。
>
> 由于销售系统、应收款管理系统启用后，销售系统的发票会自动传递到应收款管理系统，故用户必须正确处理好销售系统与应收款管理系统的启用期间问题，否则可能会造成数据错误。
>
> ② 坏账计提的方法可以随时更改。系统根据设置的方法计提坏账准备，并产生相应的凭证。

2．设置基础资料

执行【系统设置】—【基础资料】—【应收款管理】—【类型维护】命令，打开【类型维护】对话框，可以设置应收应付的一些基础信息。

3．输入初始数据

执行【系统设置】—【初始化】—【应收款管理】—【初始销售增值税发票-新增】命令，打开【初始化_销售增值税发票-新增】对话框，如图 4-7 所示，按照提供的数据资料输入浦东金茂的应收账款资料。

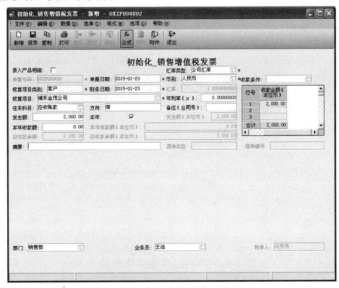

图 4-7　初始化_销售增值税发票录入

注意

① 应收余额在对话框右上角的收款计划中填入。
② 往来科目中输入"应收账款",否则会与总账数据对不上账。

执行【系统设置】—【初始化】—【应收款管理】—【初始其他应收单-新增】命令,打开【初始化_其他应收单-新增】对话框,如图4-8所示,按照提供的数据资料输入香港中环的应收账款资料。

注意

发生额、本年收款额、应收款余额都在对话框下面的活动框中填入,同时系统会将应收款余额自动回填到对话框右上角的收款计划中。另外,【本年】右边的复选框要勾选。

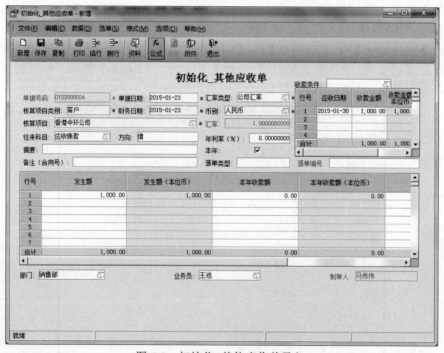

图4-8 初始化_其他应收单录入

注意

销售发票或应收单单据中的本年发生额一般指应收账款明细科目的本年借方累计发生数，本年收款额指应收账款明细科目的本年贷方累计发生数，应收款余额指应收账款明细科目的期初余额。

4. 与总账系统进行对账

对账是将输入的发票、其他应收单等的应收款余额等按所属科目汇总，并将汇总数据与总账进行核对的过程，进行初始化对账，是为了保证日后总账系统和应收应付系统数据的一致性。

(1) 在K/3系统主界面窗口，执行【财务会计】—【应收款管理】—【初始化】—【初始化对账】命令，进入【初始化对账-过滤条件】窗口。

(2) 输入过滤条件：科目代码"1122"，并勾上【显示核算项目明细】。

(3) 单击【确定】按钮，进入【应收款管理系统-[初始化对账]】窗口，如图4-9所示，窗口中显示了会计科目1122应收账款在应收系统的余额和在总账系统的余额，并列出了两者的差额。

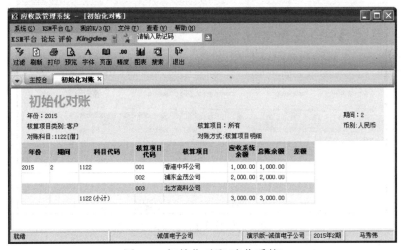

图4-9 初始化对账(应收系统)

5. 应付系统初始化

参考应收系统参数设置和初始化操作，完成应付系统初始化参数设置和初始化数据录入。

6. 结束应收应付初始化

初始数据输入完毕,并核对正确之后,接下来就该启用系统了,即结束初始化操作,进入日常的业务处理。一旦启用系统,初始化中的数据将不得修改,所以用户在启用前一定要慎重,仔细考虑数据的合理性。

在K/3系统主界面,执行【财务会计】—【应收款管理】—【初始化】—【结束初始化】命令,按照系统提示完成初始化工作。如果启用后发现初始化数据错误,需要修改,可以通过反初始化功能,再进行修改。

在K/3系统主界面,执行【财务会计】—【应付款管理】—【初始化】—【结束初始化】命令,按照系统提示完成初始化工作。如果启用后发现初始化数据错误,需要修改,可以通过反初始化功能,再进行修改。

➚ 输出表单

执行【系统设置】—【初始化】—【应收款管理】—【初始应收单据-维护】命令,进入【过滤】窗口。

输入过滤条件:事务类型为"初始化-销售增值税发票"。

单击【确定】按钮,进入【应收系统-[初始化_销售增值税发票序时簿]】窗口,如图4-10所示,窗口中显示了初始化时录入的销售增值税发票单据。

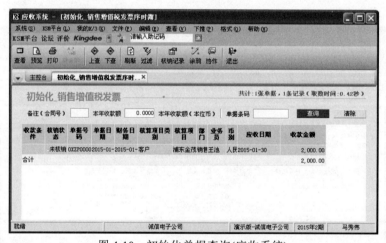

图4-10　初始化单据查询(应收系统)

执行【系统设置】—【初始化】—【应收款管理】—【初始化数据-应收账款】命令,可以查询初始化时输入的应收账款的发生额、本年应收、本年实收、期初余额,如图4-11所示。

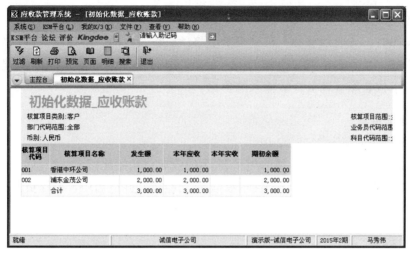

图 4-11　初始化余额查询(应收系统)

① 一旦结束初始化，所有的初始数据将不能再修改、再录入。
② 如果发现初始化数据错误，可以通过反初始化操作，再进行修改。

上述实验做完后，备份账套，备份文件名为"F诚信电子公司(应收应付初始化)"。

实验三　供应链初始化

↗ 应用场景

如果要启用供应链系统进行存货的管理，则必须先进行供应链系统初始化操作。

↗ 实验步骤

- 设置供应链系统核算参数。
- 设置供应链系统的相关基础资料。
- 设置供应链系统参数。
- 输入供应链系统初始存货余额。
- 输入供应链系统启用期前未处理完毕单据。
- 与总账系统进行对账。
- 结束初始化操作。

◢ 操作部门及人员

初始建账时，一般由财务主管张婷负责将供应链系统的公用基础资料及存货的初始余额输入系统，并负责结束初始化工作。仓库管理员曹敏负责输入库存类单据，仓库主管赵力负责审核仓库管理员曹敏输入的单据。

◢ 实验前准备

- 系统日期调整为 2015-02-01。
- 恢复前述备份账套"F 诚信电子公司(应收应付初始化)"。
- 如果采用新建账套，则账套(即数据库)已经建好并已启用，操作员的供应链系统操作权限已经分配。币别、凭证字已经设置，会计科目已经引入。

◢ 实验数据

(1) 核算参数
- 业务系统启用年度：2015。
- 启用期间：2。
- 采用数量、金额核算。
- 库存更新控制：单据审核后才更新。
- 门店模块设置：不启用门店管理。

(2) 基础资料

计量单位、仓库(存放地点)、供应商、客户、部门、业务员资料在前述总账系统初始化中已列出。下面只介绍辅助属性和物料资料。

① 料资料如表 4-19 所示。

表 4-19 物 料 资 料

代码	名称	计价方法	辅助属性类别	其他
01	产成品			
01.01	数码相机	加权平均法		需要批次管理，需要库龄管理，需要保质期管理，保质期两年，即 730 天
01.02	MP3	加权平均法	颜色	最低存量：10；最高存量：100；安全库存数量：50
01.03	优盘	先进先出法		
01.04	移动存储器	后进先出法		
02	半成品			
02.01	数码相机主板	计划成本法		计划单价 300，材料成本差异科目：1404；单位计件工资：7

(续表)

代码	名称	计价方法	辅助属性类别	其他
02.02	MP3 主板	计划成本法		计划单价100，材料成本差异科目：1404；单位计件工资：5
03	原材料			
03.01	数码相机芯片	加权平均法		
03.02	数码相机控制器	分批认定法（批内先进先出法）		采用批次管理
03.03	数码相机外壳	加权平均法		
03.04	MP3 芯片	移动平均法		
03.05	MP3 面板	加权平均法		

数量精度为 0，单价精度为 0，计量单位组为"存货组"，计量单位为"个"，其他参数采用系统默认选项。

② 物料属性如表 4-20 所示。

表 4-20 物 料 属 性

项目	存货科目	销售收入科目	销售成本科目	物料属性	默认仓库
产成品类	1405	6001	6401	自制	东区库
半成品类	1405	6001	6401	自制	东区库
原材料类	1403	6051	6402	外购	西区库

③ 物料辅助属性如表 4-21 所示。

表 4-21 物料辅助属性

代码	名称	自定义属性	类型	长度
01	颜色	颜色	字符型	10

④ 颜色属性值如表 4-22 所示。

表 4-22 颜色属性值

代码	名称	属性值
001	黑色	黑色
002	白色	白色

(3) 系统参数

全部采用系统默认参数，不做修改。

(4) 初始物料余额

供应链系统初始物料余额(库存商品及原材料年初的期初数量和期初金额等)如表4-23 所示。

表 4-23 初始物料余额

物料代码	期初数量	期初金额	其 他 信 息
01.01	100	100 000.00	批号：20150101；入库日期：2015-01-01；生产日期：2015-01-01
01.02(黑色)	100	10 000.00	入库日期：2015-01-31
01.03	100	10 000.00	共两批：其中一批，数量 40，金额 4 000，入库日期为 2015-01-01；另一批，数量 60，金额 6 000，入库日期为 2015-01-10
03.01	100	50 000.00	入库日期：2015-01-10
03.02	100	10 000.00	批号：20150131；入库日期：2015-01-31
03.03	100	5 000.00	入库日期：2015-01-31
03.04	100	60 000.00	入库日期：2015-01-31
03.05	100	1 000.00	入库日期：2015-01-31

本年累计收入数量、本年累计收入金额与期初数据一致。本年累计发出数量与金额为 0。

(5) 供应链系统启用期前未处理完毕单据

2015 年 1 月 23 日，仓管员曹敏收到绵阳电子公司发来 MP3 芯片 50 个，暂估单价 600 元，MP3 面板 50 个，暂估单价 10 元，入西区库。往来科目：应付账款。保管、验收均为曹敏。

2015 年 1 月 23 日，仓管员曹敏从东区库发出 10 个优盘到香港中环公司，估计出库成本为 100 元/个，保管、发货均为曹敏，收款日期是 2015 年 1 月 30 日。

📌 操作指导

1. 设置供应链系统核算参数

以财务主管张婷的身份登录金蝶 K/3 主控台，执行【系统设置】—【初始化】—【采购管理】—【系统参数设置】命令，打开【核算参数设置向导】窗口，如图 4-12 所示，按照提供的实验数据正确输入。

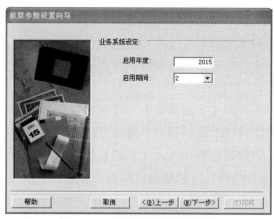

图 4-12　供应链核算参数设置

注意

① 供应链初始化的首要操作步骤是设置核算参数，一旦输入了初始数据，核算参数将不能再修改。

② 启用年度和启用期间：系统默认为数据库所在机器的系统年度和日期，用户可以自动更改，选择业务实际的启用年度和期间。

③ 核算方式：有"数量核算"和"数量、金额核算"两种方式，如果仅使用仓存系统，则可以选择"数量核算"方式；如果还启用了存货核算系统，则建议采用"数量、金额核算"方式。

④ 库存更新控制：主要是针对物料的即时库存更新的处理，系统有两种选择。如果选择【单据审核后才更新】，则系统将在库存类单据进行业务审核后才将该单据的库存数量计算到即时库存中，并在反审核该库存单据后进行库存调整；如果选择【单据保存后立即更新】，则系统将在库存类单据保存成立后就将该单据的库存数量计算到即时库存中，并在修改、复制、删除、作废、反作废该库存单据时进行库存调整。

⑤ 是否启用门店管理：如果不使用 POS 系统进行前台销售的结算及数据采集，则无须选择该选项。

2. 设置供应链系统相关的公用基础资料

公用基础资料中的币别、凭证字、会计科目、供应商、客户、部门、业务员资料设置参考前述总账系统中的介绍。下面将详细介绍与物料相关的基础资料。包括计量单位、仓库、辅助属性、物料、物料的初始余额、期初单据。

(1) 辅助属性

辅助属性是金蝶软件系统独具特色的一个功能设置，用于描述物料的一些共同特性。辅助属性的作用类似于核算项目，只是辅助属性是针对物料，核算项目是针对会计科目。具体表现在：许多物料可能都涉及颜色的分类核算，如果通过下设明细科目的方式进行处理，则每个物料下面都需要设置对应的颜色明细，势必会增大工作量。通过在物料下设置辅助属性的方式，每个物料可以根据需要选择是否设置辅助属性，从而大大减少了数据的重复输入。

在 K/3 系统主界面，执行【系统设置】—【基础资料】—【仓存管理】—【物料辅助属性】命令，打开【物料辅助属性管理】对话框。

选择【辅助属性】中的基本类，单击【新增】按钮，弹出【辅助属性】对话框，如图 4-13 所示。输入代码为"01"，名称为"颜色"。

图 4-13　辅助属性

在【自定义属性】框，单击【新增】按钮，弹出【自定义属性_新增】对话框。输入名称为"颜色"，类型为"字符型"，长度为"10"。再单击【新增】按钮，退回到【辅助属性】对话框。单击【确定】按钮，完成辅助属性——颜色的输入。

接下来再新增颜色的明细属性值。在【物料辅助属性管理】对话框，选择【颜色】。将鼠标移至窗口的右半部分，在空白处单击鼠标右键，选择【新增辅助属性】，打开【新增基本辅助属性(颜色)】对话框。输入类别代码 001，属性值"黑色"，单击【确定】按钮，完成黑色属性的新增。输入类别代码 002，属性值"白色"，单击【确定】按钮，完成白色属性的新增。单击【取消】按钮，返回【物料辅助属性管理】对话框。

(2) 物料

在 K/3 系统主界面，执行【系统设置】—【基础资料】—【公共资料】—【物料】命令，打开【基础平台-[物料]】对话框。再单击【新增】按钮，打开【物料-新增】对话框，如图 4-14 所示。在该对话框中单击【上级组】按钮，先新增物料组 01 产成品，02 半成品，03 原材料。接下来再按照实验数据新增具体的明细物料。

选择【产成品】，单击鼠标右键，从弹出的快捷菜单中选择【新增物料】命令，打开【物料-新增】对话框，如图 4-15 所示，按照实验数据新增具体的明细物料。

图 4-14 新增物料组　　　　　　　　图 4-15 新增物料

注意，案例中的 MP3 设置了辅助属性类别——颜色，则还需要在【系统设置】-【基础资料】-【仓存管理】-【物料辅助属性】中，选择【物料资料】的【产成品】中的 MP3，双击进入，在【辅助属性】选项卡中选中属性值，如图 4-16 所示。

图 4-16 物料辅助属性设置

- 物料属性

物料属性分为 9 种。大部分的分类与生产制造系统相关，这里只介绍其中的 4 种，如图 4-17 所示。外购指物料是从外界购买的，一般是采购的原材料。委外加工指该物料是经过加工获得的。虚拟件指该物料为虚拟构成件，在 BOM 中经常用到。自制是指该物料是企业自行生产的，一般为自制半成品或产成品。

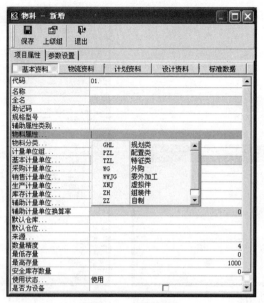

图 4-17　物料属性

- 计价方法

这是指计算物料发出成本和结存成本时采用的计价方法。系统提供了财务上几种标准的计价方法供选择，包括加权平均法、移动平均法、先进先出法、后进先出法、分批认定法、计划成本法等。计价方法一经选定，不得更改。

① 最低存量是指为满足企业正常的生产经营需要，当前物料所能允许的、并以基本计量单位计算的最小库存储备量。最低存量是针对所有仓库而言的，而不只针对单个仓库储存能力。

② 最高存量是指为避免库存积压而大量占压储备资金而规定的企业所能承担的、以基本计量单位计算的当前物料最大库存储备量。最高存量也是针对所有仓库而言的，不只针对单个仓库储存能力。

③ 安全库存是指为维持基本生产需要，必须达到的、以基本计量单位计算的库存量。

3. 设置供应链系统参数

在 K/3 系统主界面，执行【系统设置】－【系统设置】－【采购管理】－【系统设置】命令，打开【系统参数维护】对话框，如图 4-18 所示，可以设置供应链系统参数。本案例中采用系统默认值，不作修改。

第 4 章 初 始 化

图 4-18 供应链系统参数

4. 输入供应链系统初始物料余额

在 K/3 系统主界面，执行【系统设置】－【初始化】－【采购管理】－【初始数据录入】命令，打开【采购管理(供应链)系统-[初始数据录入]】对话框，如图 4-19 所示，按照实验数据输入物料的初始余额。

图 4-19 初始数据录入(带辅助属性的物料)

(1) 选择东区库，则初始数据录入界面右边列出了默认仓库为东区库的所有明细物料。

(2) 选择物料名称"数码相机"所在行，单击【批次/顺序号】，进入【数码相机】对话框，如图 4-20 所示。单击【新增】按钮，输入批号"20150101"和本年累计收入数量、本年累计收入金额、期初数量、期初金额等信息，单击【保存】按钮，完成物料——数码相机的初始数据录入。单击【退出】按钮，返回到【初始数据录入】对话框。

61

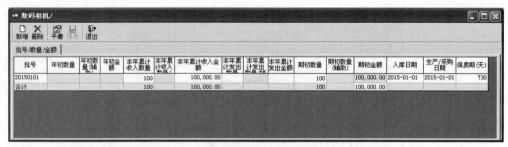

图 4-20　初始数据录入(批次管理物料)

(3) 选择物料名称"MP3"所在行，直接输入辅助属性"黑色"和本年累计收入数量、本年累计收入金额、期初数量、期初金额等信息。

(4) 选择物料名称"优盘"所在行，如图 4-21 所示，参考步骤(2)，完成物料——优盘的初始数据录入。由于优盘不进行批次管理，因此无须录入批号，但因为采用先用先出法，所以也需要分次录入每次的入库日期。

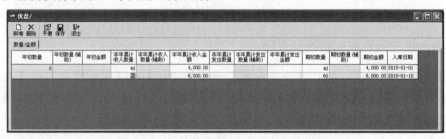

图 4-21　初始数据录入(先进先出法物料)

(5) 选择西区库，【初始数据录入】对话框右边列出了默认仓库为西区库的所有明细物料，如图 4-22 所示。

(6) 选择物料名称"数码相机芯片"所在行，直接输入本年累计收入数量、本年累计收入金额、期初数量、期初金额等信息。

(7) 选择物料名称"数码相机控制器"所在行，参考步骤(2)，完成物料——数码相机控制器的初始数据录入。

(8) 参考步骤(6)，完成数码相机外壳、MP3 芯片、MP3 面板的初始数据录入。

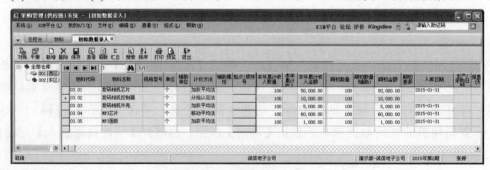

图 4-22　初始数据录入

(9) 单击【保存】按钮。

(10) 单击【汇总】按钮，可以查看指定仓库中存货的总金额，方便和总账进行核对。

注意

物料的计价方法为加权平均法、移动平均法时，初始化数据可以直接输入。如果物料的计价方法采用"先进先出、后进先出、分批认定法"或者物料启用批次管理，则在输入初始数据时必须通过双击绿色的【批次/顺序号】进行输入。

5. 与总账系统进行对账

对账是将物料的期初数据按所属科目汇总，并将汇总数据与总账进行核对的过程。

在【初始数据录入】对话框，单击左上角的【对账】按钮，系统自行生成一张有关物料的科目汇总表(初始数据对账表)，如图4-23所示，可以将其中的数据与总账系统中这些科目的数据核对。如果总账尚未完成初始化，可以单击左上角的【传递】按钮，将物料的初始数据传递到总账系统的科目初始数据中。

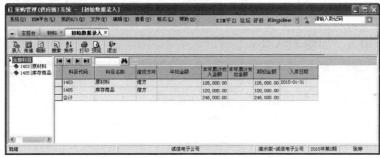

图4-23　对账

6. 输入供应链系统启用期前未处理完毕单据

初始化数据输入除了期初数量金额以外，还包括一些初始化之前未收到采购发票的暂估入库单、未核销出库单(即未开销售发票的销售出库单)，这些也要输入到系统中，此项的目的是当系统启用后能和实际情况一致。

仓管员曹敏登录K/3系统。在K/3系统主界面，执行【系统设置】－【初始化】－【采购管理】－【录入启用期前的暂估入库单】命令，弹出【条件过滤】窗口。单击【确定】，进入【启用期前的暂估入库】窗口。单击【新增】按钮，打开【外购入库单-新增】对话框，按照实验数据输入，如图4-24所示。

图 4-24 外购入库单录入

在 K/3 系统主界面，执行【系统设置】－【初始化】－【销售管理】－【录入启用期前的未核销销售出库单】命令，弹出【条件过滤】窗口。单击【确定】按钮，进入【启用期前的未核销销售出库单】窗口。单击【新增】，打开【销售出库单-新增】对话框，按照实验数据输入，如图 4-25 所示。

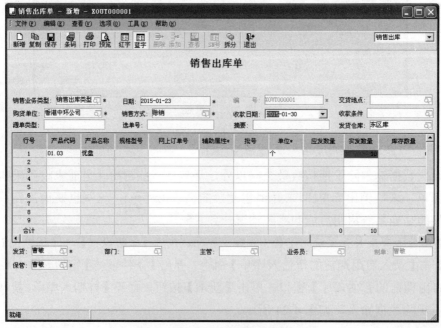

图 4-25 初始化销售出库单录入

仓库主管赵力登录金蝶 K/3 系统，审核曹敏输入的单据。

注意

① 由于在启用期初的账务余额中，已经包括了以前期间进行暂估单据的账务金额(即已在总账系统生成凭证)，因此，启用期前的暂估入库单在业务系统不再生成暂估凭证，等单(发票)到后，统一进行暂估冲回等处理。

② 初始化的物料余额中已包括了暂估入库单的数量。如在本例中，MP3 芯片初始化数量是 100 个，中间实际已包括了暂估入库单中 50 个的数量，之所以要输入暂估入库单，是为了初始化结束后与采购发票进行钩稽。

7. 结束初始化操作

初始数据输入完毕，并核对正确之后，接下来就该启用业务系统，即结束初始化操作，进入日常的业务处理。一旦启用业务系统，初始化中部分核算参数和数据将不得修改，所以用户在启用前一定要慎重，仔细思考参数和数据的合理性。在执行启用业务系统操作时，必须保证单据已审核才能启用。

张婷登录金蝶 K/3 系统。在 K/3 系统主界面，执行【系统设置】—【初始化】—【采购管理】—【启用业务系统】命令，完成结束初始化操作。

如果启用后发现初始化数据错误，需要修改，就可以通过反初始化功能操作。

➷ 输出表单

供应链系统输入的库存初始余额，可以通过即时库存查询得出。在 K/3 系统主界面，执行【供应链】—【仓存管理】—【库存查询】—【即时库存查询】命令，即可查询到每种物料的即时余额。

供应链系统输入的初始单据，可以在单据序时簿中查询，以查询初始化输入的暂估入库单为例。在 K/3 系统主界面，执行【供应链】—【仓存管理】—【验收入库】—【外购入库单-维护】命令，即可以查询到初始化时输入的暂估入库单。

注意

① 一旦结束初始化，所有的初始数据将不能再修改、再录入。
② 如果发现初始化数据错误，可以通过反初始化操作后，再进行修改。

上述实验做完后，备份账套，备份文件名为"F 诚信电子公司(供应链初始化)"。

第 5 章 供应商管理

5.1 系统概述

企业的生产经营要能够持续稳定地开展下去，必须依赖于良好的供应商合作关系。因此，企业应当先建立完善的供应商管理体系，实现供应商全生命周期的管理。其中的业务包括以下几个方面。

(1) 供应商的筛选：从最初对供应商的资质认证审核、供应商现场考核、试制样品的检验、各部门的综合评估，到成为真正的供应商。

(2) 日常交易：供应商与企业之间的采购业务往来，其中涉及采购变更的相互沟通、供应商供货质检通报。另外，日常交易中供应商的供货情况也会影响企业对供应商的日常考核。

(3) 定期对账与付款：当企业与供应商之间的交易付款快到账期时，双方进行对账，核对无误后，由企业支付货款。

(4) 年度筛选与持续优化供应商：企业会在每年对供应商进行重新评估和筛选，以确保优质的供应商能长久持续合作，而较差的供应商将被淘汰，确保企业一直有良好的供应商合作关系。

以上的供应商管理业务，必须依靠企业管理信息系统来进行管理，否则大量数据和信息就会散布在企业各个部门，无法实现与供应商的有效沟通，确保高质量的供应商合作关系。

5.1.1 供应商管理业务

在 K/3 ERP 系统中，供应商管理业务包括以下 8 个方面。

(1) 档案管理：主要记录供应商的基本信息、供应商所生产产品的类型以及产能等业务资料、供应商的财务资料、联系人、评估记录、质量事故等。

(2) 评估管理：主要记录供应商的资质情况、样品试制情况。同时，建立供应商评估指标，以及各种评估方案，并给出对供应商的评分表。

(3) 绩效管理：在供应商的日常业务往来中，需要对供应商进行持续的考核。因此，绩效管理中包括了供应商的评估指标的设置、评估等级的设置、评估方案的建立，并给出对供应商的定期评分表。

(4) 询报价管理：企业采购人员与供应商之间进行询价、报价沟通。通过多方报价的对比分析，帮助企业找到最合适的供应商。

(5) 品质管理：供应商所供货物的品质如何，在供货之间之后可由质量部记录下来，并将异常报告通报给供应商。

(6) 变更管理：供应商、企业都有可能变更采购订单的相关信息。因此，需要记录变更的具体数据，便于后续跟踪分析，并实现对供应商的考核。

(7) 对账管理：企业和供应商会定期进行对账，经双方确认本期的对账无误后，由企业支付货款给供应商。

(8) 报表分析：主要实现对供应商的供货质量、准时交货、价格趋势、绩效对比等方面的分析。

5.1.2 重点功能概述

1. 档案管理

档案管理主要实现对供应商基本信息和相关业务信息、考评信息、品质信息的记录与管理，便于后续的供应商评估、筛选。

(1) 供应商基本资料

基本档案信息记录了供应商的公司规模、所在行业、公司类别、供应商等级等基本信息。

(2) 业务资料

业务资料中记录供应商所提供产品的大类、小类、设备产能、日供货能力等信息，便于对供应商的供货能力进行综合评估。

(3) 财务资料

财务资料中记录了计算方式、付款条件、结算币别、开户银行、账户等基本信息。

(4) 联系人

记录供应商的联系人的联系信息，包括电话、传真、移动电话、邮件地址、是否默认联系人等。

(5) 评估记录

评估记录是由后续的评估表反写过来的，用于后续对供应商的考察和分析。

(6) 质量事故

档案中会记录供应商曾发生过的质量事故，其信息来源于合作过程的质量反馈。

2. 评估管理

评估管理中包含供应商资质申请、样品试制申请、供应商评估指标管理、供应商评估方案、供应商评分表等。

(1) 供应商资质申请

企业在最初开始选择供应商时，要求供应商提供相应的资质信息。

资质申请表中包含了对供应商基本资质要求的条件，包括厂房面积、生产许可证、营业登记号、公司优势、主要产品等信息。这些信息用于对供应商的资质进行基本的衡量。

(2) 样品试制申请

当供应商的资质申请经过审批满足要求后，企业会要求供应商进行样品试制，以考察供应商的制造和工艺技术能力。

企业在进行新产品的研发，选择新的供应商时，也会有样品试制的要求。

在样品试制申请单中，记录了供应商的送样、企业的收样、样品的交接、样品确认等信息。该过程需要和供应商进行多次沟通互动才能完成。详细的介绍还可以参考供应商协同平台章节的内容。

(3) 供应商评估指标管理

企业对供应商进行评估时，会依据完善的指标体系。因此，可以在供应商评估指标管理中添加企业的评估指标，作为建立供应商评估方案的基础。

(4) 供应商评估方案

企业的供应商评估小组通过选择不同的评估指标，构成各种评估方案，以适用于不同情况的供应商评估。

(5) 供应商评分表

当企业最初选择供应商时，会对供应商进行评估，以确定其是否为合格的供应商。而当潜在供应商成为真正的供应商时，企业还会定期对供应商进行评估。

根据评估方案，选择评估时间段以及将评估的供应商，系统将给出评分表。

3. 绩效管理

绩效管理主要是当潜在的供应商成为真正的供应商后，根据企业日常业务往来的表现，企业将对供应商定期进行考核，以确保供应商的供货品质和及时性保持在良好的水平，并不断促进供应商改进。

(1) 供应商评估指标设置

对于供应商的评估指标，还可以再进行细化、量化，因此可以在供应商评估指标设置中进一步细化各种指标的考核方法。

(2) 供应商评估等级设置

根据评分的结果来设定供应商的评估等级。

(3) 供应商评估方案

企业根据供应商评估指标，建立供应商评估方案，作为供应商定期考核的依据。

(4) 供应商评分表

企业根据评分指标和评分方案,定期对供应商的日常业务表现情况进行评估。评分的结果将发布给供应商,促进供应商不断改进。

4. 询报价管理

企业在采购新物料时,或者想更换供应商时,都会进行询报价的业务,以期获得性价比最好的物料。

(1) 询价单

询价可由企业采用一次向多个供应商进行询价的方法,以获得多方的比较。

(2) 报价单

供应商根据企业的询价单进行报价,企业将报价结果记录下来,作为后续的比较分析。

(3) 采购比较分析

企业对供应商的报价进行综合对比分析,寻找最合适的供应商。

5. 品质管理

供应商在日常的交货中,企业会对交货质量进行质检。当质检发现问题时,质检部将品质异常报告发布出来,告知供应商进行原因排查,并进行整改。

6. 变更管理

在采购订单下达之后,企业和供应商都有可能变更采购订单的信息。比如,企业可能因为内部计划的问题,或者市场发生变化,变更已经下达的采购订单。而供应商可能因为生产能力不足等,要求变更采购订单的交货日期。

如果是企业的变更,可以在系统中记录变更的内容和原因,并发布到供应商协同平台上,让供应商及时知道企业的变更信息,便于内部进行生产和供货调整。

如果是供应商的变更,也可由供应商协同平台及时反馈到系统中,通知企业的采购人员,便于企业内部及时进行计划的调整。

有关变更管理的内容也可参考供应商协同平台章节。

7. 对账管理

企业和供应商每隔一定的期间,就会对已经发生的采购交易进行对账。因此,可生成对账单,并发布到供应商协同平台上,由供应商进行查询和确认。

对于双方已经确认的对账单,可以由财务部生成付款单,将货款支付给供应商。同时,系统将付款信息及时发布到供应商协同平台上,以便供应商查询。

5.1.3 与其他系统的关系

供应商管理系统与其他系统之间的关系如图 5-1 所示。

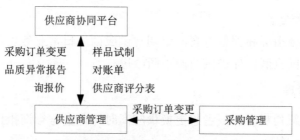

图 5-1 供应商管理系统与其他系统之间的关系

供应商管理与供应商协同平台、采购管理的关系最为密切，主要数据和业务处理都是与这两个模块进行交互的。

(1) 当需要变更采购订单时，需要从采购订单生成采购订单变更单，便于企业和供应商都及时知道变更信息，以及变更的原因。

(2) 供应商管理模块和供应商协同平台的关系最为密切，其中的采购订单变更、品质异常报告、询报价、样品试制、对账单、供应商评估等业务的处理都是从供应商管理模块获得信息的。供应商可在网上进行相关业务信息的查询和确认。

5.2 实验练习

由于供应商管理与供应商协同平台的功能非常密切，因此本章只重点讲解供应商档案管理、供应商资质申请、供应商评估等练习。关于样品试制申请、询报价管理、品质异常报告、采购订单变更通知单、对账管理等业务将在供应商协同平台中介绍。

实验一 供应商档案管理，并进行资质申请

创建一个潜在供应商的档案信息，并进行资质申请，为后续的评估提供基础信息。

↗ **应用场景**

企业准备为新物料的采购筛选新的供应商，需要建立供应商的档案资料，同时对供应商的资质进行审查。

↗ **实验步骤**

- 创建供应商档案信息。
- 输入基本资料、业务资料、财务资料、联系人等信息。
- 建立供应商资质申请表。

↗ **操作部门及人员**

由诚信电子公司采购部的李大勇来负责录入数据。

➔ 实验前准备

- 系统日期调整为 2015-02-01。
- 恢复前述备份账套"F 诚信电子公司(供应链初始化)"。

➔ 实验数据

(1) 供应商表头基本信息如表 5-1 所示。

表 5-1 基 本 信 息

项 目 名 称	参 数 值
名称	鹏程科技
公司规模	中小型企业
公司性质	民营企业
评估状态	未评估

(2) 基本资料的相关信息如表 5-2 所示。

表 5-2 基 本 资 料

项 目 名 称	参 数 值
行业	制造业
负责部门	采购部
负责人	李大勇
公司类别	制造商
供应类别	采购
总人数	500

(3) 业务资料的相关信息如表 5-3 所示。

表 5-3 业 务 资 料

产 品 大 类	产 品 小 类	设 备 产 能	日供货能力
芯片	数码相机芯片	1 000	600
芯片	移动存储芯片	5 000	2 000

(4) 财务资料的相关信息如表 5-4 所示。

表 5-4 财 务 资 料

项 目 名 称	参 数 值
结算方式	商业汇票
结算币别	人民币

(5) 联系人的相关信息如表 5-5 所示。

表 5-5 联系人

项目名称	参数值
联系人名称	张盟
电话	0755-23891234-8201
传真	0755-23891235
移动电话	13589231234
邮件地址	zm@pckj.com.cn
对应用户	采购组
默认联系人	是

(6) 供应商资质申请的参数如表 5-6 所示。

表 5-6 供应商资质申请参数

参数项目名称	参数值
供应商	鹏程科技
供应商来源	市场调研
申请类型	新供应商
推荐意见	需进一步评估
厂房面积	10 000m^2
主要产品	芯片
公司优势	设备先进，技术实力强

(7) 给采购部胡开林增加供应商资质申请表的所有权限，增加的权限如表 5-7 所示。

表 5-7 供应商资质申请权限参数

参数项目名称	参数值
供应商资质申请表	查看
	新增
	修改
	删除
	初评意见
	引出内部数据
	打印
	发送邮件
	发送短信

操作指导

1. 建立供应商档案

以采购部李大勇的身份登录 K/3 主控台，执行【供应链】－【供应商管理】－【档案管理】－【供应商档案_新增】命令。

按照实验数据填写供应商的档案，如图 5-2 所示。

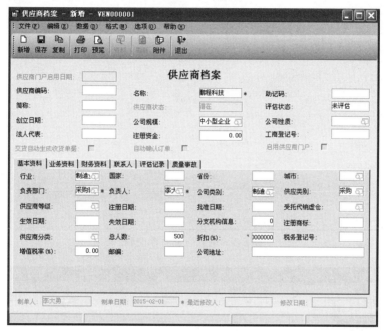

图 5-2　供应商档案管理

2. 建立供应商资质申请表

在 K/3 主控台，以李大勇的身份重新登录系统，执行【供应链】－【供应商管理】－【评估管理】－【供应商资质申请表-新增】命令。按照实验数据，填写供应商资质申请的内容，如图 5-3 所示。单击【保存】按钮，然后选择【编辑】－【启动多级审核】命令。

由于对供应商的资质申请需要有特定的权限才能审批，因此需要先进行授权。若由采购部胡开林进行审核，则应先对胡开林授权。

在账套管理工具中进行授权。进入路径：【开始】－【程序】－【金蝶 K/3 WISE】－【金蝶 K/3 服务器配置工具】－【账套管理】。

选择"诚信电子公司"账套，单击【用户】按钮，进入用户管理主界面。找到用户"胡开林"，单击【功能权限管理】按钮，在弹出的界面中，单击【高级】按钮。在用户权限表中，找到【供应商管理系统】－【供应商资质申请表】，如图 5-4 所示，将右边的所有权限勾选，并单击【授权】按钮。

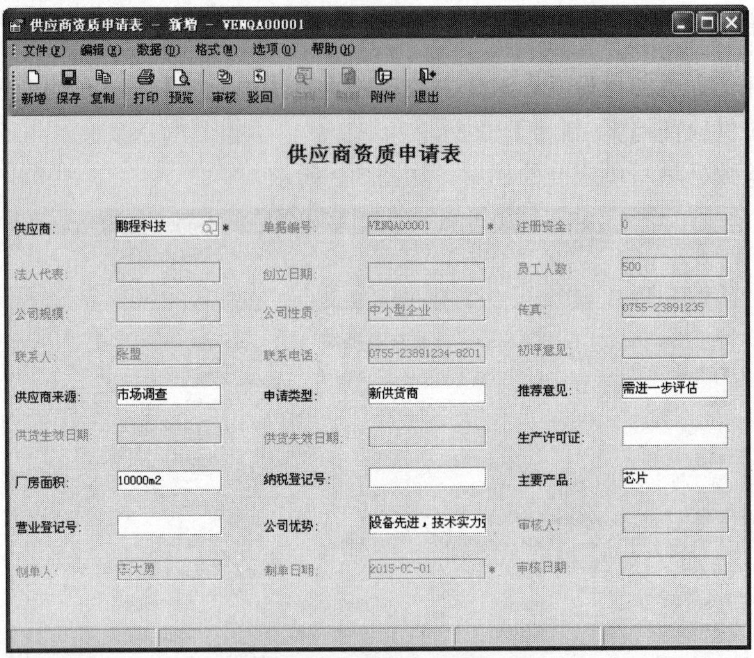

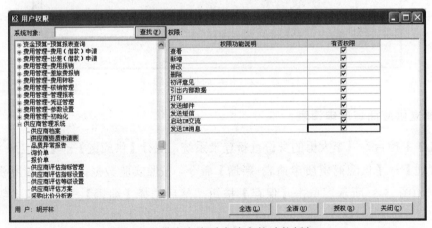

图 5-3　供应商资质申请表

图 5-4　供应商资质申请表的功能授权

返回 K/3 主控台，以胡开林的身份重新登录系统，对该评估方案进行审核。执行【供应链】—【供应商管理】—【评估管理】—【供应商资质申请表-维护】命令，打开【过滤】窗口，单击【确定】按钮，进入【供应商资质申请表序时簿】窗口。选择刚录入的供应商资质申请表，再选择菜单【编辑】—【初评意见】。在弹出的窗口中将初评意见选为【需要考察】，并单击【保存】按钮。

注意

供应商资质申请表的"初评意见"字段一般是锁定不可修改的状态,需要具有供应商资质申请表"初评意见"权限的用户单击【编辑】—【初评意见】后,才会进入初评意见编辑状态。

实验二 供应商的评估

对刚建立的供应商进行评估。

↗ 应用场景

企业在初选供应商的时候,将建立评估指标和评估方案,对供应商的资质进行评估,以确认其是否可以成为供应商。

↗ 实验步骤

- 建立供应商评估指标。
- 对供应商评估指标进行设置。
- 建立供应商评估方案。
- 对供应商进行评分。

↗ 操作部门及人员

由诚信电子公司采购部的李大勇来建立评估指标、评估方案,并对供应商进行评估。

↗ 实验前准备

确认系统日期已调整为 2015-02-01。

↗ 实验数据

(1) 供应商评估指标设置如表 5-8 所示。

表 5-8 供应商评估指标设置

参数项目名称	参　数　值
质量合格率	0~30 为 0
	31~50 为 20
	51~60 为 40
	61~75 为 60
	76~90 为 80
	91~100 为 100

(续表)

参数项目名称	参数值
准时交货率	0～30 为 0
	31～50 为 20
	51～60 为 40
	61～75 为 60
	76～90 为 80
	91～100 为 100
订单变更次数	0～2 为 100
	3～8 为 80
	9～12 为 60
	13～20 为 40
	21～30 为 20
	31～100 为 0
品质异常不回复次数	0～1 为 100
	2～3 为 80
	4～5 为 60
	6～7 为 40
	8～9 为 20
	10～100 为 0

(2) 供应商评估方案的参数如表 5-9 所示。

表 5-9 供应商评估方案设置

参数项目名称	参数值
评估方案名称	供应商初评方案
日期	2015-02-01
评估类型	供应商初评
次级指标代码	01——质量合格率
评估标准	第一次质量合格率100%
权重	70%
关键指标	是
评估部门	采购部
评估人	李大勇
次级指标代码	02——准时交货率

(续表)

参数项目名称	参 数 值
评估标准	第一次准时交货率100%
权重	30%
关键指标	是
评估部门	采购部
评估人	胡开林

(3) 供应商评分表的设置参数如表 5-10 所示。

表 5-10　供应商评分表设置参数

参数项目名称	参 数 值
评估类型	供应商初评
评估方案	供应商初评方案
供应商	鹏程科技
评估起止时间	2015-02-01 至 2015-02-28

(4) 供应商评分表的评分参数如表 5-11 所示。

表 5-11　供应商评分表评分参数

参数项目名称	参 数 值
质量合格率	实际绩效－85
准时交货率	实际绩效－95

↗ 操作指导

1. 建立供应商评估指标

以李大勇的身份重新登录系统。进入 K/3 主控台后，执行【供应链】—【供应商管理】—【评估管理】—【供应商评估指标管理】命令。

系统已经内置 4 个供应商评估指标，此处练习就不再增加。

2. 供应商评估指标设置

在 K/3 主控台，执行【供应链】—【供应商管理】—【绩效管理】—【供应商评估指标设置】，如图 5-5 所示。

在弹出的界面中，选择【质量合格率】，单击【新增】按钮，输入实验数据中的供应商评估指标值。

同理，也输入其他几个指标的衡量值。

图 5-5　供应商评估指标设置

3. 建立供应商评估方案

在 K/3 主控台，执行【供应链】－【供应商管理】－【评估管理】－【供应商评估方案-新增】命令。

在弹出的界面中，将实验数据中的评估方案输入，如图 5-6 所示。单击【保存】按钮，然后选择菜单【编辑】－【启动多级审核】。

返回 K/3 主控台，以 administrator 的身份重新登录系统，对该评估方案进行审核。执行【供应链】－【供应商管理】－【评估管理】－【供应商评估方案-维护】命令，选择刚录入的供应商评估方案，查看评估方案后，选择菜单【编辑】－【多级审核】。在弹出的窗口中输入审核意见"同意"，并单击【确定】按钮。

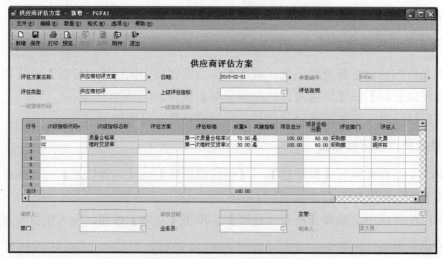

图 5-6　供应商评估方案

4. 对供应商进行评分

当企业对潜在供应商进行了考察，或者进行样品试制的检测后，将对供应商进行评分，为后续供应商的考核、转正提供决策信息。

将系统日期调整到 2015-02-28。

以采购部李大勇的身份登录系统。进入 K/3 主控台，执行【供应链】－【供应商管理】－【评估管理】－【创建供应商评分表】命令，打开图 5-7 所示的窗口。按照提供的实验数据输入，单击【创建评分表】按钮，系统即生成评分表。

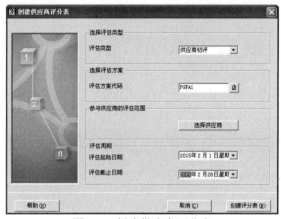

图 5-7　创建供应商评分表

返回 K/3 主控台，执行【供应链】－【供应商管理】－【评估管理】－【供应商评分表－维护】命令。选择刚生成的供应商评分表，单击【修改】按钮，进入图 5-8 所示的窗口，在供应商评分表中输入实验数据所提供的实际绩效，系统自动算出该供应商的得分，并给出合格与否的结论。单击【保存】按钮，然后选择【编辑】－【启动多级审核】菜单命令。

图 5-8　修改供应商评分表

返回 K/3 主控台，以 administrator 的身份重新登录系统，对该评估方案进行审核。执行【供应链】－【供应商管理】－【评估管理】－【供应商评分表-维护】命令，选择刚处理的供应商评分表，查看评分结果后，选择菜单【编辑】－【多级审核】。在弹出的窗口中输入审核意见"同意成为正式供应商"，并单击【确定】按钮。

本章的实验练习结束，请备份账套，备份文件名为"F 诚信电子公司(供应商管理)"。

第 6 章
供应商门户系统

6.1 系统概述

随着互联网技术的发展,企业的信息化应用范围在不断扩展,从内部的物流供应协同逐步扩展到外部与供应商之间的上下游协同。这种供应链协同的运作方式,将有效加强企业的整体运作效率,使得企业对市场的反应速度大大加快,从而不断强化企业的核心竞争力。

为了实现企业与供应商之间的高效协同,必须建立供应商门户系统。通过该系统,可以让企业的采购人员与供应商进行各种业务的顺畅沟通,包括采购订单的发布与确认、采购订单的变更与确认、交货通知与收料通知、品质异常管理、询报价、样品试制申请、供应商绩效评估等。该系统将帮助企业建立强有力的供应链协作体系,打造整体供应链的竞争力。

6.1.1 业务流程

供应商门户系统业务涉及供应商整个生命周期的管理,包括了供应商管理各个阶段的业务流程,如图 6-1 所示。

(1) 采购订单下达与确认流程

企业在 K/3 ERP 系统中录入采购订单并下达后,供应商可登录网站,查看自己未来一段时间的采购订单,便于作准备。对于能够确认交货时间和数量的采购订单,供应商可在网站上直接进行确认。这种沟通模式,将大大缩短企业与供应商之间的沟通时间,提升沟通效率,并确保后续的生产、组装、发货等业务具有可执行性,保障销售订单的交货时间。

(2) 采购订单变更管理流程

当企业的采购订单需要变更时,可生成采购订单变更单,并发布到网上。供应商可通过邮件、短消息、系统消息等方式及时获知变更情况,便于快速处理变更带来的不利影响。

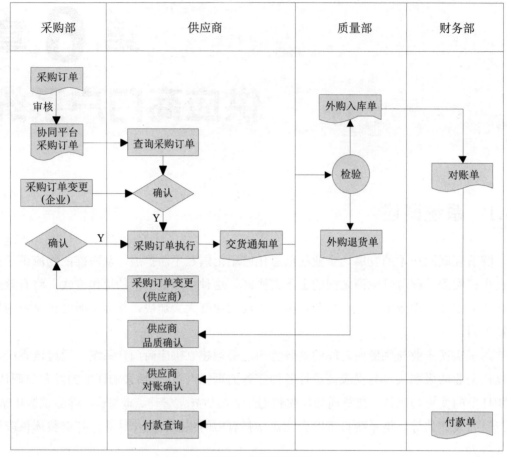

图 6-1 业务流程图

当供应商对采购订单的交货确认需要变更时,也可以在网上直接填写变更信息。企业可及时查询到变更情况,并快速作出反应,避免对后续的生产、发货产生重大影响。

(3) 供应商交货流程

当供应商已经准备好采购订单所要求的物料及数量,可在网上直接填写交货通知单,通知企业的采购人员准备收货。

(4) 品质异常处理流程

当采购的物料到达企业后,系统将申请质检部的人员进行检验。检验合格的物料才准许入库,并记录在外购入库单中。

(5) 供应商退货流程

对于质检部检验不合格的物料,将生成外购退库单,并通知供应商进行品质确认,便于进行后续的供应商考核,以及采购业务的结算。

(6) 对账结算流程

供应商可以在网上直接查询到已经正常交货但是还没有结算的账单。当企业对供应商的应付账款快到期时，供应商需要在网上确认该部分往来账单，以便进行后续的付款流程。

对于已经支付的货款，供应商可以在网上直接查看到货款的支付信息。

(7) 供应商评估

供应商可以在网上直接查看到企业对自己的评估结果。

6.1.2 重点功能概述

供应商门户管理中包含了订单管理、交货管理、询价和报价管理、品质管理、往来管理、供应商管理等主要的功能。

1. 订单管理

采购订单在采购业务中处于核心地位。在供应商门户系统中，采购订单也是采购业务协同流程的核心单据，整个采购业务的协同都是围绕采购订单进行的。

(1) 采购订单

当企业在 K/3 ERP 系统中录入采购订单后，供应商可以在线查看和确认采购订单。对于有能力交付的采购订单，供应商进行接受；对于无法交付的采购订单，可拒绝，并注明原因。

如果供应商确认采购订单，则采购订单的确认状态将做标识，系统会同时将确认的消息发送给企业采购人员，以便采购员随时掌握和跟进各个订单的执行情况。

通过供应商门户系统，可以加快企业采购员与供应商之间的信息交流过程，并通过消息、邮件等方式驱动流程快速、顺畅地进行。这种协作模式将有效降低企业与供应商之间的订单处理成本，缩短企业的采购周期。

(2) 采购订单变更通知单

当供应商由于各种原因(包括生产能力不足、设备故障、原料不到位)，导致采购订单不能按照确认的日期交货，就需要在网上生成采购订单变更通知单，并给出变更原因的解释。

同样，企业如果由于市场的条件发生变化，或者生产计划的调整等原因，需要调整以前的采购订单，就应该在企业的 K/3 ERP 系统中生成采购订单变更通知单，并给出变更原因的解释。

变更申请人在变更时可以选择采购订单的某一行，进入单据界面后输入新的承诺信息，以及改变的原因。当变更申请提交后，系统自动通过消息、邮件等方式通知对方的业务部门进行确认。

当变更申请经对方批准后，系统将修改采购订单中的承诺信息。同时，对采购订单的修改内容也会记录下来。系统会产生一个消息通知对方，以便双方沟通。

(3) 样品试制申请单

在企业进行产品的批量生产之前，有大量的样品试制工作。另外，在正式确定某个供应商之前，也会提交一些样品给供应商试制，以考核供应商的产品质量。

该业务可以由企业的采购员先和供应商进行沟通，如果确认可以制作样品，则采购员在企业 K/3 ERP 系统的供应商管理部分中录入样品试制申请，供应商就可以在网上看到样品申请单，并进行确认，或者拒绝。

当样品试制完成后，供应商可以在网上提交送样信息，系统将自动通知企业的采购人员注意收样。

企业采购人员在企业 K/3 ERP 系统的样品管理中进行收样，填写样品的数量、收样日期等相关信息。如果样品需要交接给其他部门，应同时填写样品交接的相关信息。

当样品经过企业内质检等相关部门验收合格后，企业的质检人员可以在系统中填写样品判定结果。供应商可以在网上查看到送样的检验结论，以便及时跟踪和改进问题。

(4) 采购订单执行报表

供应商可以查看到自己的采购订单的执行情况，包括每个订单入库数量、未交货的数量，便于后续持续跟进，完成采购订单的执行。

(5) 采购业务汇总报表

供应商可以查看到每个物料汇总的执行报表，包括已经入库的数量、未入库的数量，便于查询和跟进。

2．交货管理

当供应商进行交货时，可以在网上及时提交发货信息，通知企业的相关人员准备接收货物。发货信息可以按照采购订单编制，以实现按订单交货。同时，发货通知还可打印出来与货物一起交给企业的收货人员，便于该人员及时核对和确认收货信息。

供应商通过在线查询，可以随时了解采购订单的接收进展。企业的收货人员可以对供应商所提供的交货信息以及实物接收情况进行确认，将信息反馈到供应商门户系统上，便于供应商查询。供应商还可以查看到历史的交货信息、退货记录，以及退货原因等。

因此，通过交货管理，能够帮助供应商及时掌握采购订单的交货信息，获得更好的客户满意度，与企业的协作更加密切。

(1) 交货通知单

当供应商准备好货物发货时，在网上生成交货通知单，通知企业采购人员准备接收货物。企业采购人员通过查看 K/3 ERP 系统中的收料通知，就能确认收货。

(2) 退货通知单

当企业在收货质检时，发现品质不合格，会在企业的 K/3 ERP 系统中生成退料通知单。该信息也会同时发布到网上，供应商可以在网上及时查询到自己所交货物的退货情况，以及具体原因，便于尽快进行问题改进，加强与企业在供应链上的密切合作。

3. 询报价管理

询报价管理可以让企业的采购人员在供应商门户系统上发布询价信息，并通知多家供应商参与报价。通过对多家供应商的报价结果进行对比分析，并与供应商进行商务谈判，更加快速和方便地选择合适的供应商。

基于供应商门户系统，可以让多家供应商共同参与报价，并记录下整个询价、报价的过程和相关的信息，便于及时跟踪掌握询报价业务的进度。同时，系统通过对多家供应商的询价信息进行对比分析，能够方便地对供应商的评估和选择提供决策和参考信息。因此，在线询价和报价能够有效缩短供应商与专业采购员之间频繁的交流过程和很长的招标报价周期，从而有效缩短整体采购周期。

(1) 询价单

企业采购人员在 K/3 ERP 系统中发布询价信息，系统将询价单发布到供应商门户系统并发送电子消息告知供应商，邀请供应商报价。供应商登录供应商门户系统，选择询价单并在指定的报价截止日期前完成报价。这种询报价模式可以大大缩短双方的交流时间和报价周期。

(2) 报价单

供应商登录网上，查看到企业对货物的询价单，可下推生成报价单。系统自动将报价信息反馈到企业的 K/3 ERP 系统中，便于企业的采购人员及时查询到报价信息。

4. 品质管理

供应商所提供物料的品质，将严重影响企业最终产品的品质。因此，企业会通过各种质量检测和监控方式，严格管控供应商所提供产品的品质。而如何让供应商在第一时间获知每批产品的质量检测结果，是一个非常重要的话题。

通过供应商门户系统，可以让品质部门将供应商所交运的每批货物的质检信息及时发布到网站上。供应商也可以快速查询到产品的品质信息，并对质量问题进行排查，找到问题产生的原因，给企业做出明确的解释，同时提出临时解决方案和最终的整改方案，促进自身产品不断进行质量上的改进。

供应商门户系统提供了企业和供应商在线处理品质异常报告的功能，企业在 K/3 系统中编制的品质异常报告发布到供应商门户系统，供应商对品质异常报告进行确认，并按企业的要求回复。

针对供应商的回复，企业可以接受或拒绝，要求供应商进一步提供合理的解释和完善的改善方案。

企业和供应商关于质量问题的处理过程将由系统记录下来，供应商可以查看自己交付货物的质量历史信息，这些能够促使供应商不断改善质量水平，进一步加强与企业之间的合作。

5. 往来管理

当企业和供应商约定的付款账期快到期时，企业将和供应商进行对账，以便进行后续的应付账款结算。

供应商门户系统提供了在线对账功能，让供应商和企业之间的对账变得更加容易。供应商可以在网上及时查询到企业发布的对账信息，还可以通过对账单中的附件了解重要的对账结算信息描述和说明，简化传统对账中双方大量的电话往来和纸质单据往来确认的工作。

因此，通过供应商门户系统，可以大大降低企业与供应商之间的对账结算成本，增加财务结算的透明度，提高结算过程的效率。

(1) 对账单

处理对账业务的人员可以在 K/3 ERP 系统中选择某个供应商相应的外购入库单生成对账单，由系统发布到网站上。供应商可以登录到网站上查看对账结果，并进行确认。

(2) 付款单

企业的财务人员根据采购订单，或者采购发票生成付款单。系统将该付款单的信息发布到网上，供应商可登录到网站上查看企业的付款情况。

6. 供应商管理

完整的供应商管理包含的内容非常多，包括供应商档案的管理、供应商的评估、供应商的绩效管理、询报价管理、品质管理、采购订单变更管理、对账管理等。前面几部分已经介绍了供应商管理的主要内容，本小节重点介绍供应商的绩效管理。

在供应商管理中，对供应商的绩效管理是最重要的工作。企业必须建立完善的供应商评估体系，通过从日常采购业务交易、与供应商沟通洽谈等过程中获取对供应商的评估数据，并经过统计和分析，形成对供应商的综合评分表，作为供应商筛选的标准，同时也有效促进供应商在供货等业务交易方面的持续改善。

企业的供应商管理小组在企业的 K/3 ERP 系统中建立供应商的评估指标，选择不同的评估指标构成对供应商的各种评估方案。

在对供应商进行评估时，需要选择相应的评估方案，并结合企业与供应商的日常业务交易，对供应商进行评分，作为供应商考核、筛选的依据，并促进供应商不断改进。

6.1.3 与其他系统的关系

供应商门户系统与其他系统之间的关系如图 6-2 所示。

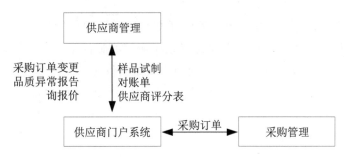

图 6-2 供应商门户平台与其他系统之间的关系

供应商门户系统与供应商管理、采购管理的关系最为密切，主要数据和业务处理都是与这两个模块进行交互的。

(1) 采购管理模块所产生的采购订单，将由系统自动发布到供应商门户系统。供应商在网上确认采购订单后，由企业的相关人员在采购管理模块中进行收货、质量检验、入库、生成采购发票、对账、付款等业务的处理，共同完成采购业务。

(2) 供应商管理模块和供应商门户系统的关系最为密切，其中的采购订单变更、品质异常报告、询报价、样品试制、对账单、供应商评估等业务的处理都是来自于供应商管理模块。供应商可在网上进行相关业务信息的查询和确认。

6.2 实验练习

实验一　创建供应商门户账套并进行相关设置

在进行供应商关系管理的业务开展前，必须建立供应商门户系统所需的独立账套，同时建立供应商门户账套和企业业务账套的关联关系。

一个完整的设置流程包括：

创建供应商门户账套→供应商门户账套配置→后台服务设置→供应商门户参数设置→邮件服务器设置→供应商属性设置→供应商设置→用户设置

(1) 创建供应商门户账套：供应商门户需要使用一个独立的账套，与企业的 K/3 ERP 业务账套进行数据同步和业务往来。创建独立账套的目的是为了实现数据隔离，一方面是出于网络安全考虑，另一方面也是避免外部大量的网络访问降低企业的 K/3 ERP 系统性能，影响企业正常的业务。

(2) 供应商门户账套配置：指门户账套与企业的业务账套建立关联关系。

(3) 后台服务器设置：指启动后台服务，实现门户账套和企业业务账套的数据同步。

(4) 供应商门户参数设置：在企业的业务账套中启用供应商门户，贯穿企业业务账套与门户账套的数据交互和流程处理。

(5) 邮件服务器设置：每一步业务处理都可以通过邮件的方式发送给相关人员，以驱动业务尽快开展下去。因此，需要设置系统所需的邮件服务器参数。

(6) 供应商属性设置：对于允许访问门户系统的供应商，需要设置供应商的属性。

(7) 供应商设置：将企业业务账套的供应商信息同步到门户账套。

(8) 用户设置：将企业业务账套的用户信息同步到供应商门户账套中，同时进行属性的设置。

↗ 应用场景

企业准备使用供应商门户系统，创建供应商门户账套，并进行相关参数的设置。

↗ 实验步骤

- 创建供应商门户账套。
- 供应商门户账套配置。
- 后台服务设置。
- 供应商门户参数设置。
- 邮件服务器设置。
- 供应商属性设置。
- 供应商设置。
- 用户设置。

↗ 操作部门及人员

由诚信电子公司的 administrator 来负责账套的建立，以及相关参数的设置。

↗ 实验前准备

- 系统日期调整为 2015-02-01。
- 恢复前述备份账套"F 诚信电子公司(供应商管理)"。

↗ 实验数据

(1) 供应商门户账套和企业业务账套的系统参数如表 6-1 所示。

表 6-1　系统参数设置

参数项目名称	参　数　值
数据同步	"是否启用"为"是"
消息数据同步	"是否启用"为"是"

(2) 企业业务账套的系统参数如表 6-2 所示。

表 6-2　企业业务账套的系统参数设置

参数项目名称	参 数 值
供应商门户	勾选

(3) 供应商门户账套的邮件服务器参数如表 6-3 所示。

表 6-3　邮件服务器参数设置

参数项目名称	参 数 值
SMTP 地址	填写服务器所在网络的邮件服务器地址
SMTP 服务认证账号	填写邮件服务器上有效的账户
SMTP 服务认证密码	填写邮件服务器上对应账户的有效密码
系统管理员邮箱	填写邮件服务器上的管理员邮箱

(4) 企业业务账套的供应商参数设置如表 6-4 所示。

表 6-4　供应商参数设置

供 应 商	属 性	参 数 值
绵阳电子	启用供应商门户	勾选

(5) 供应商门户账套的供应商信息如表 6-5 所示。

表 6-5　供应商信息

代 码	名 称
001	绵阳电子
002	佛山通讯
003	美国高盛

(6) 供应商门户账套和企业业务账套的供应商用户信息如表 6-6 所示。

表 6-6　供应商用户信息

用 户 姓 名	对应供应商
绵阳电子	绵阳电子

(7) 供应商门户账套和企业业务账套的供应商用户权限如表 6-7 所示。

表 6-7　供应商用户的权限

用 户 姓 名	权　　　限
绵阳电子	采购管理系统——查询权
	供应商管理系统——管理权
	供应商门户管理——管理权

↗ **操作指导**

1. 创建供应商门户账套

选择金蝶 K/3 主菜单上的账套管理工具，进入路径为【开始】-【程序】-【金蝶 K/3 WISE】-【金蝶 K/3 服务器配置工具】-【账套管理】。

在账套管理工具主界面，执行【数据库】-【新建账套】命令，将账套名称命名为"诚信电子供应商门户"。按照新建账套的向导，完成新账套的建立，如图 6-3 所示。

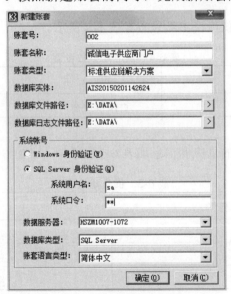

图 6-3　新建账套的设置

注意

　　此处将账套类型选择为【标准供应链解决方案】，将系统账号设置为【SQL Server 身份认证】。

选择新建的账套，执行【账套】-【创建供应商门户账套】命令，在弹出的属性设置界面中,输入机构名称为"诚信电子公司",如图 6-4 所示。同时,查看另两个页签【总账】、【会计期间】的内容,将会计期间设置为 2015 年 2 月。

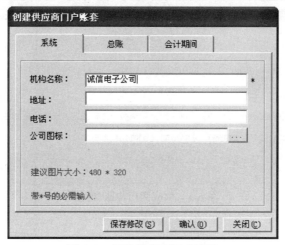

图 6-4 创建供应商门户账套

完成属性设置后,单击【确认】按钮。系统提示【确认启用当前账套吗?】,单击【是】。

注意

当"供应商门户账套"启用成功后,在账套管理工具的界面上,【供应商门户】列的值为"Y"。

2. 供应商门户账套的配置

在账套管理工具主界面,选择刚建立的门户账套,执行【账套】—【供应商门户账套配置】命令。在弹出的账套列表中,勾选【诚信电子公司】,如图 6-5 所示,并单击【保存】按钮。

3. 启动后台服务

在账套管理工具主界面,执行【系统】—【系统参数设置】命令,在弹出的界面中,在【后台服务器】—【服务器地址】里填写 K/3 应用服务器的 IP 地址。

图 6-5　供应商门户账套配置

① 只能在供应商门户系统的 K/3 中间层服务器上设置后台服务。
② 如果是单机练习，可在 Windows 的命令行中输入"ipconfig"来找到本机的 IP 地址，代表本机既作为服务器端，也作为客户端使用。

登录金蝶 K/3 系统，选择"诚信电子公司"账套，用户名为"administrator"。

首先进行企业邮箱配置。执行【系统设置】—【初始化】—【企业邮箱配置】—【企业邮箱配置】命令，在弹出的界面中，输入发送邮件服务器(SMTP)的地址，以及邮件账户的信息，如图 6-6 所示。设置完成后，可单击【测试】按钮，系统会反馈"测试成功"的信息。

图 6-6　企业邮箱参数设置

注意

公众邮箱，如 sina、163、qq 等邮箱有可能测试不成功，建议采用学校、企业的邮箱。

执行【系统设置】—【系统设置】—【业务预警】—【业务预警服务管理】命令。在预警服务列表中，找到【数据同步】服务，双击进入。选择【预警周期】页签，将【每日频率】下的时间周期设置为"00:01"，表示1分钟同步一次。选择【发送邮箱】页签，勾选【预设发件人账户信息】，系统会将刚才设置的邮件地址信息同步过来，同时同步SMTP 邮件服务器的账户信息。勾选【启用】，并单击【保存】按钮，如图 6-7 所示，然后单击【退出】按钮退出。

同样，在预警服务列表中，选择【消息数据同步】服务，双击进入。选择【预警周期】页签，将【每日频率】下的时间周期设置为"00:01"，表示1分钟同步一次。选择【发送邮箱】页签，勾选【预设发件人账户信息】，并勾选【启用】，单击【保存】按钮，然后再单击【退出】按钮退出。

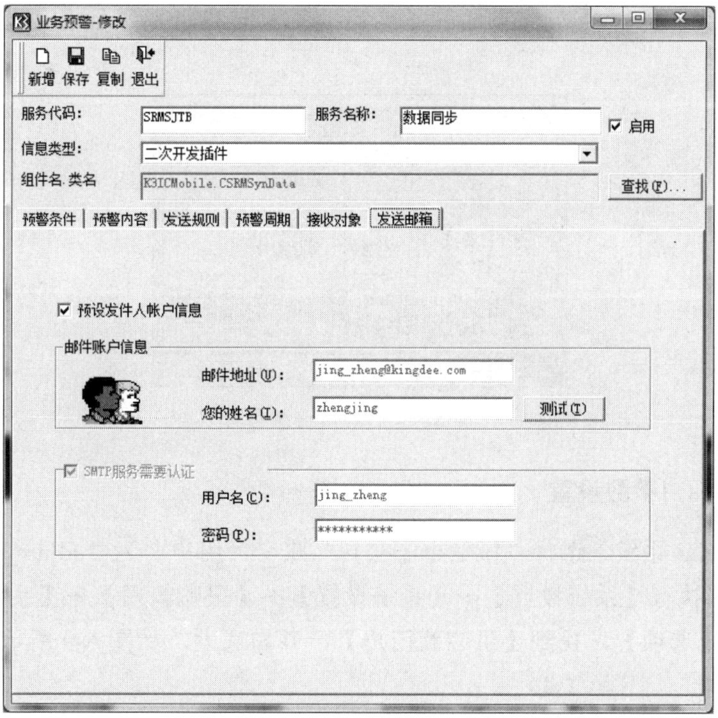

图 6-7 业务预警启用

注意

此处设置的邮件账户是用于发送消息的账户，该账户必须在 SMTP 邮件服务器上存在。关于 SMTP 邮件服务器的设置将在后面介绍。

返回金蝶 K/3 主界面，执行菜单【系统】—【更换操作员】，重新登录金蝶 K/3 系统，选择"诚信电子供应商门户"账套，用户名为"administrator"。执行【系统设置】—【初始化】—【采购管理】—【系统参数设置】命令，在弹出的界面中选择启用年度为"2015"，启用期间为"2"。单击【下一步】按钮，在弹出的界面中不用修改设置，再单击【下一步】按钮，完成核算参数的设置。

执行【系统设置】—【系统设置】—【业务预警】—【业务预警服务管理】命令。在预警服务列表中，找到【数据同步】服务和【消息数据同步】服务，启用这两项服务。

选择 K/3 主菜单上的客户端工具包，进入路径为【开始】—【程序】—【金蝶 K/3 WISE】—【金蝶 K/3 工具】—【客户端工具包】。

在弹出的客户端工具主界面中，选择【系统工具】—【后台服务】，单击【打开】按钮，启用后台服务，并勾选下面的【当启动 OS 时自动启动服务】选项，如图 6-8 所示。

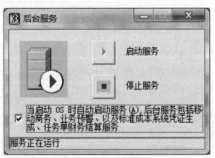

图 6-8　启动后台服务

4. 供应商门户参数设置

登录金蝶 K/3 系统，选择"诚信电子公司"账套，用户名为"administrator"。进入 K/3 系统之后，执行【系统设置】—【系统设置】—【采购管理】—【系统设置】命令。选择【采购系统选项】，找到【供应商门户】，并勾选上，如图 6-9 所示。

图 6-9　设置供应商门户参数

注意

① 只有企业的业务账套才需要勾选【供应商门户】，供应商门户账套已经自动勾选该选项。

② 勾选【供应商门户】选项后，企业的业务账套才会与供应商门户账套进行数据同步。

5. 邮件服务器设置

登录金蝶 K/3 系统，选择"诚信电子供应商门户"账套，用户名为"administrator"。执行【电子商务】—【供应商门户】—【供应商门户】—【供应商门户平台】命令，系统打开 Web 登录页面。数据源选择"诚信电子供应商门户"账套，子系统选择"供应商门户"，以用户名"administrator"登录系统。

注意

如果 Web 页面提示错误信息，一般是 IIS 服务安装不正确。建议在【控制面板】—【添加/删除程序】中，重新安装 IIS 服务。安装完毕，再通过路径【开始】—【程序】—【金蝶 K/3 WISE】—【金蝶 K/3 服务器配置工具】—【站点及远程组件配置工具】来重新配置 Web 服务。

单击页面右上角的功能导航,选择【供应商门户】—【系统管理】—【参数设置】命令。在打开的页面中设置自己所在网络环境中的邮件服务器地址,如图 6-10 所示,然后单击【保存】按钮。

图 6-10 设置供应商门户参数

注意

邮件服务器和账户必须是真实的信息,才能确保供应商门户的业务交易中有邮件发送。

6. 供应商属性设置

需要将供应商的属性设置为可进行供应商门户业务。之前供应商的信息是哪个用户建立的,就由哪个用户来启用该选项。

本书中供应商信息由胡美玲录入,故由胡美玲来启用该选项,要给胡美玲授权。执行【开始】—【程序】—【金蝶 K/3 WISE】—【金蝶 K/3 服务器配置工具】—【账套管理】命令,进入账套管理后,选择"诚信电子公司",单击【用户】按钮,进入用户管理界面。选择"胡美玲",单击【功能权限管理】按钮,在弹出的【用户管理_权限管理】窗口中,单击【高级】按钮,进入用户权限设置界面,找到"供应商管理系统",选择其下的"供应商档案",将右面显示的供应商档案的所有权限勾上,然后单击【授权】按钮。

登录金蝶 K/3 系统,选择"诚信电子公司"账套,用户名为"胡美玲"。进入 K/3 系统之后,执行【供应链】—【供应商管理】—【档案管理】—【供应商档案_维护】命令,进入供应商档案的序时簿。

选择供应商"绵阳电子",单击【修改】按钮,进入供应商档案界面,勾选【启用供应商门户】,如图 6-11 所示。同时,设置表头的评估状态为"合格"。在页签【基本资料】部分设置负责部门为"采购部",负责人为"李大勇",页签【联系人】部分设置联系人为"张鹏",单击【保存】按钮,再单击【退出】按钮。

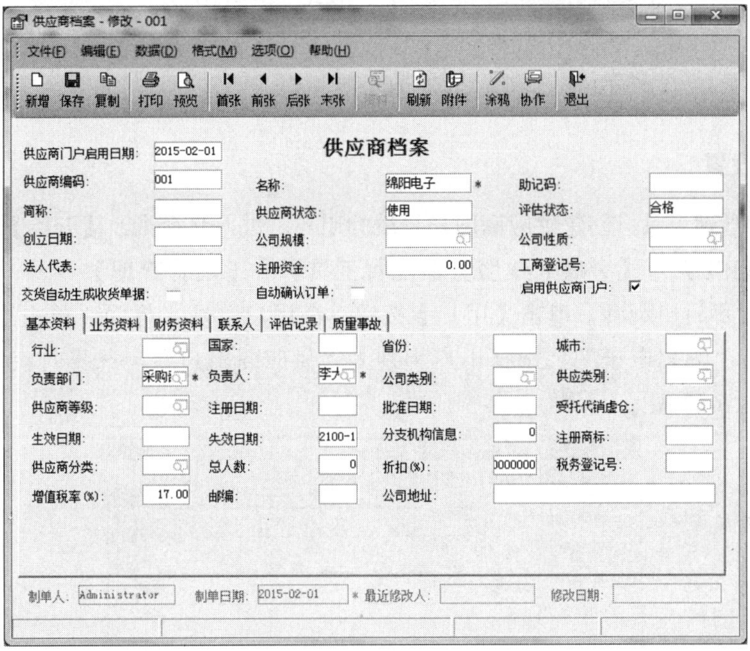

图 6-11 启用供应商门户

7. 供应商设置

进入 K/3 客户端工具包,路径为:【开始】—【程序】—【金蝶 K/3 WISE】—【金蝶 K/3 工具】—【客户端工具包】。

在客户端工具包主界面,选择【BOS 平台】—【BOS 数据交换平台】,单击【打开】按钮。在登录界面中选择"诚信电子公司"账套,用户名为"administrator"。

进入之后,选择【交换对象】下的【基础资料】,单击【新建任务】按钮,在弹出的向导界面中,单击【下一步】按钮。选择【导出并导入基础资料数据】,单击【下一步】按钮,设置导出账套为"诚信电子公司"。单击【下一步】按钮,勾选导入目标账套"诚信电子供应商门户"。单击【下一步】按钮,在基础资料列表中勾选【供应商】,

如图 6-12 所示，单击【下一步】按钮，勾选【立即执行】，系统自动将供应商导入。

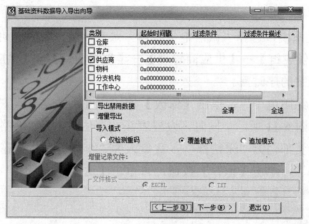

图 6-12　导入供应商资料

8. 用户设置

进入账户管理工具，创建供应商门户系统的用户。进入路径为：【开始】—【程序】—【金蝶 K/3 WISE】—【金蝶 K/3 服务器配置工具】—【账套管理】。

选择供应商门户账套，单击【用户】按钮。在用户管理主界面，单击【新建用户】，录入用户姓名"绵阳电子"，选择用户类别为"供应商用户"，选择对应供应商"绵阳电子"，如图 6-13 所示。

图 6-13　增加供应商门户平台用户

在【认证方式】页签，选择【密码认证】，单击【确定】按钮。

选择用户"绵阳电子"，单击【功能权限管理】按钮。在弹出的页面中，单击【高级】按钮，打开的【用户权限】窗口如图 6-14 所示。在此窗口中找到【供应链物流单据】－【采购订单】，设置用户具有"查看"、"确认"的权限。

图 6-14　供应商门户平台用户的权限设置

以上设置权限的过程是企业实际业务的操作模式。为了后续业务操作方便，此处会将供应商用户的权限设得更高。在用户管理主界面，选择用户"绵阳电子"，单击【功能权限管理】按钮。在弹出的页面中，勾选【基础资料】下的【查询权】，【采购管理系统】下的【查询权】，【供应商管理】下的【管理权】，【供应商门户管理】下的【管理权】。然后单击【授权】按钮，再单击【关闭】按钮。

返回账套管理工具主界面，选择供应商门户账套，选择菜单【账套】－【用户引入引出】，如图 6-15 所示。在弹出的界面中，选择源账套下的用户"绵阳电子"，目的账套为"诚信电子公司"，再单击【确定】按钮。

图 6-15　引出引入用户

返回账套管理工具主界面，选择"诚信电子公司"账套，单击【用户】按钮，在用户管理主界面，选择左边页面【全部用户】，可在右边页面看见导入的"绵阳电子"这个用户。

注意

当建立供应商用户之后，该用户就只能查看对应供应商的业务信息，操作对应权限的功能。

为了能在供应商门户系统中发布相应的消息和公告，需要在供应商门户中建立企业用户。此时可采取引入的方式，具体操作方法如下。

在账套管理工具主界面，选择"诚信电子公司"账套，再选择菜单命令【账套】－【用户引入引出】。在弹出的界面中，选择源账套的全部用户和用户组(除用户"绵阳电子"外)，目的账套为"诚信电子供应商门户"。单击【确定】按钮，系统将业务账套的用户引入供应商门户账套。

实验二　了解信息中心的功能

要实现企业采购人员、财务人员、质检人员和供应商之间的及时互动，必须要提供消息、短消息、邮件等驱动机制。信息中心正是承担着这样的角色。

应用场景

理解信息中心发布的消息、短消息、邮件等信息驱动机制，供应商和企业相关人员根据消息进行任务处理。

实验步骤

- 查看和操作工作台中"我的主页"。
- 查看和操作"信息中心"下的"普通消息""预警消息""工作流消息"。
- 发布和查看公告。

操作部门及人员

由供应商用户绵阳电子查看相应的消息，administrator 负责发布企业公告。

实验前准备

确认系统日期调整为 2015-02-01。

> **实验数据**

公告类别的内容如表 6-8 所示。

表 6-8 公 告 类 别

公 告 编 号	公 告 类 别
001	普通公告
002	询价公告

> **操作指导**

1. 查看和操作工作台

以供应商用户"绵阳电子"的身份登录金蝶 K/3 主控台,选择账套"诚信电子供应商门户",执行【电子商务】—【供应商门户】—【供应商门户】—【供应商门户平台】,在打开的 Web 页面中,数据源选择"诚信电子供应商门户"账套,用户名为"绵阳电子",进入供应商门户平台网页,可在【我的主页】中显示需要确认的采购订单、询价单、品质异常报告单、样品试制申请单、委外订单、对账单、采购订单变更通知单等。

因此时还没有业务发生,故并没有相应的单据。在后续的实验操作中,可到此处查看和处理相应的业务。

2. 查看和处理消息

选择【信息中心】,打开【消息】—【普通消息】,可以选择未阅读、已阅读、全部消息进行查看。

选择【信息中心】,打开【消息】—【预警消息】,可以选择未阅读、已阅读、全部消息进行查看。

选择【信息中心】,打开【消息】—【工作流消息】,可以选择未阅读、已阅读、全部消息进行查看。

因此时还没有业务发生,故并没有相应的消息发送。在后续的实验操作中,可到此处查看和处理相应的消息。

3. 发布企业公告

登录 K/3 主控台,用户名为"administrator",选择账套"诚信电子供应商门户",进入 K/3 主界面。

执行【系统设置】—【基础资料】—【公共资料】—【辅助资料管理】命令,弹出如图 6-16 所示的界面。选择【辅助资料】—【公告类别】,单击菜单【编辑】—【新增辅助资料】,输入公告类别。

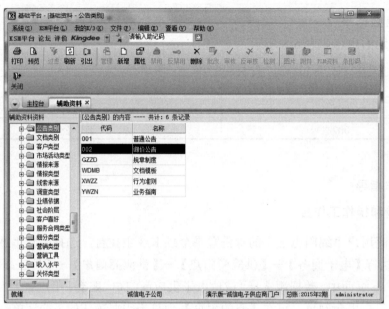

图 6-16 增加公告类别

在供应商门户平台的 Web 页面，单击页面右上方的【注销】按钮，以 administrator 的身份重新登录供应商门户系统。

在【我的主页】下方，找到【我的公告】。单击【新增】图标，弹出如图 6-17 所示的对话框，按照该图填写公告，然后单击 图标保存公告。

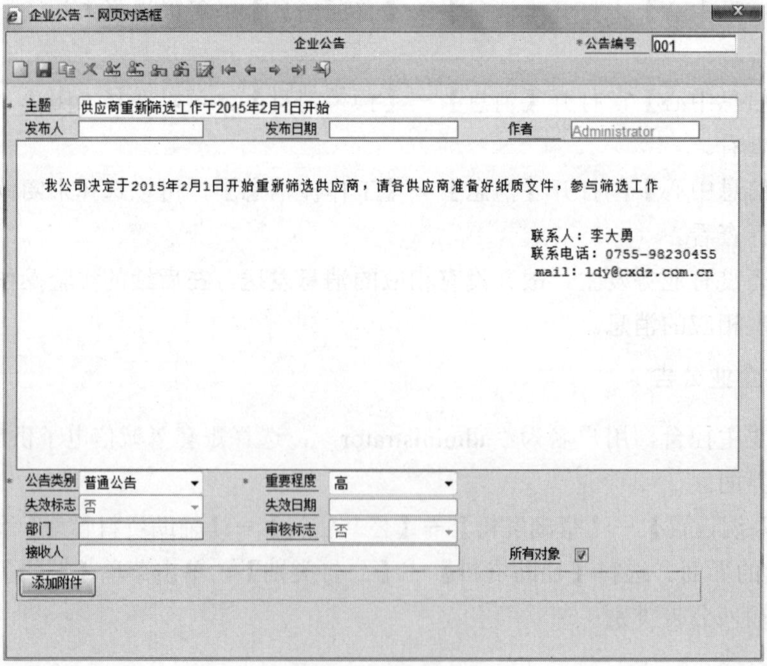

图 6-17 增加公告

选中刚编写的公告，单击页面上的图标🔍，进行审核，然后单击页面上的图标📝，进行公告发布。

公告发布成功后，供应商用户登录供应商门户平台的 Web 页面就可以看见企业发布的公告。

实验三　样品试制申请

企业提出进行样品试制申请，并发布给供应商。供应商可在网上确认，并提交样品试制情况，企业对样品进行确认。所有这些业务往来，都可以通过供应商门户平台来处理。

↗ 应用场景
企业开发新产品，或者选新的供应商，需要进行样品试制。

↗ 实验步骤
- 企业采购人员编制样品试制申请。
- 供应商送样。
- 企业接收样品，进行交接。
- 企业进行样品的确认。

↗ 操作部门及人员
由诚信电子公司采购部的李大勇录入样品试制申请单，并发布给绵阳电子。绵阳电子的用户上网查看并进行处理。

↗ 实验前准备
系统日期调整为 2015-02-01。

↗ 实验数据
(1) 样品试制申请单数据如表 6-9 所示。

表 6-9　样品试制申请单数据

项　　目	内　　容
业务类型	试制打样
日期	2015-02-01
供应商	绵阳电子
需求部门	技术部
物料代码	01.01 (数码相机)
计量单位	个

(续表)

项　　目	内　　容
需求数量	5
预计采购量	1 000
需求日期	2015-02-03
项目编号	201502001
项目负责人	李大勇

(2) 供应商交货通知单信息如表6-10所示。

表6-10　供应商交货通知单信息

项　　目	内　　容
供应商	绵阳电子
物料名称	数码相机
预计到货日期	2015-02-03
数量	5

(3) 样品交接信息如表6-11所示。

表6-11　供应商收样信息

项　　目	内　　容
源单据类型	交货通知单
收样人	李大勇
收样日期	2015-02-03
收样数量	5
交接人	徐力军
交接日期	2015-02-03
交接数量	5

➤ 操作指导

1. 录入样品试制申请单

以诚信电子公司采购部李大勇的身份登录，选择账套"诚信电子公司"。进入K/3主控台后，执行【供应链】－【供应商管理】－【样品管理】－【样品试制申请单-新增】命令。按照实验数据填写样品试制申请单，如图6-18所示。然后单击【保存】按钮。

图 6-18　样品试制申请单

2．审批样品试制申请单

多级审核需要设置审批权限。设置进入路径：以 administrator 的身份，选择"诚信电子公司"账套登录，进入 K/3 主控台。执行【系统设置】—【系统设置】—【供应商管理】—【审批流管理】命令。

在打开的窗口中，选择左面的【样品试制申请单】，再选择右面审批流程中的"流程节点 2000"，设置该节点的审核权限，将 administrator 加入到该节点的审核权限中。

返回 K/3 主控台，对样品试制申请单进行审核。执行【供应链】—【供应商管理】—【样品管理】—【样品试制申请单-维护】命令，选择刚录入的样品试制申请单，再选择菜单【编辑】—【启动多级审核】，启动审核后选择【编辑】—【多级审核】。在弹出的窗口中输入审核意见，并单击【确定】按钮，完成单据审核。

3．供应商查看并确认样品试制申请单

返回 K/3 主控台，执行【电子商务】—【供应商门户】—【供应商门户】—【供应商门户平台】，进入门户平台的 Web 登录页面。

选择数据源为"诚信电子供应商门户"，用户名为"绵阳电子"，进入供应商门户平台。选择【功能导航】—【订单管理】—【样品试制申请单】。

勾选刚录入的样品试制申请单，单击【查看】按钮，弹出样品试制申请单的具体信息。关闭单据后，单击 接受 图标，系统提示"接受成功"。

> **注意**
>
> 如果供应商门户平台上没有显示样品试制申请单的信息，检查以下两个地方：账套管理界面中，【系统】—【系统参数设置】—【后台服务器】的 IP 设置是否正确；同时，检查"诚信电子公司""诚信电子供应商门户"两个账套的数据同步和消息同步是否启用，预警周期是否设置为 00:01。

到 K/3 主控台查看供应商的确认信息。以采购部李大勇的身份登录，选择账套"诚信电子公司"。进入主控台后，执行【供应链】—【供应商管理】—【样品管理】—【样品试制申请单-维护】命令。进入序时簿，选择刚确认的样品申请单，可以看到【供应商确认】标志为"Y"。

4. 供应商送样

将系统时间调整为 2015 年 2 月 3 日。供应商将样品加工好，开始送样，同时在供应商门户平台上提交样品交货通知单，通知企业的采购人员准备接收。

以绵阳电子身份登录供应商门户平台页面。选择【功能导航】—【供应商门户】—【订单管理】—【样品试制申请单】命令，再选择刚确认的样品试制申请单，执行【下推】—【生产交货通知单】命令，在弹出的页面中，按照实验数据，填写送样信息，如图 6-19 所示，最后单击【保存】按钮退出。

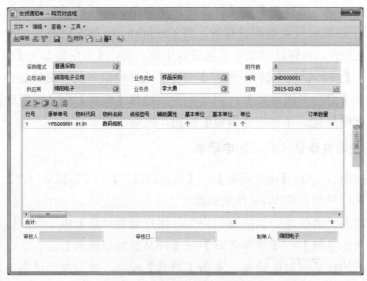

图 6-19　送样交货通知单填写

交货通知单完成后，绵阳电子用户要对该交货通知单进行审核，这里需要进行多级审核权限设置。设置进入路径：以 administrator 身份选择"诚信电子公司"账套登录，进入 K/3 主控台。执行【系统设置】-【系统设置】-【供应商管理】-【审批流管理】命令。在打开的窗口中，选择左面的【交货通知单】，再选择右面审批流程中的【一级审核】，设置该节点的审核权限，将绵阳电子加入到该节点的审核权限中。

返回供应商门户系统，对交货通知单进行审核。执行【功能导航】-【供应商门户】-【交货管理】-【交货通知单】命令，双击打开录入的交货通知单，再选择菜单【编辑】-【启动多级审核】，启动审核后选择【编辑】-【多级审核】。在弹出的窗口中输入审核意见，并单击【确定】按钮，完成单据审核。

在 K/3 主控台，以采购部李大勇的身份登录账套"诚信电子公司"。执行【供应链】-【采购管理】-【采购订单】-【交货通知单-查看】命令，可以查看供应商样品送货通知单信息。

5. 企业样品交接

企业向供应商提出样品试制申请，样品到达时，通过样品交接单进行交接和入库。样品交接必须具有相应的权限。因此，要先对李大勇授权。

进入账套管理工具主界面，选择账套"诚信电子公司"，单击【用户】按钮。在用户管理主界面，选择"李大勇"，单击【功能权限管理】按钮。在弹出的页面中，找到【供应商管理】和【供应商门户管理】，将两者的权限都勾选上。

以李大勇的身份，选择"诚信电子公司"账套重新登录，进入 K/3 主控台。执行【供应链】-【供应商管理】-【样品管理】-【样品交接单-新增】命令。打开样品交接单新增页面，按照实验数据填写交接信息，单击【保存】后退，启动多级审核，以 administrator 的身份登录系统完成审核，如图 6-20 所示。

图 6-20 样品交接信息填写

6. 企业内部交接及入库

收样后，需要将样品交到相应部门检测。在本实验中，需要将样品交给技术组的徐力军进行检测。

仍旧由李大勇操作，打开样品交接单后，执行【编辑】－【样品交接】后根据实验数据输入交接人、交接信息、交接数量，如图6-21所示，单击【保存】按钮后退出。

图6-21　交接信息填写

样品完成交接检验后，可将样品交给仓管人员，仓管人员可下推外购入库单，如图6-22所示。

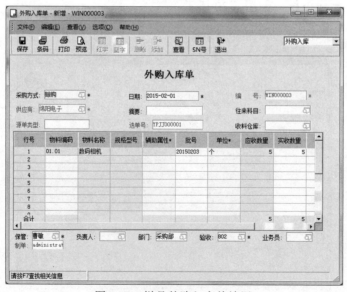

图6-22　样品外购入库单填写

实验四 询报价

通过供应商门户平台，企业和供应商之间可以方便地进行询价和报价，帮助企业更快、更方便地找到合适的供应商。

> **应用场景**

企业在采购新物料前，向供应商询价，供应商进行报价。

> **实验步骤**

- 企业采购人员编制询价单。
- 供应商查看询价单并报价。

> **操作部门及人员**

由诚信电子公司采购部的李大勇录入询价单，并发布给绵阳电子公司。绵阳电子公司的用户上网查看并进行报价。

> **实验前准备**

系统日期调整为 2015-02-01。

> **实验数据**

(1) 询价单数据如表 6-12 所示。

表 6-12 询价单数据

项 目	内 容
部门	采购部
采购员	李大勇
询价日期	2015-02-01
报价截止日期	2015-02-03
生效日期	2015-02-01
失效日期	2015-02-03
结算币别	人民币
物料代码	01.01－数码相机
需求数量	1000
交货日期	2015-02-05
供应商	绵阳电子

(2) 报价单数据如表 6-13 所示。

表 6-13　报价单数据

项　　目	内　　容
供应商	绵阳电子
物料代码	01.01－数码相机
单价	1500

操作指导

1. 编制询价单并审核

以诚信电子公司采购部李大勇的身份登录,选择账套"诚信电子公司"。进入金蝶 K/3 主控台后,执行【供应链】－【供应商管理】－【询报价管理】－【询价单-新增】命令。按照实验数据填写相应的内容,如图 6-23 所示,并单击【保存】按钮。

图 6-23　编制询价单

返回 K/3 主控台,以 administrator 的身份重新登录,账套为"诚信电子公司"。进入 K/3 主控台后,执行【供应链】－【供应商管理】－【询报价管理】－【询价单－维护】命令。进入序时簿,选择刚录入的询价单,单击【审核】按钮,录入审核意见。

2. 生成报价单

以供应商绵阳电子的身份登录供应商门户平台。执行【功能导航】－【供应商门户】－【询报价管理】－【询价单】命令。选择刚才录入的询价单,再选择菜单【下推】－【报价单】。根据实验数据,填写报价信息,如图 6-24 所示。然后,单击【保存】按钮。

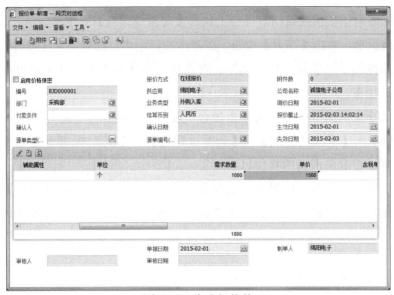

图 6-24 生成报价单

3. 审核报价单

报价单需要供应商审核后,才能发布给企业。因此,供应商用户应该有审核报价单的权限。

先对供应商用户授权。以 administrator 的身份登录 K/3 主控台,账套为"诚信电子公司",进入主控台后,执行【系统设置】-【系统设置】-【供应商管理】-【审批流管理】命令。

如图 6-25 所示,找到报价单,单击【用户设置】页签,再找到"绵阳电子",双击向右的箭头,将"绵阳电子"加入用户姓名中,再单击【保存】图标,就完成了授权。

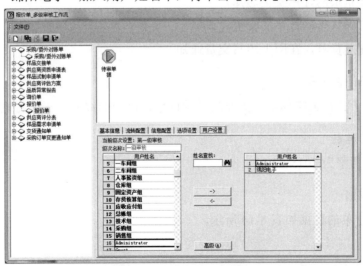

图 6-25 报价单的多级审核授权

供应商绵阳电子在供应商门户平台上执行【询报价管理】—【报价单】命令,再选择刚才生成的报价单,单击【查看】按钮。在弹出的页面中,选择菜单【编辑】—【启动多级审核】,系统提示"多级审核启动"。再选择菜单【编辑】—【多级审核】,输入审核意见,审核结束。

以采购部李大勇的身份登录 K/3 主控台,账套为"诚信电子公司",进入主控台后,执行【供应链】—【供应商管理】—【询报价管理】—【报价单-维护】命令。选择刚才录入的报价单,查看供应商的报价。

如果认可报价,则返回序时簿,选择刚才查看的报价单,单击【接受】按钮。系统提示输入意见,输入评价意见后,单击【确定】按钮。系统自动将报价确认的标志改为"Y"。

实验五 采购订单、采购变更通知与交货通知

企业可以通过供应商门户发布采购订单,供应商查询订单后,进行确认。如果双方要进行订单变更,也可以将信息及时发布到网上进行确认。

↗ 应用场景
企业下采购订单,供应商在门户平台上查看采购订单的信息,并进行确认。

↗ 实验步骤
- 企业采购人员编制采购订单。
- 供应商进行确认。
- 企业发布采购订单变更通知。
- 供应商确认采购订单的变更。
- 供应商发货时,在网上填写交货通知。

↗ 操作部门及人员
由诚信电子公司采购部李大勇编制采购订单,供应商绵阳电子进行确认。

↗ 实验前准备
系统日期调整为 2015-02-01。

↗ 实验数据
(1) 采购订单的数据如表 6-14 所示。

表 6-14 采购订单数据

项 目	内 容
采购范围	购销
采购方式	赊销
供应商	绵阳电子
日期	2015-02-01
物料代码	01.01－数码相机
数量	1000
交货日期	2015-02-03
部门	采购部
业务员	李大勇

(2) 采购订单确认信息如表 6-15 所示。

表 6-15 采购订单确认数据

项 目	内 容
确认结果	接受
确认数量	1000
确认交货日期	2015-02-03

(3) 采购订单变更通知单信息如表 6-16 所示。

表 6-16 采购订单变更通知单信息

项 目	内 容
供应商	绵阳电子
变更日期	2015-02-01
变更原因	市场需求旺盛
变更类型	修改
变更后数量	3000
变更交货日期	2015-02-03

(4) 交货通知单信息如表 6-17 所示。

表 6-17 交货通知单信息

项 目	内 容
供应商	绵阳电子
数量	3000
预计到货日期	2015-02-03

操作指导

1. 编制采购订单

以采购部李大勇的身份登录金蝶 K/3 主控台,选择的账套为"诚信电子公司",执行【供应链】—【采购管理】—【采购订单】—【采购订单-新增】命令,按照实验数据,编制采购订单。然后单击【保存】按钮,再单击【审核】。

2. 供应商确认采购订单

以供应商绵阳电子的身份登录供应商门户平台,选择【功能导航】—【供应商门户】—【订单管理】—【采购订单】。查看到刚录入的采购订单,如图 6-26 所示。返回主页面,选中刚才查看的订单,然后单击【接受】按钮,弹出如图 6-27 所示的对话框,表示供应商接受成功。

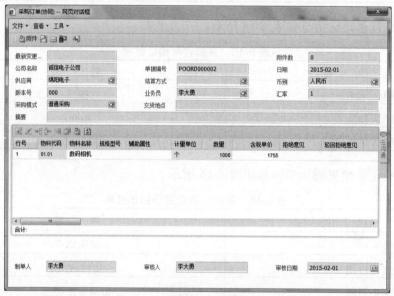

图 6-26 供应商查看采购订单

图 6-27 供应商确认采购订单

3. 采购订单变更通知单

由于市场原因,企业需要变更采购订单。

以采购部李大勇的身份登录金蝶 K/3 主控台,选择的账套为"诚信电子公司",执行【供应链】—【采购管理】—【采购订单】—【采购订单-维护】命令,选择刚录入的采购订单,可以查看到供应商确认的详细信息,包括供应商确认日期、确认人、确认的交货日期、确认标志"Y"等。

再选择菜单【下推】—【生成采购订单变更通知单】,按照实验数据,填写采购订单变更通知单。单击【保存】按钮后,选择菜单【编辑】—【启动多级审核】。

以 administrator 的身份登录金蝶 K/3 主控台,选择的账套为"诚信电子公司"。执行【供应链】—【供应商管理】—【变更管理】—【采购订单变更通知单-维护】命令,选择刚生成的采购订单变更通知单,单击【审核】按钮,输入审核意见,然后退出。

以供应商绵阳电子的身份登录供应商门户平台,选择【功能导航】—【供应商门户】—【订单管理】—【采购订单变更通知单】,选择企业所发布的采购订单变更通知单,如图 6-28 所示,查看后关闭单据,单击【确认】按钮,接受该变更。

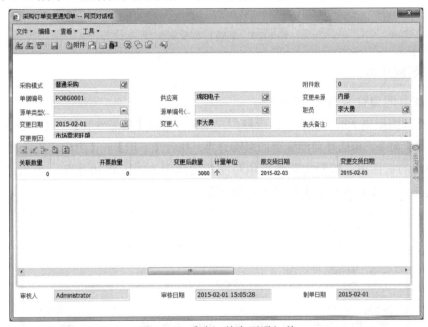

图 6-28 采购订单变更通知单

当供应商确认订单的变更后,企业的采购人员还需要让变更生效。以 administrator 的身份登录进入 K/3 主控台,账套为"诚信电子公司"。执行【供应链】—【供应商管理】—【变更管理】—【采购订单变更通知单-维护】命令,选择刚才录入审核的变更通知单。单击【生效】按钮,系统自动弹出变更后的采购订单,可以看到采购订单的数量已经更改为 3 000,如图 6-29 所示。

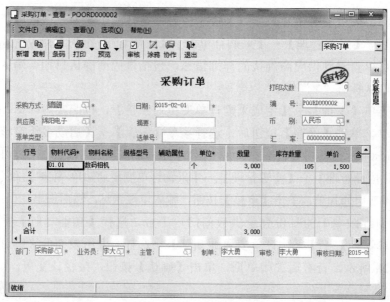

图 6-29 采购订单变更生效

4. 供应商交货

将系统时间调整为 2015-02-03。

以供应商绵阳电子的身份登录供应商门户平台，选择【功能导航】－【供应商门户】－【订单管理】命令，再选择前面变更的采购订单，执行【下推】－【生成交货通知单】命令。

在弹出的页面中，按照实验数据填写交货通知单，如图 6-30 所示。单击【保存】按钮，再选择菜单【编辑】－【启动多级审核】。

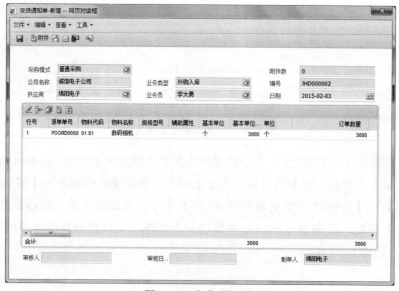

图 6-30 交货通知单

交货通知单需要供应商审核后才能发布给企业。因此，供应商用户应该有审核交货通知单的权限。

先对供应商用户授权。以 administrator 的身份登录 K/3 主控台，账套为"诚信电子公司"，进入主控台后，执行【系统设置】—【系统设置】—【供应商管理】—【审批流管理】命令。

找到交货通知单，如图 6-31 所示，选择页面中间的流程图标【一级审核】，页面右边的属性窗内容将发生变化。选择属性【审核权限】，单击【...】按钮，找到 Users 组下的"绵阳电子"，勾选上返回，再单击【保存】图标，就完成了授权。

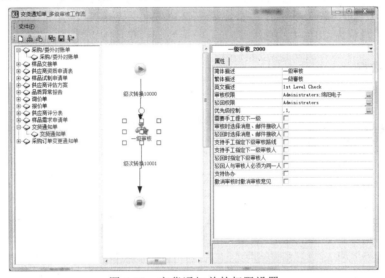

图 6-31　交货通知单的权限设置

以供应商绵阳电子的身份登录供应商门户平台，选择【功能导航】—【供应商门户】—【交货管理】—【交货通知单】，再选择刚才生成的交货通知单。单击【查看】按钮，在弹出的页面中，选择菜单【编辑】—【多级审核】。录入多级审核的意见，单击【确定】按钮，就完成了审核。

至此，发货通知完成。

实验六　退货通知

企业在接收了供应商的货物之后，要进行质检。如果发现质检不合格，需要将货物退回，并将退货的通知发布到网上，让供应商及时获知信息。

应用场景

企业将检验不合格的货物信息发布到网上，便于供应商查询。

↗ 实验步骤
- 企业内部编制来料检验申请单。
- 根据检验结果,企业生成退料通知单。
- 供应商在网上查看并确认退货信息。

↗ 操作部门及人员
由诚信电子公司采购部的李大勇编制来料检验申请单,并生成退料通知单。供应商"绵阳电子"查看退货通知。

↗ 实验前准备
系统日期调整为 2015-02-03。

↗ 实验数据
(1) 来料检验单的参数如表 6-18 所示。

表 6-18 来料检验单的参数

项　　目	内　　容
业务类型	外购入库
采购方式	购销
供应商	绵阳电子
源单类型	交货通知单
选单号	系统所生成的交货通知单单号
申请日期	2015-02-03
物料代码	01.01－数码相机
批号	20150101
检验员	徐力军
送检员	李大勇
检验数量	3 000
合格数量	2 995
不合格数量	5
取样数量(严重)	3 000
允收数(严重)	0
拒收数(严重)	5
取样合格数量(严重)	2 995
取样不良数量(严重)	5
检验结果	合格

(2) 来料检验单的检验项目参数如表 6-19 所示。

表 6-19　来料检验单的检验项目参数

项　　目	内　　容
代码	001
名称	开机测试
分析方法	定性分析

(3) 退料通知单的参数如表 6-20 所示。

表 6-20　退料通知单的参数

项　　目	内　　容
供应商	绵阳电子
业务类型	外购入库
采购方式	赊购
采购范围	购销
日期	2015-02-03
物料代码	01.01
单位	个
数量	5
单价	1 500

操作指导

1. 质量管理功能授权

要生成来料检验申请单，需要先对采购部进行质量管理功能模块授权。

打开 K/3 账套管理工具，在该主界面，选择"诚信电子公司"账套，单击【用户】按钮。在用户管理主界面，选择"李大勇"。单击【功能权限管理】，在弹出的窗口中找到【质量管理】，勾选查询和管理的权限，单击【授权】按钮，然后单击【关闭】按钮。

2. 编制来料检验申请单

以采购部李大勇的身份登录金蝶 K/3 主控台，选择的账套为"诚信电子公司"。

先对物料的质量属性进行修改。执行【系统设置】—【基础资料】—【公共资料】—【物料】命令，再选择【物料】—【产成品】—【数码相机】。单击【属性】按钮，进入物料属性设置界面，如图 6-32 所示。选择【质量资料】，将产品检验方式改为【全检】。

图 6-32　修改物料的质量检查属性

执行【供应链】—【采购管理】—【采购订单】—【交货通知单-查看】命令，进入交货通知单序时簿，可以看到刚才供应商提交的交货通知单。选中该通知单，再执行【下推】—【收料通知/请检单】命令，单击【保存】按钮，然后单击【审核】按钮，如图 6-33 所示。

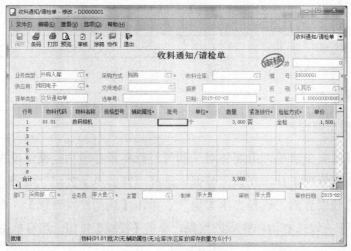

图 6-33　编制请检单

3. 生成退料通知单

企业的质检部经过检验，发现部分产品不合格，需要退料，因此应编制退料通知单。

以采购部李大勇的身份登录金蝶 K/3 主控台，选择的账套为"诚信电子公司"。执行【供应链】—【质量管理】—【来料检验】—【收料通知/请检单-维护】命令。选择刚才录入的请检单，再选择菜单【下推】—【生成来料检验单】。参考实验数据，录入来料检验单。在录入来料检验单时，系统提示还需要录入检验项目。可参考实验数据，录入检验项目的内容，如图 6-34 所示。

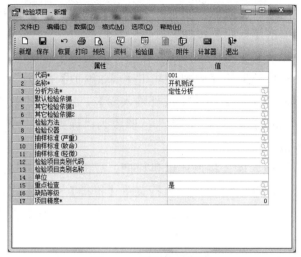

图 6-34　增加检验项目

当编制完来料检验单后，如图 6-35 所示，单击【保存】按钮。

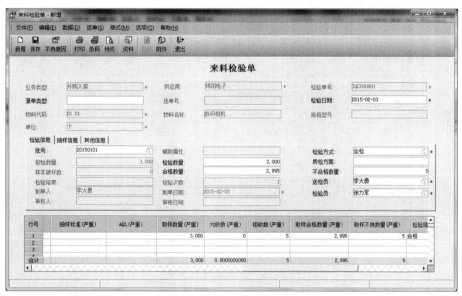

图 6-35　生成来料检验单

以 administrator 的身份登录 K/3 主控台，选择账套"诚信电子公司"，执行【供应链】—【质量管理】—【来料检验】—【来料检验单-维护】命令，选择刚才生成的来料检验单，单击【审核】按钮，录入审核意见。

给李大勇设置采购管理的权限，以便其能处理外购入库业务。执行【开始】—【程序】—【金蝶 K/3 WISE】—【金蝶 K/3 服务器配置工具】—【账套管理】命令，在金蝶 K/3 账套管理主界面选择"诚信电子公司"账套，单击【用户】按钮，进入用户管理界面。选择"李大勇"，单击【功能权限管理】按钮，在弹出的界面中，勾选"仓库管理系统"的权限，然后单击【授权】按钮。

以李大勇的身份登录 K/3 主控台，选择账套"诚信电子公司"，执行【供应链】—【质量管理】—【来料检验】—【收料通知/请检单-维护】命令，找到之前生成的收料通知/请检单，选择菜单【下推】—【生成外购入库】，注意实收数量是 2 995，批号为 20150101，单价为 1 500，保管为"赵力"，验收为"徐力军"。单击【保存】按钮，然后单击【审核】按钮。

检验不合格部分不能入库，将退还给供应商，故需要将不合格的信息通知供应商。

选择前面生成的收料通知/请检单，执行菜单【下推】—【生成退料通知单】命令。按照实验数据，编制退料通知单。如图 6-36 所示。单击【保存】按钮，再单击【审核】按钮，完成对单据的编制和审核。

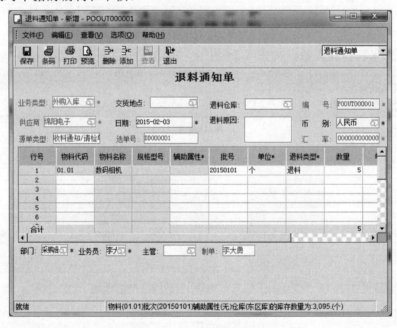

图 6-36　生成退料通知单

4. 供应商查看退货通知

供应商登录门户平台查看退货通知。

以供应商"绵阳电子"的身份登录供应商门户平台。选择【功能导航】—【供应商门户】—【交货管理】—【退货通知单】，查看企业所发布的退货通知，如图 6-37 所示。

图 6-37　供应商查看退货通知单

实验七　发布品质异常报告

企业在对供应商所交货物进行质检后，如果发现质量问题，将发布品质异常报告，便于供应商及时获知。

⤴ 应用场景

企业发布品质异常报告，供应商查询。

⤴ 实验步骤

- 企业编制品质异常报告并发布。
- 供应商查询和确认品质异常报告。

⤴ 操作部门及人员

由诚信电子公司李大勇负责品质异常报告的编制，供应商"绵阳电子"查看和确认。

⤴ 实验前准备

系统日期调整为 2015-02-03。

⤴ 实验数据

(1) 品质异常报告的参数如表 6-21 所示。

表 6-21 品质异常报告的参数

项　　目	内　　容
供应商	绵阳电子
物料代码	01.01
计量单位	个
数量	5
异常现象描述	不能开机
处理意见	换货
是否需要回复	是
要求回复日期	2015-02-04
提出人	徐力军
提出单位	技术部
提出时间	2015-02-03

(2) 品质异常报告确认信息如表 6-22 所示。

表 6-22 品质异常报告确认信息

项　　目	内　　容
异常原因	开机按钮不合格
解决方案	替换所有不合格的货物
改善措施	对开机按钮质量严格把关

↗ 操作指导

1. 编制品质异常报告

以采购部李大勇的身份登录金蝶 K/3 主控台,选择账套"诚信电子公司",执行【供应链】—【供应商管理】—【品质管理】—【品质异常报告-新增】命令,进入图 6-38 所示的窗口。按照实验数据填写品质异常报告。然后单击【保存】按钮,再选择菜单【编辑】—【启动多级审核】。

以 administrator 的身份重新登录 K/3 主控台,选择账套"诚信电子公司"。执行【供应链】—【供应商管理】—【品质管理】—【品质异常报告-维护】命令。选择刚录入的品质异常报告,单击【审核】按钮,并输入审核意见。

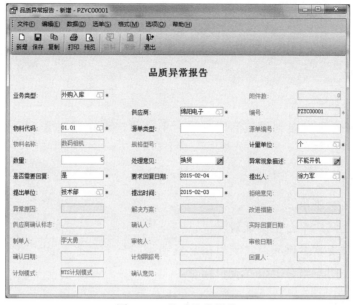

图 6-38 品质异常报告

2. 供应商查看和确认品质异常报告

以供应商"绵阳电子"的身份登录供应商门户平台。执行【功能导航】—【供应商门户】—【品质管理】—【品质异常报告】命令,单击查看该报告,如图 6-39 所示。

然后单击【供应商确认】按钮,录入"同意"。返回后,单击【回复】按钮,按照实验数据,录入确认的信息,再单击【保存】按钮。

以李大勇的身份重新登录 K/3 主控台,选择账套"诚信电子公司"。执行【供应链】—【供应商管理】—【品质管理】—【品质异常报告-维护】命令。选择刚录入的品质异常报告,选择菜单【编辑】—【关闭】,将该品质异常报告单结单。

图 6-39 供应商对品质异常报告确认

实验八　处理往来对账

企业和供应商可以利用门户平台，定期进行对账。当双方确认对账结果后，企业支付货款给供应商。

↗ **应用场景**

企业将对账信息发布到供应商门户平台上，供应商进行对账。确认后，企业支付货款。

↗ **实验步骤**

- 企业编制对账单。
- 供应商在门户平台上确认对账。
- 企业支付货款给供应商，支付信息发布到门户平台上。
- 供应商在门户平台上查看支付信息。

↗ **操作部门及人员**

由诚信电子公司采购部李大勇编制对账单，由供应商用户"绵阳电子"确认对账信息。

↗ **实验前准备**

系统日期调整为 2015-02-28。

↗ **实验数据**

(1) 外购入库单的数据如表 6-23 所示。

表 6-23　外购入库单数据

项　目	内　容
源单类型	来料检验/请检单
选单号	前面录入的来料检验/请检单
保管人	赵力
验收	徐力军

(2) 对账单的数据如表 6-24 所示。

表 6-24　对账单数据

项　目	内　容
供应商范围	绵阳电子
时间范围	2015-02-01 至 2015-02-28
业务类型	采购

(续表)

项　目	内　容
对账期间(年)	2015
对账期间(月)	2
价格取数来源	采购订单

对账时所核对的采购订单是前面实验中的采购订单。

(3) 付款单的数据如表 6-25 所示。

表 6-25　付款单数据

项　目	内　容
核算项目	绵阳电子
单据日期	2015-02-28
财务日期	2015-02-28

操作指导

1. 查看外购入库单

以采购部李大勇的身份登录金蝶 K/3 主控台，选择账套"诚信电子公司"，执行【供应链】—【采购管理】—【外购入库】—【外购入库单-维护】命令。查看生成的外购入库单，如图 6-40 所示，确认与实验数据一致。

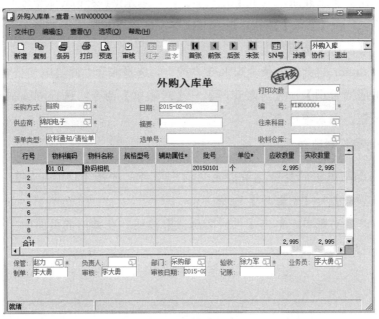

图 6-40　外购入库

2. 编制对账单

将系统时间调整到 2015-02-28。

以采购部李大勇的身份登录金蝶 K/3 主控台，选择账套"诚信电子公司"，执行【供应链】—【供应商管理】—【对账管理】—【采购/委外对账】命令，进入图 6-41 所示的窗口。选择供应商为绵阳电子，单击【创建对账单】按钮，系统自动生成对账单。

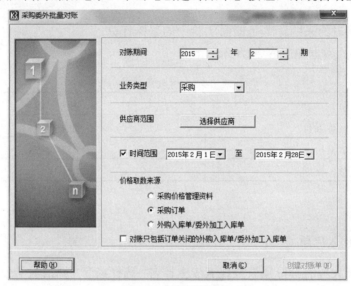

图 6-41 编制对账单

退出后，在 K/3 主界面，双击【对账单】，进入采购(委外)对账单序时簿。选择刚才生成的对账单，单击【修改】按钮，进入对账单界面，查看生成的对账单数据，再选择菜单【编辑】—【启动多级审核】。

以 administrator 的身份登录金蝶 K/3 主控台，选择账套"诚信电子公司"，执行【供应链】—【供应商管理】—【对账管理】—【对账单】命令。选择刚编制的对账单，单击【审核】按钮，输入审核意见。

3. 供应商确认对账单

以供应商绵阳电子的身份登录供应商门户平台，选择【功能导航】—【供应商门户】—【往来管理】—【对账单】命令。

选择刚生产的对账单，单击【供应商确认】按钮，在弹出的页面中，单击【接受】按钮，如图 6-42 所示。

图 6-42 对账单确认

4．企业编制付款单

以采购部李大勇的身份登录金蝶 K/3 主控台，选择账套"诚信电子公司"，执行【供应链】－【采购管理】－【采购发票】－【采购发票-新增】命令。

选择源单类型为"外购入库单"，将光标移到【选单号】处，按 F7 键选择订单。选择前面生成的外购入库单。往来科目选择【应付账款】，如图 6-43 所示。单击【保存】按钮，再单击【审核】按钮。

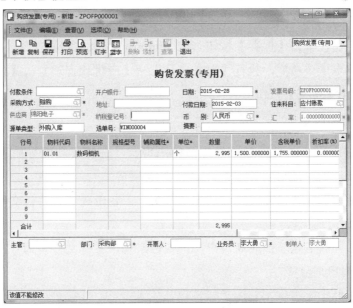

图 6-43 采购发票

以财务部应收应付组马秀伟的身份登录金蝶 K/3 主控台,选择账套"诚信电子公司",执行【财务会计】-【应付款管理】-【付款】-【付款单-新增】命令。按照实验数据,编制付款单,在选择订单时,选择菜单【选单】-【采购发票】,然后选择前面实验中的采购发票,如图 6-44 所示。

图 6-44　编制付款单

单据编制完后,单击【保存】按钮。以 administrator 的身份登录金蝶 K/3 主控台,选择账套"诚信电子公司",执行【财务会计】-【应付款管理】-【付款】-【付款单-维护】,单击【审核】按钮。

5. 供应商查看付款

以供应商绵阳电子的身份登录供应商门户平台,选择【功能导航】-【供应商门户】-【往来管理】-【付款查询】,如图 6-45 所示。

上述实验做完后,选择账套"诚信电子公司",备份账套,备份文件名为"F 诚信电子公司(供应商门户平台)"。

再选择账套"诚信电子供应商门户",备份账套,备份文件名为"F 诚信电子供应商门户(供应商门户平台)"。

第6章 供应商门户系统

图 6-45 查看付款单

第 7 章

采购管理

7.1 系统概述

采购管理是与供应商进行采购交易的过程管理。当供应商确定之后，企业将根据自身的生产、销售计划，编制采购计划，并下达采购订单给供应商，要求供应商在规定的时间内按照规定的品质交货。在整个采购管理过程中，企业的采购人员和相关部门都将对采购物料各个环节的物流流动过程进行密切跟踪和控制，以确保自身的生产制造、市场销售得以顺畅开展下去。在企业和供应商约定的付款期到期后，双方还会根据以前的交易情况进行货款的支付。而这一过程就是将物流转化成资金流的过程。

采购管理系统是借助信息化的手段，通过各种采购业务单据的处理，配合仓存系统和应付款管理系统，对采购合同的签订、采购商品的检验入库、采购发票的管理、货款的支付等采购全过程进行有效的控制和跟踪，通过供应商管理、采购价格及供应商供货信息管理等实现完善的企业物料采购管理。

在采购管理中，有一种比较特殊的模式——供应商管理库存(Vendor Managed Inventory，VMI)。它是将供应商的货物存放在客户处，即生产企业或者零售企业处，但其库存由供应商进行管理。当客户需要生产、销售而领取货物的时候，供应商和客户之间的交易行为才真正发生。这种采购模式和库存管理策略打破了传统的各自为政的库存管理模式，体现了供应链的集成化管理思想，适应市场变化的要求。良性运作的供应商管理库存模式能够使用户和供应商双方都获得最低成本，而且协作效率最高。

7.1.1 采购管理业务的处理流程

一个完整的采购业务流程通常包括以下 6 个环节。

采购申请→采购订货→采购检验→仓库收货→财务记账→支付应付款

(1) 采购申请：企业的计划部门根据生产计划、销售计划，编制物料采购计划，采购部门根据采购计划生成采购申请，准备向供应商采购。

(2) 采购订货：采购申请经相关部门审核后，如采购经理审核采购价格，高层审核采购总金额，财务部审核资金的可用度等，然后由采购人员在采购系统编制采购订单，并下达给供应商。

(3) 采购检验:当供应商将采购的物料送来后,将由质检部门进行检测,并在质量管理系统中记录质检的结果。

(4) 仓库收货:仓库的仓管员在质检合格后,将合格的物料及时入库,便于生产部门生产领料。仓库收货既可以在采购系统,也可以在仓存管理系统完成。

(5) 财务记账:当采购入库后,需要编制发票,作为后续支付货款的依据。在编制采购发票时,将与入库单一起进行钩稽核对,该业务可在采购系统完成。之后,财务部将应付款记录下来,可在应付系统登记应付账款信息。采购入库商品的成本核算及凭证处理在存货核算系统完成。

(6) 支付应付款:当应付款到期后,企业的出纳人员将货款支付给供应商。付款在应付系统完成。

采购业务的完成涉及多个信息系统,下面先介绍在金蝶 K/3 采购管理系统处理的业务部分,如图 7-1 所示。

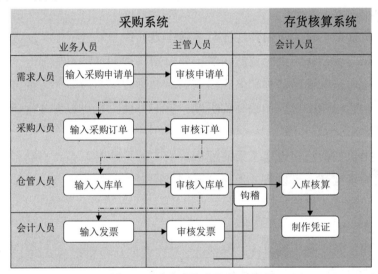

图 7-1 采购系统业务处理流程

从图 7-1 中可以看出,采购系统最关键的操作是:单据输入,单据审核及钩稽。

7.1.2 重点功能概述

虽然采购系统关键的操作是单据输入、审核及钩稽,但只能满足日常核算的需要,要真正管理好采购业务,还需要更多的高端管理功能。金蝶 K/3 采购系统提供的重点管理功能如下。

(1) 采购价格管理

采购价格管理是企业的一个重要的采购政策之一,灵活的价格体系和价格信息查询可以降低采购成本，严密的限价预警控制手段可以杜绝采购漏洞。K/3 供应链系统的采购价格管理给用户提供了一个有效的内部控制工具。

采购价格管理的应用主要体现在以下四个方面：

第一，如果启用了采购价格管理，采购类单据新增时，原材料的采购单价可以自动从系统设定的价格政策中提取，避免了人为操纵采购单价的风险。

第二，如果单据中原材料的采购价格高于价格政策中设定的最高采购价，系统会进行报警提示。

第三，如果参数中设置"采购订单保存时自动更新采购价格"，则新增采购订单时，系统会根据单据中供应商、物料等信息，匹配采购价格的报价和折扣率，自动更新价格政策中原有的采购报价。这样就有效保证了价格政策的实时性。

第四，在采购类单据界面，可以查询到以往采购的历史价格，有助于采购人员判断采购的商品价钱是否合理。

(2) 供应商供货信息管理

供应商供货信息管理的应用体现在以下两个方面：

首先，商品的名称在各个企业的叫法千差万别，如抽油烟机在另一个企业可能叫排烟扇。将本单位的采购商品名称和供应商的商品名称一一对应，一方面方便了采购上下游采购信息的快速传输，可以加快采购进度，另一方面，也可以有效地避免由于名称不同而产生的误解。

其次，如果供货信息中设定了采购配额，则实际采购时，系统自动根据配额分配采购数量给不同的供应商，可以有效地保证不同供应商之间的平等竞争，最大限度地减少采购员操控采购数量的风险。

(3) 供应商管理库存

供应商管理库存是为了满足现代制造业、零售业的新型供应模式对 ERP 系统的需求而推出的一套管理模块，能实现供应链系统对 VMI 核心业务的管理：订单处理、货物转移、生产领用、消耗结算，且通过供应商协同平台，实现供应商与企业协同作业以共同对供应链库存进行优化管理的目标。

7.1.3 与其他系统的关系

采购系统与其他系统的关系如图 7-2 所示。

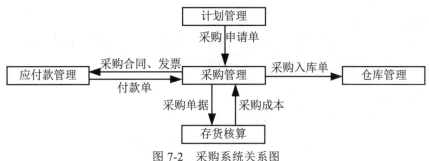

图 7-2 采购系统关系图

(1) 采购订单是 MPS 和 MRP 的计算预计入库量的重要单据之一,并且主生产计划系统和物料需求计划系统的计划订单可以投放生成采购申请单。

(2) 采购系统中的采购发票可以直接传递到应付系统作为确认应付的依据,费用发票在保存时会传递到应付系统形成其他应付单。

(3) 采购系统的外购入库单是仓存系统中的一种重要库存交易单据,它会更新相应仓库的即时库存。

(4) 当采购发票和采购入库单钩稽(即互相核对)后,即可以在存货核算系统进行采购费用的分摊及采购成本的核算处理,计算出的采购成本可以反填到采购入库单中进行会计凭证的处理。

此外,采购系统的采购订单可以根据销售订单生成,从而处理以销定购的业务,采购发票可以根据销售发票生成从而处理直运销售(采购)的业务。

7.2 实验练习

实验一 采购管理基础资料设置

在进行采购日常业务操作之前,先要进行供应商基础信息的设置。供应商管理的目的是为了在实际采购时,系统能协助自动选择最优供货商,同时,在签订采购合同(订单)时,系统能自动进行最高采购限价的控制,从而避免采购过程中的一些腐败事件发生。

➚ **应用场景**

用于减少采购环节的人为控制。

➚ **实验步骤**

- 供应商供货信息的设置。
- 采购价格的设置。
- 采购报价的审核。

操作部门及人员

在诚信电子公司,所有的采购资料、采购单据的录入由采购员胡开林负责,所有采购类资料及单据的审核由采购部经理李大勇负责。

实验前准备

- 将系统日期调整为 2015-02-01。
- 恢复前述备份账套"F 诚信电子公司(供应商管理)"。

实验数据

(1) 供应商供货信息如表 7-1 所示。

表 7-1 供应商供货信息

物料代码	物料名称	供应商代码	供 应 商	最小采购批量	供应商配额/%
03.01	数码相机芯片	001	绵阳电子	10	100
03.02	数码相机控制器	001	绵阳电子	10	40
03.02	数码相机控制器	002	佛山通讯	10	60
03.03	数码相机外壳	002	佛山通讯	10	50
03.03	数码相机外壳	003	美国高盛	10	50
03.04	MP3 芯片	001	绵阳电子	10	100
03.05	MP3 面板	003	美国高盛	10	100

(2) 采购价格如表 7-2 所示。

表 7-2 采 购 价 格

物料代码	物料名称	供 应 商	订 货 量	报价	折扣率/%	最高限价
03.01	数码相机芯片	绵阳电子	1~50	500	0	510
03.01	数码相机芯片	绵阳电子	51~10 000	480	0	510
03.02	数码相机控制器	绵阳电子	0~0	100	0	110
03.02	数码相机控制器	佛山通讯	1~100	90	0	110
03.02	数码相机控制器	佛山通讯	101~10 000	90	10	110
03.03	数码相机外壳	佛山通讯	0~0	50	0	50
03.03	数码相机外壳	美国高盛	0~0	50	0	50
03.04	MP3 芯片	绵阳电子	0~0	600	0	600
03.05	MP3 面板	美国高盛	0~0	10	0	10

计量单位采用默认计量单位,单价类型都为采购单价,币别为人民币,生效日期为 2015 年 2 月 1 日。

第 7 章 采购管理

➔ **操作指导**

1. 设置供应商供货信息

以采购员胡开林的身份登录金蝶 K/3 主控台,执行【系统设置】—【基础资料】—【采购管理】—【供应商供货信息维护】命令,打开【供应商供货信息】对话框,单击【物料】按钮,按照提供的实验数据正确输入,如图 7-3 所示。

图 7-3 供应商供货信息维护

注意

一个物料的所有供应商配额之和应小于等于 100%。

2. 设置采购价格

执行【系统设置】—【基础资料】—【采购管理】—【采购价格管理】命令,单击【物料】按钮,按照提供的实验数据正确输入报价,如图 7-4 所示。最高限价在下一小节介绍。每录入完一个记录,都单击【保存】按钮一次。

注意

① 如果采购报价没有数量段的差别,则可以默认为 0,不用修改。
② 采购单价是否含税,应根据【系统设置】—【系统设置】—【采购管理】—【系统设置】—【采购系统选项】中的【采购价格管理资料含税】选项决定。

3. 设置采购最高限价

选中刚才录入的每一笔价格范围,单击【限价】按钮,弹出如图 7-5 所示的对话框,按照提供的实验数据设置采购最高限价。

> 在限价设置之前,要先给胡开林授权。打开 K/3 账套管理工具,在该主界面选择"诚信电子公司"账套,单击【用户】按钮。在用户管理主界面,选择"胡开林"。单击【功能权限管理】,在弹出的窗口中,找到供应链系统公用设置中的【采购价格管理】,勾选"限价"的权限,单击【授权】按钮完成授权。

图 7-4 采购价格信息维护

图 7-5 采购限价信息维护

4. 审核采购报价

采购员胡开林输入采购基础信息资料后,采购部经理李大勇需要对胡开林的工作进行审核。以李大勇的身份登录金蝶 K/3 主控台,执行【系统设置】—【基础资料】—【采购管理】—【采购价格管理】命令,进入【系统基本资料(采购价格管理)】窗口,逐条审核胡开林输入的数据,数据无误,单击【审核】按钮,完成操作。

实验二 业务流程定义

由于采购业务涉及的环节、部门繁多,进行采购业务流程的定义,主要是为了规范采购环节各个部门的职责和任务,保证采购业务有序、规范地进行,从而避免采购过程中的采购人员胡乱采购，仓库人员随便收货等现象发生。

↗ 应用场景
确定采购过程中各种单据的流转顺序。

↗ 实验步骤
采购业务流程的设置。

↗ 操作部门及人员
由采购经理李大勇定义采购业务流程。

↗ 实验前准备
直接采用前述完成供应商管理信息设置的账套。

↗ 实验数据
为了简化操作，减少工作量，决定正常采购流程包括：采购申请→采购订货→仓库收货→财务记账 4 个环节，采购申请单据手工输入，其他环节单据都根据上一个环节单据关联生成。

↗ 操作指导
以采购经理李大勇的身份登录金蝶 K/3 主控台，执行【系统设置】-【系统设置】-【采购管理】-【业务流程设计】命令，打开【系统基本资料(业务流程自定义)】对话框，如图 7-6 所示，按照以下顺序设置，并单击【保存】按钮。

图 7-6　设置采购业务流程

(1) 采购订单中的源单单据是采购申请单，并且是必选。
(2) 外购入库单中的源单单据是采购订单，仅是蓝字必选。
(3) 购货发票(专用)中的源单单据是外购入库单，仅是蓝字必选。

实验三　请购申请

↗ 应用场景

请购申请是各业务部门根据实际情况,向上级业务主管或部门提出购货申请并请批准采购的业务流程。

↗ 实验步骤

- 采购申请单的输入。
- 采购申请单的审核。

↗ 操作部门及人员

在诚信电子公司,原材料的采购申请一般由车间工人胡兵、赵武提出,车间主任张二柱、朱铁审核。

↗ 实验前准备

直接采用前述完成业务流程定义的账套。

↗ 实验数据

(1) 2015 年 2 月 1 日,一车间胡兵提出采购 MP3 芯片及 MP3 面板各 100 个。

(2) 2015 年 2 月 1 日,二车间赵武提出采购数码相机芯片、数码相机控制器及数码相机外壳各 50 个。

(3) 2015 年 2 月 3 日,销售员李强提出采购 MP3 芯片、数码相机芯片各 10 个供宣传使用。

↗ 操作指导

1. 输入采购申请单

将系统时间调整为 2015 年 2 月 1 日。以一车间胡兵的身份登录金蝶 K/3 主控台,执行【供应链】—【采购管理】—【采购申请】—【采购申请单-新增】命令。打开【采购申请单-新增】对话框,按照提供的实验数据,只录入胡兵的采购申请,如图 7-7 所示。在录入物料代码时,可按 F7 快捷键,在弹出的对话框中,输入"MP3",快速查找到对应的物料。

注意

"建议采购日期""提前期""到货日期"的含义不同。到货日期=建议采购日期+提前期。

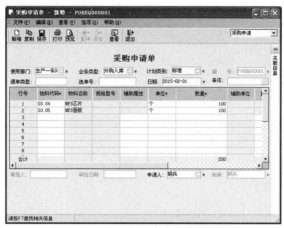

图 7-7　编制采购申请单

2. 审核采购申请单

以一车间主任张二柱的身份登录金蝶 K/3 主控台,审核胡兵提交的采购申请单。执行【供应链】—【采购管理】—【采购申请】—【采购申请单-维护】命令,弹出【条件过滤】对话框,单击【确定】按钮,进入【申请单序时簿】窗口,逐条审核胡兵输入的采购申请单,数据无误,单击【审核】按钮,完成操作。

同样,参考上述操作步骤,以二车间赵武的身份登录系统,提交赵武的采购申请,由朱铁对其采购申请进行审核操作。

3. 销售部的采购申请

将系统时间调整为 2015 年 2 月 3 日。由于销售部没有编制采购申请的权限,因此由采购部胡开林来编制申请单。

以胡开林的身份登录金蝶 K/3 主控台,参照上述介绍的操作步骤,按照实验数据完成采购申请,如图 7-8 所示,其中使用部门填写"销售部",申请人填写"李强"。然后,以采购部经理李大勇的身份登录金蝶 K/3 主控台,对刚才录入的采购申请单进行审核。

图 7-8　编制销售部提出的采购申请

实验四　采购订货

↗ 应用场景

采购订货是购销双方共同签署协议以确认采购活动的过程。

↗ 实验步骤

- 采购订单的多级审核设置。
- 采购订单的输入。
- 采购订货的审核。

↗ 操作部门及人员

在诚信电子公司，采购合同(订单)一般由采购员胡开林整理，限额内采购由采购经理李大勇审核，超出限额，还需经财务部经理许静审核。采购订单的审核规则由财务部经理许静确定。

↗ 实验前准备

直接采用前述完成采购申请单输入的账套。

↗ 实验数据

(1) 采购订单的多级审核规则。

采购订单 5 万元(含)以下，直接由采购经理李大勇审核即可，超出限额，还需经财务部经理许静审核。

(2) 采购订单。

根据业务部门的采购请求，采购部门进行汇总。2015 年 2 月 3 日(交货日期 2015-02-28)，采购员胡开林提出向绵阳电子采购 MP3 芯片 110 个，数码相机芯片 60 个，数码相机控制器 50 个，向美国高盛采购 MP3 面板 100 个，数码相机外壳 50 个。

↗ 操作指导

1. 设置采购订单多级审核规则

以财务部经理许静的身份登录金蝶 K/3 主控台，执行【系统设置】—【系统设置】—【采购管理】—【多级审核管理】命令，在打开的【系统基本资料(多级审核管理)】对话框中，选择【采购订单】，单击【管理】，进入【采购订单多级审核设置】窗口，如图 7-9 所示。

(1) 选择【进行多级审核控制】。

(2) 多级审核级次设为 2 级。业务审核级次：第 1 级审核。

(3) 为简化起见，不选择【启用工作流】。否则，在 K/3 系统主界面右下角，系统会自动输出当前应处理任务的提示信息。

(4) 选择【按金额确认多级审核】、【按金额确认审核级次】、【审核必须逐级进行】，其他选项不选。一级审核人是李大勇，最大审批限额为 50 000 元，二级审核人为许静。

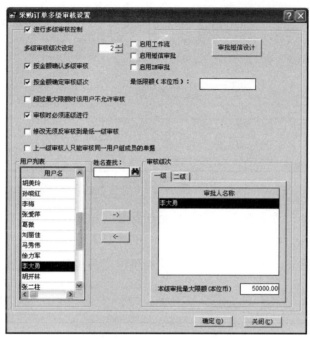

图 7-9　多级审核设置

2．输入采购订单

将系统日期调整为 2015 年 2 月 3 日。

以采购员胡开林的身份登录金蝶 K/3 主控台，执行【供应链】—【采购管理】—【采购订单】—【采购订单-新增】命令，打开【采购订单-新增】窗口，选择源单类型为采购申请单，在选单号处，按 F7 键进入【采购申请单序时簿】窗口进行选单，通过 Ctrl 键选择所有的采购申请单，单击【返回】，系统自动携带选中的记录。

在表头的【供应商】处选择"绵阳电子"后，分录数据将自动带出单价。单价为 0 的分录行不是绵阳电子提供的原材料，可将光标移到该行，单击【删除】按钮，删除单价为 0 的分录行。

按照提供的实验数据，对绵阳电子的采购订单进行修改。注意修改订单表格分录中的交货日期。修改的结果如图 7-10 所示。

图 7-10　编制采购订单

采购类单据中部门为采购部，业务员是胡开林。后续同类型单据参考该信息。单击【保存】按钮，保存采购订单。

单击【新增】按钮，以同样的方式，编制供应商美国高盛的采购订单。

注意

一张采购订单只能有一个供应商，因此应先输入供应商绵阳电子的订单，再输入供应商美国高盛的订单。

3. 审核采购订单

以采购经理李大勇的身份登录金蝶 K/3 主控台，执行【供应链】—【采购管理】—【采购订单】—【采购订单-维护】命令，弹出【条件过滤】对话框，单击【确定】按钮，进入【采购订单序时簿】窗口，逐条审核胡开林输入的采购订单，数据无误，单击【审核】按钮，完成操作。如果单据金额超过了审核限额，还需由财务经理审核。

如图 7-11 所示，以财务经理许静的身份登录金蝶 K/3 主控台，在采购订单序时簿界面，选中金额超过 50 000 元的采购订单，单击【审核】按钮进行审核。

参考上述操作步骤，以李大勇的身份登录，完成供应商美国高盛的订单审核。

图 7-11　审核采购订单

> 输出表单

单据只是业务执行过程中的一些凭据，要对业务发生的全过程进行有效的监控，还需借助于各种报表。

执行【供应链】—【采购管理】—【采购订单】—【采购订单执行情况明细表】命令，弹出如图 7-12 所示的窗口，可以随时知悉每一笔采购业务所处的业务环节。

执行【供应链】—【采购管理】—【报表分析】—【采购订单 ABC 分析】命令，可以了解和每一个供应商交易的金额，及在总采购金额中的比重。

图 7-12　根据采购订单执行情况表跟进采购进程

实验五　仓库收货

↗ 应用场景

收货是确认货物入库的过程，不仅体现了货物转移，同时也是所有权实际转移的重要标志。

↗ 实验步骤

- 外购入库单的输入。
- 外购入库单的审核。

↗ 操作部门及人员

原材料的采购入库由仓库管理员曹敏负责，进出库业务单据的审核由仓储部经理赵力负责。

↗ 实验前准备

直接采用前述完成采购订单输入的账套。

↗ 实验数据

采购部门于 2015 年 2 月 3 日向绵阳电子订购 MP3 芯片 110 个、数码相机芯片 60 个、数码相机控制器 50 个(批号 20150227)，及向美国高盛采购的 MP3 面板 100 个、数码相机外壳 50 个，于 2015 年 2 月 27 日到货，收料仓库：西区库。往来科目：2202－应付账款

↗ 操作指导

1. 修改供应商门户参数设置

对于启用供应商门户功能的供应商，所有的采购订单都需要供应商在门户平台上确认，才能驱动流程进行下去。本实验案例为了简化操作，将按照屏蔽供应商门户功能的流程处理订单。因此，在实验前需要查看供应商"绵阳电子"的供应商门户功能是否被屏蔽。

以供应商创建者的身份登录金蝶 K/3 主控台，执行【供应链】－【供应商管理】－【档案管理】－【供应商档案-维护】命令。在供应商档案序时簿，选择供应商"绵阳电子"并双击，打开供应商档案主界面，查看【启用供应商门户】的勾选框，保证该勾选框没有勾选，如图 7-13 所示。

再以 administrator 的身份重新登录 K/3 主控台，执行【系统设置】－【系统设置】－【采购管理】－【系统设置】命令，弹出如图 7-14 所示的窗口。在该窗口中，找到采购系统选项，确定【供应商门户】选项是不勾选的。

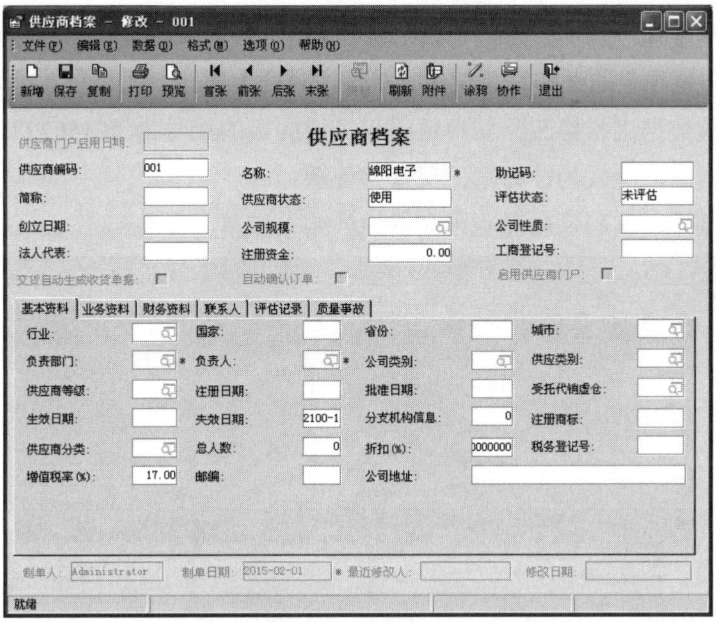

图 7-13 取消【启用供应商协同】选项

图 7-14 查看【供应商门户】

2. 输入外购入库单

将系统日期调整为 2015-02-27。

仓库管理员曹敏登录金蝶 K/3 主控台，执行【供应链】—【采购管理】—【外购入库】—【外购入库单-新增】命令，弹出【外购入库单-新增】窗口。选择源单类型为采购订单，在选单号处，按 F7 键进入【采购订单序时簿】窗口进行选单，通过 Shift 键选择供应商"绵阳电子"的采购订单记录，单击【返回】按钮，系统自动携带选中的记录，按照提供的实验数据进行修改，其中数码相机控制器的批号为 20150227。如图 7-15 所示，在编制单据时，验收为徐力军，保管为曹敏。

以同样的操作，编制供应商美国高盛的外购入库单。

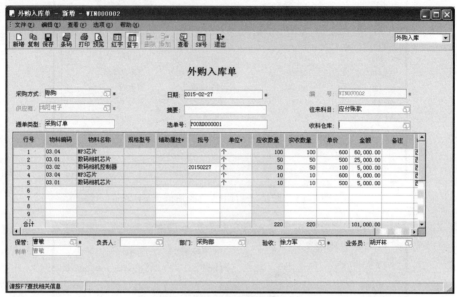

图 7-15　编制外购入库单

① 由于采购方式是赊购，注意输入往来科目：2202－应付账款。
② 同一个供应商提供的原材料才能录在同一张入库单中。

3. 审核外购入库单

以仓储部经理赵力的身份登录金蝶 K/3 主控台，执行【供应链】－【采购管理】－【外购入库】－【外购入库单-维护】命令，弹出【条件过滤】对话框，单击【确定】按钮，进入【外购入库序时簿】窗口。逐条审核曹敏输入的外购入库单，确认数据无误，单击【审核】按钮，完成操作，如图 7-16 所示。

第 7 章 采购管理

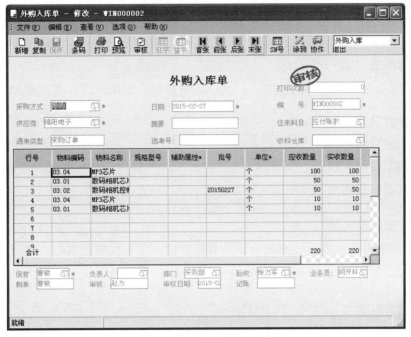

图 7-16 审核外购入库单

▶ 输出表单

执行【供应链】－【采购管理】－【库存查询】－【即时库存查询】命令，进入图 7-17 所示的窗口，可以随时了解每一个仓库每种物料的库存数量。

图 7-17 即时库存查询

实验六 财务记账

> **应用场景**

财务记账是接收供应商的发票,并据以支付货款、记账、进行税款抵扣的过程。

> **实验步骤**

- 采购发票的输入。
- 采购发票的审核。
- 采购发票和外购入库单的钩稽。

> **操作部门及人员**

采购发票的财务处理由往来账会计马秀伟兼任,采购发票的审核、钩稽由财务部经理许静负责。

> **实验前准备**

直接采用前述完成外购入库单输入的账套。

> **实验数据**

2015年2月28日,财务部收到2015年2月3日向绵阳电子及美国高盛公司订购原材料(2月27日入库)而寄来的增值税发票。其中,绵阳电子还寄来了附带的费用发票,计1 500元,税率为10%。

> **操作指导**

1. 输入采购发票

将系统日期调整为2015年2月28日。

往来账会计马秀伟登录金蝶K/3主控台,执行【供应链】—【采购管理】—【采购发票】—【采购发票-新增】命令,打开【购货发票(专用)-新增】对话框。选择源单类型为外购入库单,在选单号处,按F7键进入【外购入库序时簿】窗口进行选单。通过Shift键选择上节录入的供应商绵阳电子的外购入库记录,单击【返回】按钮,系统自动携带选中的五条记录,按照提供的实验数据进行修改,往来科目选择"2202-应付账款",单击【保存】按钮,如图7-18所示。

以同样的方式,根据实验数据,编制美国高盛公司的采购发票。

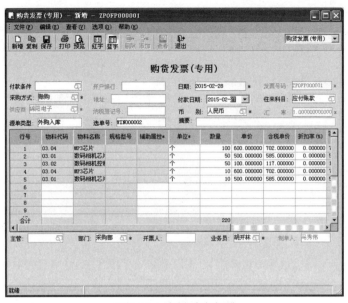

图 7-18　编制采购发票

执行【供应链】—【采购管理】—【费用发票】—【费用发票-新增】命令，打开【费用发票-新增】窗口。在【费用代码】栏，单击 F7 键进入【核算项目-费用】窗口。单击【新增】，打开如图 7-19 所示的【费用-新增】窗口，新增 001 运输费。选中新增的运输费，双击返回【费用发票-新增】对话框，按照提供的实验数据录入其他信息，如图 7-20 所示。其中，供货单位选择"绵阳电子"，往来科目选择"2202-应付账款"，部门选择"财务部"，业务员选择"马秀伟"，然后单击【保存】按钮。

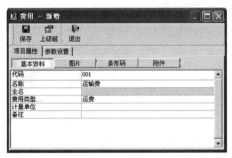

图 7-19　新增费用类型

① 由于采购方式是赊购，必须输入往来科目：2202－应付账款。
② 费用发票应用于运输单位开给购货单位或加工单位开给来料单位等，是用于付款、记账的依据。一般来说，费用发票可以通过手工录入、采购发票连属等途径生成。

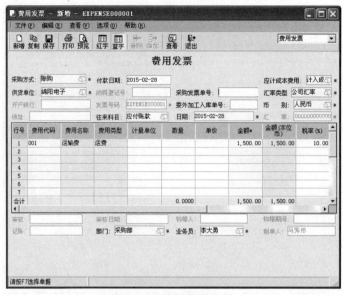

图 7-20　编制费用发票

2. 审核发票

财务部经理许静登录金蝶 K/3 主控台，执行【供应链】—【采购管理】—【采购发票】—【采购发票-维护】命令，弹出【条件过滤】对话框。单击【确定】按钮，在弹出的条件过滤窗口，将钩稽状态选【全部】，进入【采购发票序时簿】窗口。逐条审核往来账会计马秀伟输入的采购发票，数据无误，单击【审核】按钮，完成操作，如图 7-21 所示。

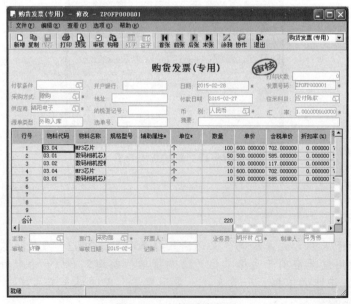

图 7-21　审核采购发票

同样，执行【供应链】—【采购管理】—【费用发票】—【费用发票-维护】命令审核费用发票。

3. 钩稽发票和外购入库单

财务部经理许静登录金蝶 K/3 主控台，执行【供应链】—【采购管理】—【采购发票】—【采购发票-维护】命令，弹出【条件过滤】对话框。单击【确定】按钮，进入【采购发票序时簿】窗口，选中刚才审核的采购发票，单击【钩稽】按钮，打开【采购发票钩稽】窗口，如图 7-22 所示。在页面的下半部，先选择本次参与钩稽的外购入库单。然后选择页面上半部供应商"绵阳电子"的采购发票。之后选择【费用发票】页签，单击【费用】按钮，引入关联的费用发票，即刚才审核的费用发票。

图 7-22　钩稽采购发票

对于不需要钩稽的外购入库单，可以在选中该单据后，单击【删单】按钮来删除。然后单击【钩稽】按钮，完成操作。

以同样的操作方式，完成供应商"美国高盛"的采购发票钩稽。

↗ 输出表单

执行【供应链】—【采购管理】—【采购发票】—【采购发票明细表】命令，可以查看收到的所有采购发票。

执行【供应链】—【采购管理】—【报表分析】—【采购明细表】命令，可以查看采购发票和外购入库单的匹配情况。

此外，还有采购价格分析等不再一一列举。

实验七　采购退货

↗ 应用场景

采购过程中，发生退货时的处理。

↗ **实验步骤**
- 采购退货单的输入及审核。
- 红字发票的输入及审核。
- 红字发票与采购退货单的钩稽。

↗ **操作部门及人员**

原材料的采购退货由仓库管理员曹敏负责,进出库业务单据的审核由仓储部经理赵力负责。

红字发票的处理由往来账会计马秀伟负责,采购发票的审核由财务部经理许静负责。发票的钩稽由往来账会计马秀伟负责。

↗ **实验前准备**

直接采用前述完成的账套。

↗ **实验数据**

2015年2月28日因为质量问题退回美国高盛采购的MP3面板10个,并于当日收到美国高盛公司开具的红字发票。

↗ **操作指导**

1. 输入采购退货单及审核

在系统中,通过红字外购入库单来表示采购退货。

仓库管理员曹敏登录金蝶K/3主控台,执行【供应链】—【采购管理】—【外购入库】—【外购入库单-新增】命令,打开【外购入库单-新增】窗口。单击【红字】按钮,按照提供的实验数据进行输入,如图7-23所示。其中,保管为曹敏,验收为徐力军。

图7-23 红字外购入库单编制和审核

以仓储部经理赵力的身份登录金蝶 K/3 主控台，执行【供应链】—【采购管理】—【外购入库】—【外购入库单-维护】命令，在弹出的过滤条件中，选择红蓝字为【红字】，审核曹敏输入的红字外购入库单。

2. 输入红字发票及审核

往来账会计马秀伟登录金蝶 K/3 主控台，执行【供应链】—【采购管理】—【采购发票】—【采购发票-新增】命令，打开【购货发票(专用)-新增】窗口。单击【红字】按钮，如图 7-24 所示，源单类型为"外购入库"，然后在选单号处按 F7 键选择刚录入的红字外购入库单。按照提供的实验数据进行输入。其中，往来科目输入"应付账款"，部门输入"财务部"，业务员输入"马秀伟"。

以财务部经理许静的身份登录金蝶 K/3 主控台，执行【供应链】—【采购管理】—【采购发票】—【采购发票-维护】命令，在弹出的【条件过滤】窗口中，选择红蓝标志为【红字】，审核往来账会计马秀伟输入的红字发票。

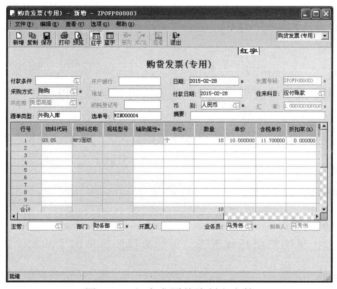

图 7-24　红字发票单编制和审核

3. 钩稽红字发票与采购退货单

财务部经理许静登录金蝶 K/3 主控台，执行【供应链】—【采购管理】—【采购发票】—【采购发票-维护】命令，弹出【条件过滤】对话框。在对话框中选择红蓝标志为【红字】，单击【确定】按钮，进入【采购发票序时簿】窗口。在【过滤条件】窗口，选择过滤条件红蓝字为【红字】，选中要钩稽的红字发票。然后单击【钩稽】按钮，系统自动将红字采购发票和红字外购入库单关联显示，如图 7-25 所示。单击【钩稽】按钮，完成两者的钩稽。

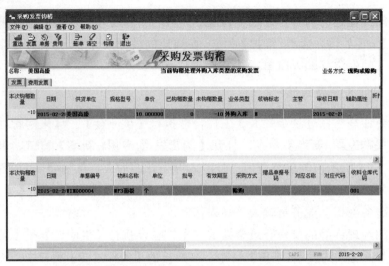

图 7-25　红字采购发票和红字外购入库单钩稽

实验八　供应商管理库存(VMI)

↗ 应用场景

供应商绵阳电子采用供应商管理库存的方式进行供货,以提升供应商和客户之间的协作关系。

首先,诚信电子公司向供应商绵阳电子下采购订单,订购数码相机芯片和 MP3 芯片。

↗ 实验步骤

- 采购订单的输入和审核。

↗ 操作部门及人员

原材料的采购由采购部胡开林负责,采购单据的审核由采购部经理李大勇负责。

↗ 实验前准备

直接采用前述完成的账套。

↗ 实验数据

胡开林设置 VMI 仓库,作为供应商绵阳电子的物料存放点。

2015 年 2 月 1 日,由胡开林提交采购订单,向供应商绵阳电子采购原材料 MP3 芯片 1 000 个,数码相机芯片 1 000 个,采用 VMI 供货的方式,放入 VMI 仓库。

↗ 操作指导

1. 设置 VMI 仓库

将系统时间调整为 2015 年 2 月 1 日,以采购部胡开林的身份进入 K/3 主控台,执行

【系统设置】—【基础资料】—【公共资料】—【仓库】命令。双击进入仓库的设置界面，单击【新增】按钮，按照实验数据输入 VMI 仓库的信息，如图 7-26 所示。

图 7-26　增加 VMI 仓库

执行【系统设置】—【基础资料】—【公共资料】—【供应商】命令，进入供应商主界面。选择并双击"绵阳电子"，在弹出的窗口中找到"VMI 仓"。选择刚录入的"东区 VMI 仓"，将 VMI 仓分配给供应商绵阳电子，如图 7-27 所示。

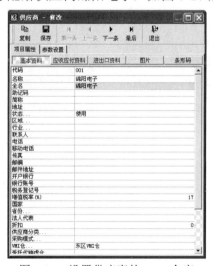

图 7-27　设置供应商的 VMI 仓库

2. 输入采购订单及审核

以采购部胡开林的身份进入 K/3 主控台，执行【供应链】—【VMI】—【VMI 入库单】—【VMI 入库单-新增】命令。按照实验数据输入 VMI 入库单，如图 7-28 所示，物料放入刚设置的东区 VMI 仓库，保管为曹敏，单击【保存】按钮。再选择菜单【编辑】—【启动多级审核】命令。

金蝶 K/3 ERP 供应链管理系统实验教程

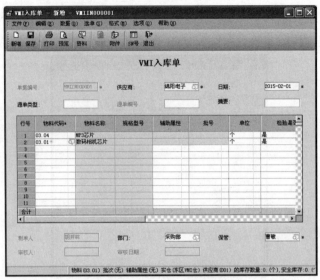

图 7-28　编制 VMI 入库单

给采购部经理李大勇赋予多级审核的权限。以 administrator 的身份登录 K/3 主控台，执行【系统设置】—【系统设置】—【VMI】—【审批流管理】命令，选择左面的【VMI入库单】，在多级审核工作流界面选中【一级审核】。单击右面【属性】框中的【…】按钮，在弹出的【权限设置】窗口勾选右面的"李大勇"，为其赋予权限，如图 7-29 所示。然后单击【保存】按钮。

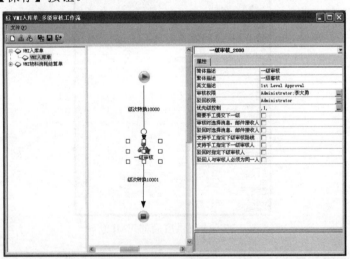

图 7-29　多级审核权限设置

以李大勇的身份登录 K/3 主控台，执行【供应链】—【VMI】—【VMI 入库单】—【VMI入库单-维护】命令，在序时簿界面选中刚录入的 VMI 入库单，单击【审核】按钮进行审核。

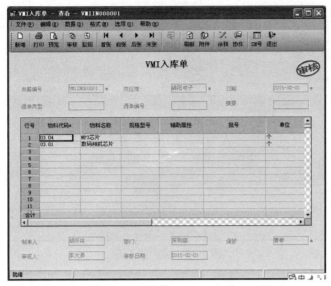

图 7-30 审核 VMI 入库单

执行【供应链】—【VMI】—【消耗单据设置】—【VMI 物料消耗单据设置】命令，在弹出的界面中，按照图 7-31 进行设置。

图 7-31 VMI 物料消耗单据设置

VMI 物料消耗结算单将以上面定义的单据作为统计依据，与供应商进行结算。当选中【VMI 类型的盘盈盘亏单参与结算】选项时，表示这两类单据参与 VMI 物料消耗结算，并参与物料的存货核算，支持生成凭证。

当 VMI 物料入库之后，生产厂商诚信电子公司在生产过程中将领取部分物料，因此 VMI 物料将有部分消耗。

以仓库管理员曹敏的身份登录 K/3 主控台，执行【供应链】—【仓存管理】—【领料发货】—【生产领料-新增】命令，增加生产领料记录。信息如下：

2015 年 2 月 1 日，一车间工人胡兵领取 VMI 物料数码相机芯片 200 个，MP3 芯片 300 个，发料仓库为东区 VMI，发料人为曹敏。

按照以上信息增加生产领料记录，如图 7-32 所示。

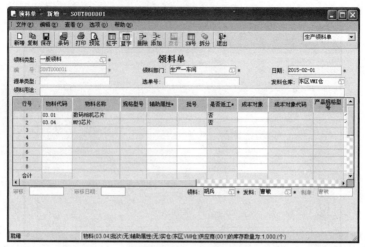

图 7-32　生产领料单

以仓库主任赵力的身份登录 K/3 主控台，执行【供应链】—【仓库管理】—【领料发货】—【生产领料-维护】命令，进入序时簿，选择刚才录入的生产领料单进行审核。

将系统时间调整为 2015 年 2 月 28 日。财务部将对供应商提供的 VMI 物料消耗情况进行统计，并与供应商进行结算。

首先给财务部马秀伟授权。进入账套管理主界面，选择"诚信电子公司"账套，单击【用户】按钮，进入用户管理主界面。选择"马秀伟"，单击【功能权限管理】按钮，勾选 VMI 的权限，单击【授权】。再单击【高级】按钮，在用户权限界面中，找到供应商管理系统下的【供应商档案】，勾选【查看】，然后单击【授权】按钮。

以马秀伟的身份登录系统，执行【供应链】—【VMI】—【VMI 物流消耗结算单】—【创建物料消耗结算单】命令，按照图 7-33 设置相关参数。其中，单击【选择供应商】后选择"绵阳电子"，并选择【结算单价取采购价格管理资料】。单击【创建】，系统将根据前期消耗的 VMI 物料，自动生成 VMI 物料消耗结算单。

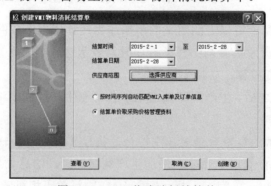

图 7-33　VMI 物流消耗结算单

单击【VMI 物流消耗结算单-维护】，进入序时簿，可查看系统生成的消耗结算单。

选择菜单【编辑】-【启动多级审核】，财务部经理许静对 VMI 物料消耗结算单进行审核。

首先对许静的审批权进行授权。以 administrator 的身份登录 K/3 主控台，执行【系统设置】-【系统设置】-【VMI】-【审批流管理】命令，选择左面的【VMI 物流消耗结算单】，在多级审核工作流界面选中【一级审核】，单击右面【属性】框中的【...】按钮，在弹出的【权限设置】界面勾选右面的"许静"，为其赋予权限，如图 7-34 所示。然后单击【保存】按钮。

以财务部经理许静的身份登录系统，执行【供应链】-【VMI】-【VMI 物流消耗结算单】-【VMI 物料消耗结算单-维护】命令，进入序时簿，选中刚才生成的 VMI 物流消耗结算单，单击【审核】按钮。如图 7-35 所示。

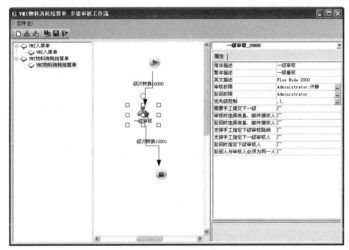

图 7-34 多级审核权限设置

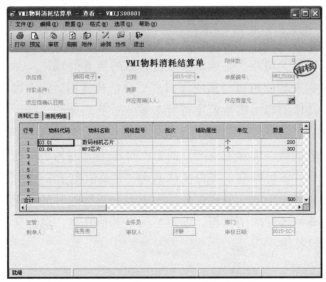

图 7-35 审核 VMI 物料消耗结算单

以马秀伟的身份登录 K/3 主控台,执行【供应链】—【VMI】—【VMI 物流消耗结算单】—【VMI 物料消耗结算单-维护】命令,进入序时簿窗口。选中刚才生成的 VMI 物流消耗结算单中的两条记录,并选择菜单【下推】—【生成购货发票】,往来科目输入"2202-应付账款",单击【保存】。

以财务部经理许静的身份登录 K/3 主控台,执行【供应链】—【采购管理】—【采购发票】—【采购发票-维护】命令,在过滤条件中选择事务类型为"购货发票(普通)",进入序时簿,选中刚才生成的采购发票,单击【审核】按钮进行审核。如图 7-36 所示。

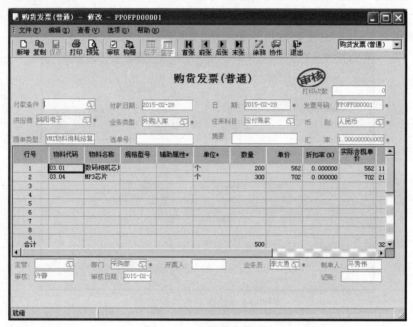

图 7-36　审核购货发票

后续的付款业务将不再作介绍。读者可参考前一章节的付款业务流程,自行在财务会计功能模块中练习相关功能,完成对供应商付款的业务处理。

另外,VMI 的相关功能也可与供应商门户平台结合使用。建议读者启用供应商门户平台的相关功能,具体的启用参数设置可参考前一章节的介绍。结合供应商门户平台,可将 VMI 物料的相关信息及时反馈到网站上,让供应商及时查询物料消耗的情况,并与主生产厂联系,及时供货,确保主生产厂的生产过程不会因为缺料而受影响。

上述实验做完后,备份账套,备份文件名为"F 诚信电子公司(采购管理)"。

除了前述介绍的普通采购业务流程外,由于收到货物的时间和进行财务处理的时间先后不同,会产生其他各种应用流程。下面再列举其他几类,请注意其中的细微差别。以下流程由读者自己练习。

实验九　分次收货采购

⁊ 应用场景
先分次收货，再根据汇总的发票进行付款。注意单据的多次关联操作。

⁊ 应用流程
该实验练习的应用流程如图 7-37 所示。

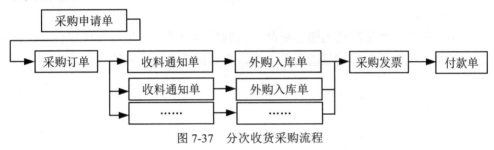

图 7-37　分次收货采购流程

⁊ 实验步骤
- 采购申请单的输入及审核。
- 采购订单的输入及审核。
- *收料通知单的输入及审核。*
- *外购入库单的输入及审核。*
- 采购发票的输入及审核。
- 采购发票和外购入库单的钩稽。
- 付款单的输入及审核(应付系统处理)。
- 付款单和采购发票的核销(应付系统处理)。

说明：斜体显示的步骤要操作多次。

⁊ 操作部门及人员
涉及采购、仓管、财务多个环节，大家按各自的角色进行操作。

⁊ 实验前准备
直接采用前述操作的账套。

⁊ 实验数据
2015 年 2 月 8 日，采购部向佛山通讯订购数码相机控制器 100 个，单价 500 元，货物分别在同月 10 日收到 30 个，12 日收到 70 个。月末财务收到佛山通讯开出的增值税发票。

🔼 **操作指导**

参考前述所有单据的操作讲解完成。

如果当月收到采购发票，则将多张入库单和采购发票一起钩稽。如果没收到发票，则所有入库单需要进行暂估入库处理。

实验十　受托代销

🔼 **应用场景**

主要用于帮助其他伙伴代为销售商品。收到代销商品时，先放入代管仓。根据实际销售的数量情况，先做同样数量的采购入库，再做销售出库，未销售完成的商品退回给受托方。

🔼 **应用流程**

该实验练习的应用流程如图 7-38 所示。

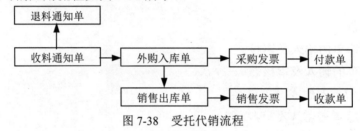

图 7-38　受托代销流程

🔼 **实验步骤**

- 收料通知单的输入及审核。
- 外购入库单的输入及审核。
- 采购发票的输入及审核。
- 采购发票和外购入库单的钩稽。
- 销售出库单的输入及审核。
- 销售发票的输入及审核。
- 销售发票和销售出库单的钩稽。
- 收款单的输入及审核(应收系统处理)。
- 付款单的输入及审核(应付系统处理)。
- 收款单和销售发票的核销(应收系统处理)。
- 付款单和采购发票的核销(应付系统处理)。
- 退料通知单的输入及审核。

🔼 **操作部门及人员**

涉及采购、销售、仓管、财务多个环节，大家按各自的角色进行操作。

↗ 实验前准备
直接采用前述操作的账套。

↗ 实验数据
2015年2月8日，收到受托方佛山通讯发来的数码相机控制器100个，单价500元，2015年2月28日代销给香港中环公司80个，单价800元。月末将未销完的货品退回受托方。

↗ 操作指导
参考前述所有单据的操作讲解完成。

实验十一 委外加工

↗ 应用场景
委托伙伴代为加工商品，提供加工商品的原材料，并支付一定的加工费用。

↗ 应用流程
该实验练习的应用流程如图7-39所示。

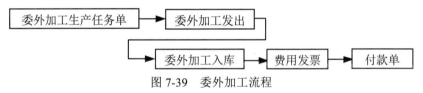

图7-39 委外加工流程

↗ 实验步骤
- 委外加工生产任务单的输入及审核。
- 委外加工发出单的输入及审核。
- 委外加工入库单的输入及审核。
- 费用发票的输入及审核。
- 费用发票和委外加工入库单的钩稽。
- 付款单的输入及审核(应付系统处理)。
- 付款单和费用发票的核销(应付系统处理)。

↗ 操作部门及人员
涉及生产、仓管、财务多个环节，大家按各自的角色进行操作。

↗ 实验前准备
直接采用前述操作的账套。

实验数据

2015年2月8日，委托绵阳电子代为加工100个MP3，同日发出配套原材料，约定加工费为1000元，月末交送加工商品。

操作指导

参考前述所有单据的操作讲解完成。

实验十二 代管物资

应用场景

该流程一般适用有长期业务关系的商家，代为暂时保管商品。代为保管商品时，一般只核算商品的数量，不关注商品的质量或价格。在系统中则是通过虚仓管理来与正常的商品出入库操作进行区分。

应用流程

该实验练习的应用流程如图7-40所示。

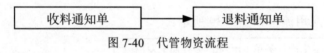

图7-40 代管物资流程

实验步骤

- 收料通知单的输入及审核。
- 退料通知单的输入及审核。

操作部门及人员

只涉及仓管环节。

实验前准备

直接采用前述操作的账套。

实验数据

2015年2月8日，委托绵阳电子发来的代管物资MP3芯片100个，入代管库。

操作指导

参考前述所有单据的操作讲解完成。

第 8 章 客户关系管理

8.1 系统概述

客户关系管理的理念是通过市场、销售、服务等渠道多角度与客户进行接触，不断获取客户信息，为客户提供更加完善的产品、服务，提升企业在营销和销售方面的有效性，并提升客户的满意度、忠诚度。

客户关系管理系统是借助信息化平台，将企业内各环节与客户接触的所有内容和过程都记录下来，并及时跟进，制定出有效的销售策略、服务策略，为客户提供有效的产品和服务。在客户关系管理系统中，包括了市场推广、市场活动、线索管理、客户档案信息、商机建立、商机跟进、销售成交、客户产品档案、客户服务请求建立、服务请求跟进、服务满意度调研等内容。而在金蝶 K/3 的客户关系管理中，重点包括了市场管理、商机管理、服务管理、资源中心等内容。

8.1.1 市场管理业务的处理流程

市场管理主要是对市场进行调研、分析，制定有效的市场推广、营销活动，帮助销售部门挖掘线索，为企业的销售成交打好基础。

一个完整的市场管理过程如图 8-1 所示，包括市场情报、市场调查、市场推广、市场活动、满意度调查、线索管理等，通过这一系列的市场业务处理，挖掘出大量的线索，帮助销售部门寻找有效商机。

(1) 收集市场情报：市场人员收集各种市场情报，为市场推广、市场活动的策划提供准确的决策信息。

(2) 开展市场调查：市场人员通过各种渠道，对市场上的客户进行调查，同样为市场的推广、市场活动的策划提供准确的决策信息。

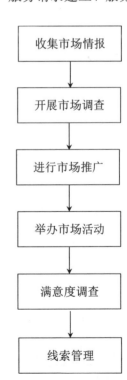

图 8-1 市场管理业务的处理流程

(3) 进行市场推广：根据市场调查的结果，市场人员针对潜在的客户群体进行市场推广宣传，将公司的产品信息准确传递给客户。

(4) 举办市场活动：市场人员根据市场策划，举办市场活动，以有效挖掘线索，发现商机。

(5) 满意度调查：市场人员对客户进行满意度调查，包括可进行市场活动的满意度调查，以期改进市场活动形式，为后续开展更加有效的市场活动奠定基础。

(6) 线索管理：对市场活动产生的线索进行记录和管理，作为销售活动开展的基础。

8.1.2 商机管理业务的处理流程

一个完整的商机处理过程如图 8-2 所示，包括建立客户档案信息、发现并建立商机、商机跟进、推进销售阶段，最后赢单，达成销售交易，并签订销售合同。

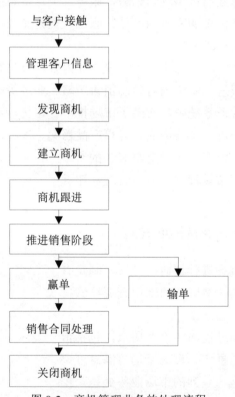

图 8-2 商机管理业务的处理流程

(1) 与客户接触：销售人员与潜在客户接触，以期获取各种有用的信息。

(2) 管理客户信息：销售人员通过与潜在客户接触，获取了多方面的信息，将这些信息记录在案，作为后续制定销售策略、销售阶段推进的重要信息来源。

(3) 发现商机：销售人员在与客户接触的过程中，发现潜在的商机。

(4) 建立商机：销售人员对商机进行记录，并与销售经理进行商讨，分析商机的可行性。

(5) 商机跟进：销售人员通过持续与客户多方进行接触，获取更多商机信息，对商机进行跟进。

(6) 推进销售阶段：销售人员制定销售策略和方法，并进行落实，以推进销售阶段，尽快促成客户签单。

(7) 赢单：当与客户达成销售交易，商机确定为赢单。

(8) 销售合同处理：销售人员与客户签订销售合同，促进后续采购、生产等业务开始启动。

(9) 关闭商机：签订销售合同后，商机正式关闭。

8.1.3 服务管理业务的处理流程

服务管理的处理以服务请求为核心，其中包括了服务请求的提出、登记、分配、服务处理记录、满意度调查、服务关闭等全过程的管理，如图 8-3 所示。

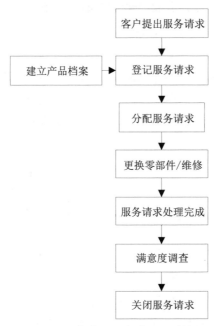

图 8-3　服务管理业务的处理流程

(1) 客户提出服务请求：当客户发现产品的问题，或者需要服务帮助时，通过电话、邮件、网上申请、在线服务等方式，提出服务请求。

(2) 登记服务请求：服务管理系统将客户提出的服务请求登记下来，作为驱动后续服务的源头。

(3) 分配服务请求：企业根据客户的服务请求内容，分配相应的服务人员/技术人员去解决客户的问题。

(4) 更换零部件/维修：如果客户需要更换零部件，或者需要维修，服务人员将进行处理。

(5) 服务请求处理完成：经过服务人员的处理，服务请求完成，需要在系统中记录下来相应的处理内容和处理过程。

(6) 满意度调查：服务监督人员与客户沟通，调查客户对服务的反馈情况，作为考核服务人员的依据，并不断提升服务水平。

(7) 关闭服务请求：当所有的流程都处理后，关闭服务请求。

8.1.4 重点功能概述

在客户关系管理系统中，最重要的功能包括以下 7 个方面。

(1) 市场活动

市场活动是进行企业品牌宣传、产品宣传最有效的方式。通过市场活动，可以快速大批量地接触到有意向的客户，并将企业的产品迅速介绍给客户。因此，市场活动的策划和举办效果将是企业市场部的重要工作。

(2) 线索管理

线索的获取是销售活动开始的源头。在市场活动举办过程中，通过客户调研、客户交流、客户回访等方式，可以获取大量的销售线索。对这些线索进行有效的管理，将成为企业重要的营销资源，并保护企业的营销机密不会被泄露。

(3) 客户管理

客户是所有业务开展最重要的基础。因此，必须建立准确、完善的客户档案信息，并对这些信息不断进行更新，以及多维度的剖析，才能够帮助企业制定出有效的销售策略。因此，在客户管理中，对客户建立了多维度的信息档案。

(4) 商机的建立和跟进

任何一个商机，如果有足够的信息，并在每个阶段制定出有效的策略，一定能够在最后成交。因此，对商机的管理和跟进就显得尤为重要。

借助商机管理的功能，能够紧紧围绕商机开展一系列的动作，包括如下几个方面：

- 商机的评估——对商机的可行性进行评估，以决定商机是否值得跟进。
- 活动管理——围绕商机，开展一系列的公关活动，包括用情感式营销的方式拉近和客户关键人员的关系；用顾问式营销的方式，在技术实力方面充分展示，赢得客户的认可。
- 任务管理——对于重大的项目，往往是团队作战，需要其他部门合作才能拿下订单。因此，在企业内部，围绕商机还会建立一系列的任务，包括关键技术攻关、方案的制作等。对这些关键项目进行管理，并紧紧跟踪进程，将确保商机的关键问题能够攻克，促进项目尽快成交。
- 样品制作——如果客户要求提供样品，同样可用商机管理功能来管理样品的整个制作过程，确保商机的关键阶段按时推进。

(5) 客户价值分析

每个客户对企业的贡献度是不一样的。如果能清楚地分析出每个客户的价值，就能够为企业制定出更为合理的营销策略、客户服务方案等。

客户价值分析就是制定了多种指标，建立价值分析模型，将每个客户的价值量化对比，帮助企业找出最有价值的客户。

(6) 服务请求的建立和跟进

对服务请求的记录和跟进是确保客户服务质量，以及客户满意度、忠诚度的重要内容。

服务管理的核心功能就是密切围绕服务请求来开展的。在系统中详细记录客户多维度的服务请求信息。根据这些信息，企业将对服务请求进行分配、安排人员解决问题(包括维修、配品配件的更换、投诉处理等)、客户对服务的满意度调查等。

(7) 服务分析

当服务完成后，还需要对服务进行多维度分析，为改善自身服务水平、提升客户满意度、挖掘更多客户价值提供有效的决策数据。

8.1.5 与其他系统的关系

客户关系管理系统与其他系统的关系如图 8-4 所示。

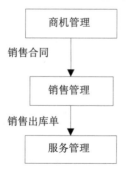

图 8-4 客户关系管理系统的关系图

(1) 客户关系管理系统中的商机管理在生成销售合同后，将转到销售管理系统，作为销售订单的来源，启动后续的销售业务。

(2) 销售管理系统中的销售出库单可直接生成服务管理中的服务请求单。

8.2 实验练习

8.2.1 市场管理实验练习

实验一 客户关系管理基础资料设置

通过设置基础资料和相关参数，确保客户关系管理系统能够运行。

↗ **应用场景**

企业刚开始启用客户关系管理系统时，设置基础参数和资料。

↗ **实验步骤**

- 设置客户关系管理系统的 Web 站点。
- 对使用客户关系管理系统的相关人员授权。

↗ **操作部门及人员**

基础资料由销售部员工李强负责录入。

↗ **实验前准备**

- 将系统日期调整为 2015-02-01。
- 恢复前述备份账套"F 诚信电子公司(采购管理)"。

↗ **实验数据**

王池、李强的权限：CRM 商机管理、CRM 服务管理、CRM 系统管理、CRM 客户管理、CRM 销售过程、CRM 市场管理、CRM 决策分析、CRM 日常管理。

↗ **操作指导**

1. 设置客户关系管理系统的 Web 站点

以 administrator 的身份登录金蝶 K/3 主控台，选择菜单【系统】—【设置】—【选项设置】，弹出如图 8-5 所示的窗口，在该窗口中，输入 K/3 Web 站点。如果是本机运行 K/3 中间层，就可以输入 http://localhost/k3web。如果是其他计算机运行 K/3 中间层，就需要将 localhost 改为相应的 IP 地址。

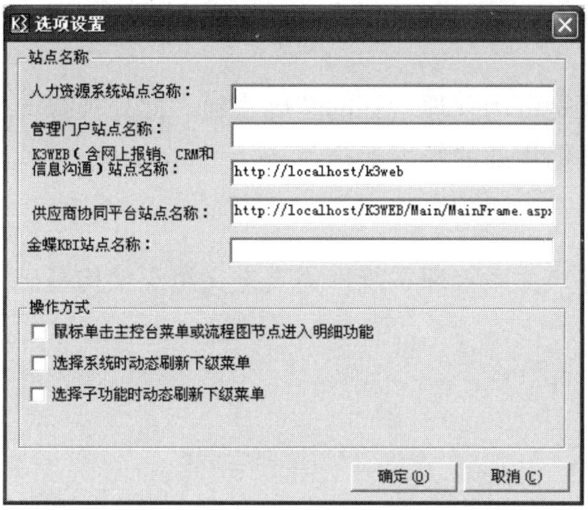

图 8-5 客户关系管理的 Web 站点设置

2．给销售组分配权限

操作客户关系管理系统需要相应权限。因此，应该给销售组用户分配商机管理和服务管理的权限。

进入金蝶 K/3 账套管理工具，选择"诚信电子公司"账套，单击【用户】按钮，进入用户管理主界面。找到页面上半部的"王池"，单击【功能权限管理】。在弹出的窗口中，勾选【CRM 商机管理】、【CRM 服务管理】、【CRM 系统管理】、【CRM 客户管理】、【CRM 销售过程】、【CRM 市场管理】、【CRM 决策分析】、【CRM 日常管理】选项，然后单击【授权】按钮，如图 8-6 所示。

使用同样的方式找到用户"李强"，给李强授予相同的权限。

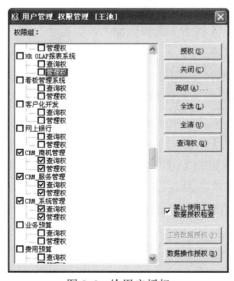

图 8-6 给用户授权

实验二　定义组织架构

职员组织架构设置是市场管理运行的基础资料，此处模拟一个市场部与销售部职能合并的公司，故先定义销售部的组织架构。

↗ 应用场景

企业刚开始启用客户关系管理系统，需要定义组织架构基础资料。

↗ 实验步骤

定义组织架构。

↗ 操作部门及人员

由销售部经理王池定义职员组织架构。

↗ 实验前准备

直接采用前述的账套。

↗ 实验数据

销售组织架构：李强是王池的下属。

↗ 操作指导

定义销售组织架构

定义销售组织架构的目的是为了便于市场管理、销售过程的管理，让销售经理对市场营销的相关活动进行管控，同时在销售过程中也便于对自己下属员工的销售进程进行跟踪和监控，促进项目成交。

以王池的身份登录 K/3 主控台，选择账套"诚信电子公司"，执行【电子商务】－【客户关系管理】－【客户关系管理】－【客户关系管理】，在弹出的 Web 页面中，选择数据源"诚信电子公司"，选择子系统"客户关系管理"，再以王池的身份登录。

单击页面右上方的▦功能导航图标，选择【客户关系管理】－【系统管理】－【组织架构】命令，打开如图 8-7 所示的组织架构页签。

选择根节点【组织架构】，然后单击【新建部门组织】打开部门对话框，选择"销售部"后单击▦返回；选择新建的【销售部】节点，单击【添加组织成员】打开职员对话框，选择"王池"和"李强"后单击▦返回，完成职员的添加。勾选王池对应的勾选框后单击【设定负责人】将王池设为销售部负责人，如图 8-8 示。这样就建立了最简单的销售组织架构。

第 8 章 客户关系管理

图 8-7 组织架构

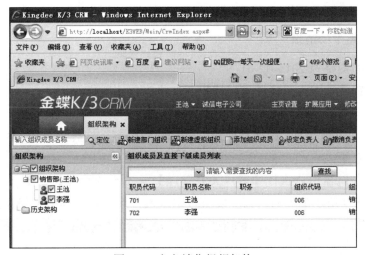

图 8-8 定义销售组织架构

实验三 收集市场情报

市场情报是开展市场推广、进行市场策划、举办市场活动的重要决策依据，此实验将建立基本的市场情报信息。

↗ 应用场景

企业的市场部将收集的市场情报信息录入系统，进行管理、查询。

↗ 实验步骤

- 增加市场情报。
- 查询市场情报。

↗ 操作部门及人员

由销售部李强录入市场情报。

↗ 实验前准备

直接采用前述的账套。

↗ 实验数据

(1) 系统时间：2015-02-01。

(2) 情报主题："数码相机图像芯片"。情报内容："佳能在 60D 相机上将配置成像处理效果更佳的芯片 CA6433"。应对策略："引入效果相当的尼康图像处理芯片 Ni8021"。

↗ 操作指导

1. 增加收集市场情报

将系统时间调整为 2015-02-01。

市场部、销售部的人员反馈市场情报，便于为公司的市场活动、产品研发提供有效的反馈信息。

打开 K/3 的 Web 页面，选择数据源"诚信电子公司"，选择子系统"客户关系管理"，以李强的身份登录。

打开功能导航窗口，执行【客户关系管理】-【市场管理】-【市场情报-新增】命令，进入图 8-9 所示的界面。按照实验数据录入市场情报，单击【保存】按钮。

图 8-9 增加市场情报

2. 查看市场情报

销售部的经理对市场情报进行查看，以便对市场活动的策划、产品研发进行决策。

以王池的身份登录 CRM 的 Web 页面，执行【客户关系管理】—【市场管理】—【市场情报-维护】命令，查看刚录入的市场情报。

实验四　开展市场调查

市场调查是对客户群体进行抽样调查，获取客户对于产品、品牌等方面的反馈意见，以便为市场活动举办、产品设计、市场推广提供重要决策依据，此实验将建立市场调查问卷。

↗ 应用场景
企业的市场部将建立市场调查问卷，并进行管理、查询。

↗ 实验步骤
- 增加调查题库。
- 设计调查问卷。
- 开展市场调查。
- 分析调查结果

↗ 操作部门及人员
由销售部李强录入调查题库，并设计调查问卷。开展调查后，将调查结果录入系统，进行分析。

↗ 实验前准备
直接采用前述的账套。

↗ 实验数据
(1) 系统时间：2015-02-01。

(2) 调查题库

题1：单选题。题干内容："你对数码相机的价位期望是？"答案："A. <=1 000 元　B. 1 000-2 000 元　C. 2 000-5 000 元　D. >=5 000 元"。

题2：多选题。题干内容："你期望数码相机应具备的功能？"答案："A. 光学变焦倍数至少大于5倍　B. 人脸自动识别功能　C. 多点自动对焦　D. 微光拍摄功能"。

(3) 市场调查问卷

调查主题："数码相机客户调查"。

题目：选取调查题库中的两道题。

↗ 操作指导

1. 增加调查题库

将系统时间调整为 2015-02-01。

以李强的身份登录 CRM 的 Web 页面，执行【客户关系管理】－【系统管理】－【调查题库】命令，打开【调查题库】页签，单击 ，打开【新增调查题库】页签，按照实验数据录入两道调查题目，单击【保存】按钮。如图 8-10 所示。

图 8-10　增加调查题目

执行【客户关系管理】－【市场管理】－【市场调查-新增】命令，按照实验数据设计调查问卷，单击【保存】按钮。如图 8-11 所示。

图 8-11　增加调查问卷

单击【生成问卷】按钮，然后单击【预览问卷】，可以查看到刚才设计的调研问卷的效果。如图 8-12 所示。

图 8-12　预览调查问卷

执行【市场调查】－【市场调查-维护】命令，在序时簿中选择刚生成的调研问卷，选择菜单【编辑】－【问卷录入】，开始录入问卷。为确保调查效果，可随机录入 5 条以上的调查结果。

选择菜单【编辑】－【问卷分析】，可查看到问卷的分析结果，如图 8-13 所示。

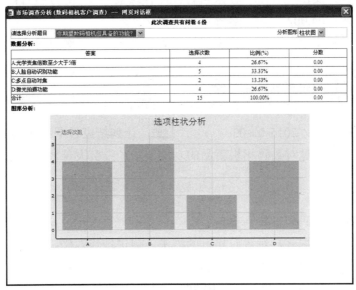

图 8-13　调查问卷分析

实验五　举办市场活动

市场活动是公司推荐产品最常用的方式。举办市场活动需要进行相应的策划，以及相关费用的预算。同时，需要对市场活动的策划进行评估，确保市场活动都能够达到预期的效果。

↗ 应用场景

企业的市场部根据市场情报、市场调查的结果，邀请客户参加现场的市场活动，对产品进行推荐，挖掘客户的需求，引发销售线索。

↗ 实验步骤

- 增加费用代码。
- 增加市场活动。
- 对市场活动进行审核与评估。

↗ 操作部门及人员

由销售部李强进行市场活动策划，销售部经理王池对市场活动进行审核。

↗ 实验前准备

直接采用前述的账套。

↗ 实验数据

(1) 系统时间：2015-02-01
(2) 费用代码：04.001　　　名称：外部合作费
　　收支属性：支出　　　往来科目：库存现金　　　对方科目：库存现金
　　费用代码：04.002　　　名称：场地租借费
　　收支属性：支出　　　往来科目：库存现金　　　对方科目：库存现金
(3) 市场活动方案
　　活动名称：数码相机新品推荐
　　活动负责人：李强
　　计划开始日期：2015-02-03　　　计划结束日期：2015-02-04
　　活动说明：通过对数码相机新品的功能展示，吸引大量客户对新产品的关注度，引发购买需求
(4) 活动内容
　　活动主题：数码相机新品推荐
　　活动目的：挖掘客户对数码相机的需求，促进销售业绩提升
　　活动过程：2015-02-03 9:00－9:30　　　明星亮相展示新品
　　　　　　　2015-02-03 9:30－10:30　　　数码相机新品功能展示

2015-02-03 10:30－11:30　　　　数码相机新品功能体验
2015-02-03 11:30－12:00　　　　幸运观众抽奖

(5) 目标客户：北方高科公司、浦东金茂公司、香港中环公司
(6) 参与人员：王池
(7) 活动费用：场地租借费 2.5 万，外部合作费 3 万
　　承担人员：李强　　　承担部门：销售部
(8) 效果评估：潜在客户数量 120 个　　　产生线索数量 80 个
　　　　　　　产生商机数量 50 个　　　预计提升销售 40 万

➡ 操作指导

1. 增加活动费用类型

以 administrator 的身份登录 K/3 主控台，执行【系统设置】—【基础资料】—【公共资料】—【核算项目管理】，找到【要素项目】—【04(销售费用)】，在右侧的页面中，单击【新增】按钮，按照实验数据填写费用代码和相关属性，如图 8-14 所示。

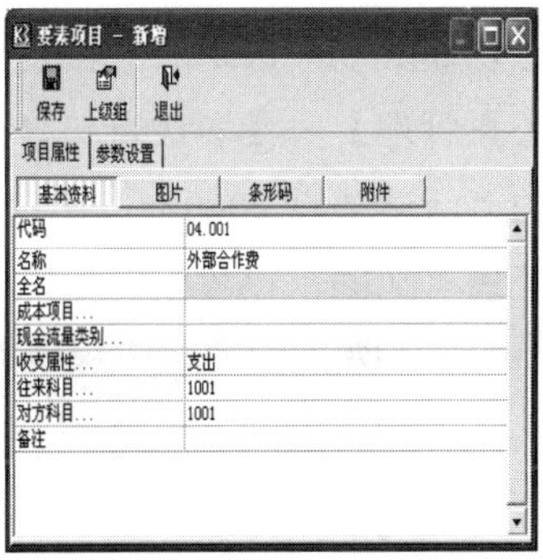

2. 增加市场活动方案

将系统时间调整为 2015-02-01。

以李强的身份登录 CRM 的 Web 页面，执行【客户关系管理】—【市场管理】—【市场活动】—【市场活动-新增】命令。按照实验数据录入市场活动的内容，单击【保存】按钮，如图 8-15 所示。

图 8-14　增加费用代码

图 8-15　增加市场活动内容

选择页签【目标客户】，按照实验数据增加客户。执行【客户关系管理】－【市场管理】－【客户细分】－【客户细分-新增】命令，将本市场活动的三个客户添加到一个细分方案中，在【目标客户】页签，直接选择该细分方案即可。

选择页签【参与人员】，按照实验数据增加参与人员。

选择页签【活动费用】，按照实验数据增加活动费用。

单击【保存】按钮，然后选择菜单【编辑】－【启动多级审核】。

3. 审核市场活动方案

给销售经理王池授权，以便其审核市场活动的相关内容。

以 administrator 的身份登录 K/3 主控台，执行【系统设置】－【系统设置】－【客户关系管理】－【多级审核管理】，找到【市场活动】－【市场活动】，选择流程图形中的"活动节点 2000"，在右面的【属性】页签中单击审核权限的【…】按钮，增加销售经理王池的审核权限。如图 8-16 所示。

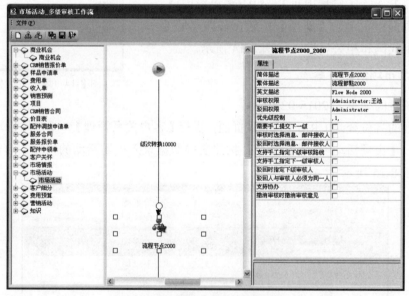

图 8-16　授予多级审核的权限

以销售部经理王池的身份登录，在主页的待审批处可看见该市场活动需要审核。单击该条信息后面的【处理】，弹出审核界面，如图 8-17 所示。选择【审核】并在下方的意见框输入意见，单击【提交】按钮，就完成该市场活动的审批。

第 8 章 客户关系管理

图 8-17 市场活动审核

市场活动开展之后，相关的结果评估将反馈到市场活动的策划案中。

以李强的身份登录 CRM 系统，执行【客户关系管理】－【市场管理】－【市场活动】－【市场活动-维护】命令，选择刚才的市场活动策划方案，单击【修改】按钮进入。选择【效果评估】页签，按照实验数据输入活动效果评估的相关信息，单击【保存】按钮。如图 8-18 所示。

图 8-18 填写效果评估

市场活动可关联生成费用报销单、费用申请单、商业机会、线索等相关信息，下面将重点介绍线索。费用报销单、费用申请单、商业机会等相关内容可由读者自行进行练习。

实验六　线索管理

线索是市场活动最重要的输出结果，也是销售活动的开始。借助大量的销售线索，可以让销售人员开展相应的拜访、推销活动，促进项目成交，产生销售业绩。

↗ 应用场景

企业的市场部根据市场活动反馈的信息，将销售线索录入 CRM 系统中，便于对销售线索进行管理，也利于销售部开展市场活动。

↗ 实验步骤

- 增加客户联系人信息。
- 增加销售线索。

↗ 操作部门及人员

由销售部李强进行销售线索新增。

↗ 实验前准备

直接采用前述的账套。

↗ 实验数据

(1) 系统时间：2015-02-03

(2) 客户联系人信息

　　客户：北方高科公司　　　　联系人名称：张春良

　　性别：男　　　　　　　　　办公电话：010-23456789　　　　负责人：李强

(3) 线索

　　线索主题：数码相机新品推荐　　来源：活动

　　客户名称：北方高科公司　　　　联系人：张春良

(4) 活动记录

　　负责人：李强

　　活动类型：电话沟通

　　活动时间：2015-02-03 上午

　　活动结果：客户希望购买新款的数码相机，作为公司的年度员工奖励

↗ 操作指导

1. 增加客户联系人信息

以李强的身份登录 CRM 的 Web 页面，执行【客户关系管理】—【客户管理】—【联系人管理】—【联系人-新增】命令。按照实验数据录入线索，单击【保存】按钮。如图 8-19 所示。

图 8-19 增加联系人

2. 增加销售线索

以李强的身份登录 CRM 的 Web 页面，执行【客户关系管理】-【市场管理】-【市场活动】-【市场活动-维护】命令。选择上节的市场活动方案，再选择菜单【下推】-【线索】，按照实验数据录入线索，单击【保存】按钮。

选择【活动】页签，单击页面下部的【新增】图标按钮，打开新增活动页面，按照实验数据填写跟踪记录，单击【保存】按钮。单击【退出】按钮，返回线索新增页面，如图 8-20 所示。

图 8-20 增加线索记录

实验七　满意度调查

满意度调查是市场部对客户所做的调查工作,可以在市场活动结束之后,也可以在客户购买产品之后进行,以获取客户对于产品、对于市场活动的反馈,便于不断改进市场活动的效果,改进产品功能。

此处不再详解,读者可自行编制数据进行练习。

8.2.2　商机管理实验练习

实验一　定义业务资料

业务资料包括销售阶段定义、竞争对手定义、销售组织架构设置等。这些数据是客户关系管理系统运行的基础业务资料。

↗ 应用场景

企业刚开始启用客户关系管理系统,需要定义业务资料。

↗ 实验步骤

- 定义电子产品类销售方法。
- 定义竞争对手。

↗ 操作部门及人员

由销售部经理王池定义业务基础资料。

↗ 实验前准备

直接采用前述的账套。

↗ 实验数据

(1) 电子产品类销售方法资料如表 8-1 所示。

表 8-1　电子产品类销售方法资料

代　　码	阶 段 名 称	成功率/%
001	商机挖掘	5
002	需求调研	30
003	方案讲解	50
004	商务谈判	70

(2) 竞争对手的资料如表 8-2 所示。

表 8-2　竞争对手的资料

项目名称	参数值
代码	001
竞争对手	张扬科技
状态	活跃
威胁程度	高
主要产品	数码相机、MP3、MP4、高容量U盘等数码产品
优势说明	研发技术很强
主要客户	红杨数码、通侨电器

(3) 数据查询范围设置：王池能查看所有数据；李强能查看本人、本部门的数据。

➤ 操作指导

1. 定义销售阶段

以销售经理王池的身份登录 CRM 的 Web 页面，执行【客户关系管理】—【系统管理】—【业务资料】—【方法】命令，弹出【条件过滤】窗口，单击【确定】按钮。在打开的窗口中单击【新增】按钮，打开【方法-新增】网页对话框，按照实验数据，填写销售方法的资料，并单击【保存】按钮，如图 8-21 所示。

图 8-21　销售阶段定义

2. 定义竞争对手

执行【客户关系管理】—【客户管理】—【竞争对手】—【竞争对手-新增】命令，在打开的竞争对手新增窗口，按照实验数据，填写竞争对手的资料，并单击【保存】按钮。如图 8-22 所示。

图 8-22 定义竞争对手

3. 数据查询范围设置

进行数据查询范围设置的目的是为了隔离数据。因为不同的销售部门、销售人员之间一般是不会共享客户信息和销售过程信息的,以避免将销售信息泄漏给其他人或者竞争对手,防止项目丢单。

执行【客户关系管理】-【系统管理】-【数据授权】,进入图 8-23 所示的界面。在右边页面窗口中,选择"王池",将所有数据范围勾选上。单击【保存】按钮,再按照实验数据,设置李强的数据查询范围。

图 8-23 定义数据授权范围

实验二　客户管理

客户关系管理中，对潜在客户的基本信息、关键信息进行记录是非常重要的，它能够为后续的商机跟进提供大量有用的信息，甚至在很多细节上帮助成交。因此，必须先建立客户的基本档案信息。

↗ 应用场景
销售员刚接触到潜在客户，需要记录客户的基本信息。

↗ 实验步骤
- 记录客户的基本信息。
- 记录客户联系人的信息。

↗ 操作部门及人员
在诚信电子公司，由销售员李强记录自己所跟进的潜在客户信息。

↗ 实验前准备
直接采用前述完成的账套。

↗ 实验数据
(1) 客户基本信息包括：客户名称为"同盟集团"，客户级别为"战略客户"，客户类型为"直接客户"，负责人为"李强"。

(2) 联系人信息如表 8-3 所示。

表 8-3　联系人信息

项 目 名 称	参 数 值
联系人名称	张国梁
客户	同盟集团
性别	男
职务	采购总监
办公电话	0755-56284590
电子邮箱	zgl@tmgroup.com
负责人	李强

↗ 操作指导

1. 建立客户信息

以业务员李强的身份登录 CRM 的 Web 页面，执行【客户关系管理】—【客户管理】—【客户管理】—【客户-新增】命令，按照提供的实验数据正确输入，如图 8-24

所示。然后单击【保存】按钮。

图 8-24 新增潜在客户信息

2. 建立联系人

执行【客户关系管理】—【客户管理】—【联系人管理】—【联系人-新增】命令，打开联系人新增页面，按照实验数据录入联系人的数据，如图 8-25 所示，并单击【保存】按钮。

图 8-25 新增潜在客户的联系人信息

3. 查看客户和联系人信息

执行【客户关系管理】—【客户管理】—【客户管理】—【客户-维护】命令，进入客户序时簿。选中刚录入的客户，单击【查看】按钮，可以看到客户信息，以及对应的联系人信息。

实验三 商机创建与评估

> **应用场景**

当销售人员与客户接触时，了解到有潜在的商机，需要记录下来该商机的相关信息。

> **实验步骤**

- 在系统中登记商机。
- 对商机进行撞单分析，合并商机、分配商机等，然后对商机进行评估。
- 查看商机评估结果。

> **操作部门及人员**

在诚信电子公司，销售商机一般由销售员李强整理，由销售经理王池审核评估，把控商机进程。

> **实验前准备**

- 将时间调整为 2015-02-01。
- 直接采用前述账套。

> **实验数据**

(1) 潜在客户及商机信息如表 8-4 所示。

表 8-4 潜在客户及商机

项 目 名 称	参 数 值
商机名称	集团礼品采购
客户	同盟集团
负责人	李强
销售方法	电子产品类销售方法
预计成交	2015-02-11
机会来源	客户主动询问
需求描述	该公司将在春节前采购一批数码相机，作为新春客户答谢会的礼品
兴趣大小	感兴趣

(2) 客户兴趣范围如表 8-5 所示。

表 8-5 客户兴趣范围

项 目 名 称	参 数 值
产品名称	数码相机
计量单位	个
单价	2 500
数量	30
金额	75 000

▸ 操作指导

1. 输入潜在商机信息

以业务员李强的身份登录 CRM 的 Web 页面，执行【客户关系管理】—【商机管理】—【商业机会】—【商机-新增】命令，进入图 8-26 所示的窗口。

在弹出的页面中，按照实验数据录入潜在客户信息。

选择【潜在机会】页签，然后按照实验数据录入潜在机会。同时，在表格中录入客户感兴趣的范围，单击【保存】按钮。

图 8-26 潜在机会录入

2. 潜在商机评估、撞单分析

销售经理将对销售人员所录入的商机进行检查和评估。

销售员李强选择菜单【编辑】—【提交评估】，选择评估人为王池，然后输入提交说明"请评估一下是否需要跟进"。

以销售经理王池的身份登录 CRM 的 Web 页面，执行【客户关系管理】—【商机管理】—【商业机会】—【商机-维护】命令，查看到销售员李强所填写的商机信息。

销售经理选中该条商机，单击【撞单分析】按钮，进入图 8-27 所示的界面，由系统自动分析业务员之间是否存在撞单的情况。分析结果是没有。

图 8-27　撞单分析

如果有撞单发生，就需要对潜在商机进行合并，并重新分配商机。关于"商机合并""商机分配"的功能，由学生自己编制实验数据进行练习。本节不再讲解。

销售经理经过与李强仔细沟通之后，在系统中填写评估意见。单击【评估】按钮，输入评估意见"可以跟进"，如图 8-28 所示。

图 8-28　商机评估

3. 查看潜在商机评估结果

以业务员李强的身份登录 CRM 的 Web 页面，执行【客户关系管理】—【商机管理】—【商业机会】—【商机-维护】命令，选择自己所填写的商机并打开，选择【评估结果】页签，进入图 8-29 所示的界面，可以看到销售经理所填写的评估意见。

图 8-29　潜在机会评估

实验四　商机推进

➢ 应用场景

经过销售员与客户的密切接触，商机可推进到下一阶段。

➢ 实验步骤

- 推进商机。
- 查看商机进度。

➢ 操作部门及人员

在诚信电子公司，销售商机推进由销售员李强自己把控。

➢ 实验前准备

直接采用前述账套。

➢ 实验数据

无。

操作指导

1. 商机阶段推进

销售员与客户继续跟进项目。与客户进行持续接触之后,将销售进程推进到下一阶段"需求调研",准备派技术顾问对客户进行需求调研。

销售员李强在打开的商业机会页面上,单击【阶段推进】按钮,进入图 8-30 所示的对话框,阶段选择为【需求调研】,并输入评估的成功率,单击【确定】按钮。

图 8-30　商机阶段推进

2. 查询商机进度图

销售员李强在打开的商业机会页面上,选择菜单【查看】—【商机进度图】按钮,查看商机进度,如图 8-31 所示。

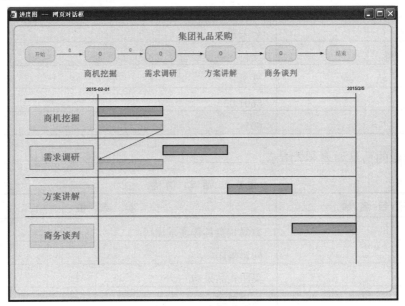

图 8-31　商机进度

实验五 活动管理

➚ 应用场景

需要派技术人员对客户进行需求调研,掌握客户的关键需求。

➚ 实验步骤

- 设置要素项目。
- 填写商机所对应的活动。
- 对活动进行批示。
- 录入活动的结果

➚ 操作部门及人员

活动的信息由销售员李强录入,销售经理王池进行批示。

➚ 实验前准备

直接采用前述完成的账套。

➚ 实验数据

(1) 要素项目的信息如表 8-6 所示。

表 8-6 要素项目

项目名称	参数值
代码	04.003
名称	公关费
现金流量类别	支付与其他经营活动有关的现金
收支属性	支出
往来科目	6601.02
对方科目	6051

(2) 活动的信息如表 8-7 所示。

表 8-7 活动信息

项目名称	参数值
主题	数码相机具体需求调研
客户	同盟集团
商机	集团礼品采购
商机阶段	需求调研
活动描述	客户现场拜访,详细了解同盟集团对数码相机礼品的需求
负责人	李强

(3) 活动费用信息如表 8-8 所示。

表 8-8 活动费用信息

项 目 名 称	参 数 值
费用类型	公关费
发生日期	2015-02-02
职员	李强
金额	2 000

> 操作指导

1. 设置要素项目

以 administrator 的身份登录金蝶 K/3 主控台,执行【系统设置】—【基础资料】—【公共资料】—【要素项目】命令。在要素项目主界面,选择"04 销售费用",然后单击【新增】按钮,按照实验数据录入要素项目,如图 8-32 所示。单击【保存】按钮。

2. 建立商机的活动

图 8-32 要素费用设置

以业务员李强的身份登录 CRM 的 Web 页面,执行【客户关系管理】—【日常管理】—【活动管理】—【活动-新增】命令。按照实验数据建立商机所对应的活动信息,单击【保存】按钮,如图 8-33 所示,打开【活动费用】页签,按照实验数据输入活动费用信息。

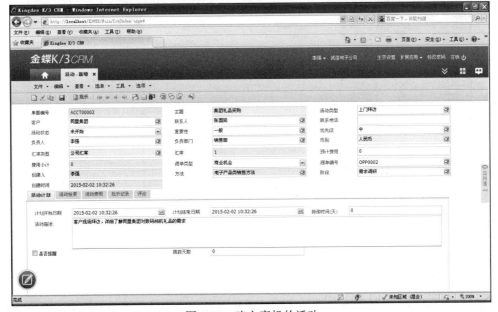

图 8-33 建立商机的活动

3. 对活动进行批示

以销售经理王池的身份登录 CRM 的 Web 页面，执行【客户关系管理】－【日程管理】－【活动管理】－【活动-维护】命令，查看销售员李强所建立的活动。

经过与李强沟通后，批示该活动，选择菜单【编辑】－【批示】，输入批示内容，如图 8-34 所示，并将批示消息发送给活动创建人。

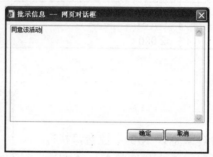

图 8-34　活动批示

4. 查看活动批示

以业务员李强的身份登录 CRM 的 Web 页面，在主页中可看见有一个未读消息，点击该消息进入消息中心页面，选中该消息双击打开查看具体批示信息，如图 8-35 所示，也可点击消息中的单据号查看活动批示记录。

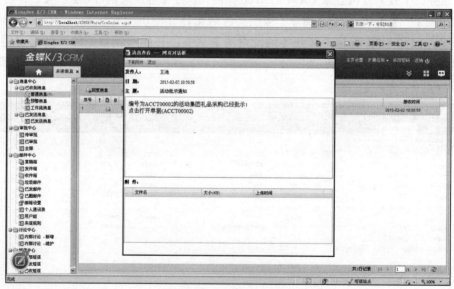

图 8-35　活动批示结果

5. 修改活动状态

活动开始启动，业务员李强执行【客户关系管理】－【日程管理】－【活动管理】－

【活动-维护】命令,单击【修改】按钮,在活动界面,将活动状态改为"已开始",单击【保存】按钮。

6. 录入活动结果

由销售员李强牵头,带领技术人员对客户进行需求调研。

当需求调研的活动结束后,销售员李强需要在系统中记录活动的结果。

以李强身份登录 CRM 的 Web 页面,执行【客户关系管理】—【日程管理】—【活动管理】—【活动-维护】命令,单击【修改】按钮。在活动界面,再单击【活动结果】页签,将活动结果录入为"掌握客户关键需求,并需要内部进行技术论证,并提供样品。",如图 8-36 所示,单击【保存】按钮。

图 8-36　活动结果录入

实验六　任务管理

↗ 应用场景

在客户需求调研之后,需要在企业内部建立项目任务,进行关键技术攻关,给客户提出有效的解决方案。

↗ 实验步骤

- 建立任务。
- 任务执行说明。

↗ 操作部门及人员

任务的信息由销售员李强录入,销售经理王池查看任务信息。

↗ **实验前准备**
- 将系统日期调整为 2015-02-03。
- 直接采用前述完成的账套。

↗ **实验数据**

(1) 任务的信息如表 8-9 所示。

表 8-9 任 务 信 息

项目名称	参 数 值
任务名称	数码相机礼品关键技术攻关
任务状态	未分配
客户	同盟集团
商机	集团礼品采购
优先级	中
重要性	一般
分配人	李强
计划开始日期	2015-02-03
计划结束日期	2015-02-05
任务描述	客户提出数码相机礼品具有录制 MP4 格式的视频需求，需要讨论技术可行性，并进行样品试制

(2) 任务处理过程信息包括：

任务描述为"客户提出数码相机礼品具有录制 MP4 格式的视频需求，需要讨论技术可行性，并进行样品试制"；活动结果为"关键技术已经论证可行"。

活动开始时间为"2015-02-03"。

活动结束时间为"2015-02-04"。

↗ **操作指导**

1. 建立商机的任务

将系统日期调整为 2015-02-03。

以 administrator 的身份登录金蝶 K/3 主控台，执行【系统设置】—【用户管理】—【用户管理】—【用户管理】命令。在用户管理界面，双击用户名"李强"，打开【用户属性】窗口，单击用户姓名后面的【关联职员】图标后，打开【职员】窗口，将职员李强和用户名李强关联上。

以业务员李强的身份登录 CRM 的 Web 页面，执行【客户关系管理】—【日程管理】—【商业机会】—【任务管理】—【任务-新增】命令。按照实验数据建立商机所对应的任务，如图 8-37 所示，单击【保存】按钮。

图 8-37 建立商机的任务

2. 记录任务处理过程

经过销售部与技术部沟通后，任务开始执行。

以业务员李强的身份登录 CRM 的 Web 页面，执行【客户关系管理】－【日程管理】－【商业机会】－【任务管理】－【任务-维护】命令，选择该条任务，单击【分配】按钮，将任务分配给李强。分配成功后，该任务状态变为【执行中】。

打开该任务单据，在【处理过程】页签按照实验数据录入任务的活动信息，在【协作员工页】签添加"徐力军"作为该任务的协作完成人员；如图 8-38 所示。

图 8-38 任务执行情况记录

实验七 样品管理

↗ 应用场景

根据需求调研，客户要求提供样品。因此，应申请研制样品。

↗ 实验步骤

- 样品申请单编制。
- 样品申请单审批授权。
- 审批样品申请单。
- 样品试制完成，关闭任务。

↗ 操作部门及人员

样品申请的信息由销售员李强录入，销售经理王池审核样品申请。

↗ 实验前准备

- 将系统日期调整为2015-02-04。
- 直接采用前述完成的账套。

↗ 实验数据

(1) 样品的信息如表8-10所示。

表8-10 样品信息

项目名称	参数值
日期	2015-02-04
申请人	李强
客户	同盟集团
商机	集团礼品采购
是否收费	N
样品用途	客户用于检测样机性能

(2) 样品的详细信息如表8-11所示。

表8-11 样品详细信息

项目名称	参数值
样品代码	01.01
样品名称	数码相机
记录单位	个
数量	1

(续表)

项 目 名 称	参 数 值
单价	2 500
需求日期	2015-02-05

操作指导

1. 建立样品申请单

将系统日期调整为2015-02-04。

以业务员李强的身份登录CRM的Web页面，执行【客户关系管理】—【商机管理】—【样品管理】—【样品申请单-新增】命令。按照实验数据建立样品申请单，如图8-39所示。单击【新增行】按钮，将样品的详细信息录入表格中。单击【保存】按钮。

样品申请单录入完后，需要进行审核。因此，应执行【编辑】—【启动多级审核】命令。

图8-39 样品申请单

2. 对样品申请单的审核权进行授权

由销售部经理王池对样品申请单进行审核，因此需要对王池授权，使其具有相应的权限。

以administrator的身份登录金蝶K/3控制台，执行【系统设置】—【系统设置】—【客户关系管理】—【多级审核管理】，进入图8-40所示的界面。在界面中，选择【样品申请单】，单击【用户设置】页签，找到用户"王池"，单击向右的箭头，将王池选入【用户姓名】列表中。

以同样的方式,选择【CRM 销售报价单】、【CRM 销售合同】,并给王池授权能审核这两个订单。

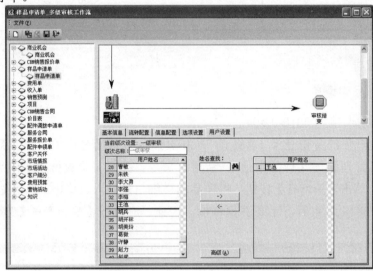

图 8-40　样品申请单授权

3. 审核样品申请单

以销售经理王池的身份登录 CRM 的 Web 页面,执行【客户关系管理】—【商机管理】—【样品管理】—【样品申请单-维护】命令,选择刚录入的样品申请单并打开,如图 8-41 所示。选择菜单【编辑】—【多级审核】,对该样品申请单审核,并在弹出的对话框中输入审核意见,如图 8-42 所示。

图 8-41　样品申请单审核

图 8-42　样品申请单审核意见

实验八　商机推进

↗ 应用场景

样品试制完成后,就应该对任务、活动进行处理,并推进商机的阶段进程。

↗ 实验步骤

- 任务执行情况记录,并关闭任务。
- 销售经理对活动进行批示。
- 关闭活动。
- 推进商机阶段——方案讲解。
- 竞争分析。
- 推进商机阶段——商务谈判。

↗ 操作部门及人员

基本信息由销售员李强录入,销售经理王池审核。

↗ 实验前准备

- 将系统日期调整为 2015-02-05。
- 直接采用前述完成的账套。

↗ 实验数据

(1) 任务处理过程信息包括:

任务描述为"客户提出数码相机礼品具有录制 MP4 格式的视频需求,需要讨论技术可行性,并进行样品试制";结果描述为"技术可行,样品完成试制";活动开始时间为"2015-02-03";活动结束时间为"2015-02-05"。

(2) 竞争分析的信息如表 8-12 所示。

表 8-12　竞争分析信息

项 目 名 称	参　数　值
竞争对手	张扬科技
竞争级别	1
主打产品	数码相机、MP3、MP4、高容量 U 盘等数码产品
优势分析	研发技术很强
劣势分析	性价比不高
应对策略	商务谈判适当让步

↗ 操作指导

1. 任务执行情况记录和任务状态修改

将时间状态调整为 2015-02-05。此时，样品试制完成。

当样品试制完成之后，前面所建立的任务"数码相机礼品关键技术攻关"就完成了。因此，需要对任务的处理过程进行记录，并对任务状态进行修改。

以业务员李强的身份登录 CRM 的 Web 页面，执行【客户关系管理】－【日程管理】－【任务管理】－【任务－维护】命令。打开前面所建立的任务，选择【处理过程】页签，按照实验数据录入任务的活动信息，并将【处理过程】页签中的所有活动状态改为"已完成"。选择菜单【编辑】－【完成】，改变该任务状态为已完成，如图 8-43 所示。

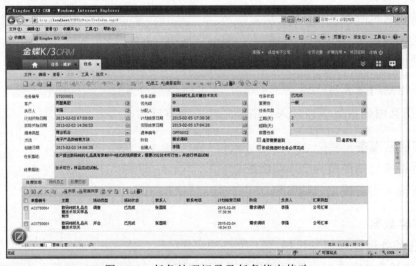

图 8-43　任务处理记录及任务状态修改

2. 对活动进行批示

销售经理王池了解任务已经完成，认为应该推进和客户的见面沟通。因此，对前面所建立的活动进行批示。

以销售经理王池的身份登录客户关系管理系统,执行【商机管理】—【任务管理】—【任务-维护】命令,选择前面的任务,看到任务已经完成,下面需要推进项目的进程。

因此,王池执行【商机管理】—【活动管理】—【活动-维护】命令,双击打开前面所建立的活动,选择菜单【编辑】—【批示】,给出批示:"请尽快推进和客户的沟通",并将消息发送给李强,如图8-44所示。

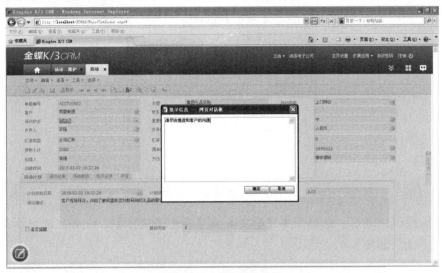

图8-44 对活动的批示

3. 活动状态修改

李强查看到经理对活动的批示,决定关闭上一个活动。

以业务员李强的身份登录 CRM 的 Web 页面,执行【客户关系管理】—【日程管理】—【活动管理】—【活动-维护】命令,选择前面的活动,查看经理对活动的批示,然后修改活动状态为"已完成",如图8-45所示,关闭该活动。

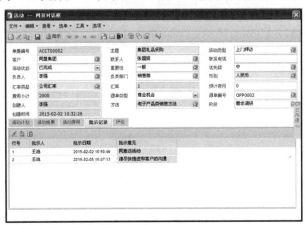

图8-45 活动状态修改

4. 推进项目进程

业务员李强决定推进项目进程到下一阶段。

以业务员李强的身份登录 CRM 的 Web 页面，执行【客户关系管理】—【商机管理】—【商业机会】—【商机-维护】命令。选择前面的商机，双击打开页面之后，接着就可以单击【阶段推进】按钮。在弹出的对话框中，选择阶段为"方案讲解"，确认成功率为"50.00"，如图 8-46 所示，再单击【确定】按钮。

图 8-46　推进活动状态

销售阶段推进之后，选择菜单【查看】—【商机进度图】，在弹出的对话框中，确认商机的进度，如图 8-47 所示。

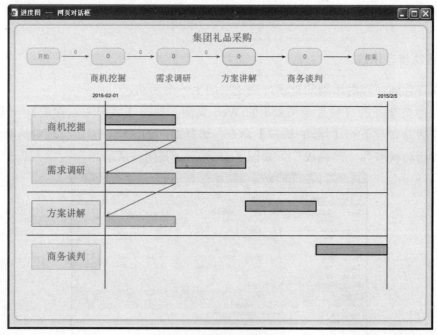

图 8-47　商机进度图

5. 竞争分析

业务员李强组织技术人员到客户现场进行方案讲解和样品展示。经过接触之后，了解到本项目还存在竞争对手，因此将竞争对手的信息录入系统中。

以业务员李强的身份登录 CRM 的 Web 页面，执行【客户关系管理】—【商机管理】—【商业机会】—【商机-维护】命令，打开前面建立的商机。在如图 8-48 所示的页面中，单击【竞争分析】页签，然后按照实验数据输入相应的信息，再单击【保存】按钮。

图 8-48　商机—竞争分析

6. 推进商机进程

在与客户进行进一步沟通之后，客户认可了解决方案。这时，商机可推进到下一个阶段。

以业务员李强的身份登录 CRM 的 Web 页面，执行【客户关系管理】—【商机管理】—【商业机会】—【商机-维护】命令，打开前面建立的商机。在页面中，单击【阶段推进】按钮。在弹出的对话框中，选择阶段为"商务谈判"，确认成功率为"70.00"，该商机的销售阶段更新为"商务谈判"，如图 8-49 所示。

图 8-49 商机阶段推进

8.2.3 销售过程实验练习

实验一 报价管理

↗ 应用场景

在商务谈判阶段,需要对合同报价。

↗ 实验步骤

- 编制销售报价单。
- 审核销售报价单。
- 进行商务谈判,并赢单。

↗ 操作部门及人员

销售报价单的信息由销售员李强录入,销售经理王池审核销售报价。

↗ 实验前准备

- 将系统日期调整为 2015-02-05。
- 直接采用前述完成的账套。

↗ 实验数据

销售报价单的信息如表 8-13 所示。

表 8-13　销售报价单信息

项 目 名 称	参　数　值
日期	2015-02-05
客户	同盟集团
源单类型	商业机会
源单编号	选择"集团礼品采购"的订单
产品代码	01.01
产品名称	数码相机
单位	个
数量	30
单价	2 500

➤ 操作指导

1．建立销售报价单

将系统日期调整为 2015-02-05。

以业务员李强的身份登录 CRM 的 Web 页面，执行【客户关系管理】—【销售过程】—【报价管理】—【销售报价单-新增】命令，进入图 8-50 所示的窗口。按照实验数据建立销售报价单。

销售报价单录入完后，需要进行审核。因此，应执行【编辑】—【启动多级审核】命令。

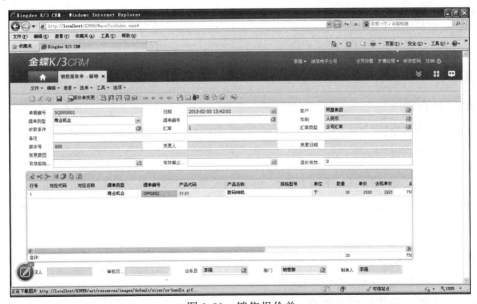

图 8-50　销售报价单

2. 审核销售报价单

以销售经理王池的身份登录 CRM 的 Web 页面，执行【客户关系管理】—【销售过程】—【报价管理】—【销售报价单-维护】命令，选择刚录入的销售报价单并打开。选择菜单【编辑】—【多级审核】，对该销售报价单进行审核，并在弹出的对话框中输入审核意见，如图 8-51 所示。

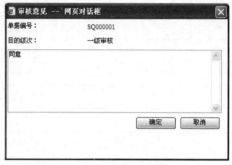

图 8-51　销售报价单审核意见

3. 商机成交，赢单处理

经过商务谈判，该商机最终成交，因此需要将商机的状态标识为"赢单"。

以业务员李强的身份登录 CRM 的 Web 页面，执行【客户关系管理】—【商机管理】—【商业机会】—【商机-维护】命令。双击打开前面建立的商机，选择【项目总结】页签，填写输赢日期为"2015-02-05"，输赢原因为"产品原因"，然后单击【赢单】按钮，将商机状态标识为"赢单"。

实验二　合同管理

↗ 应用场景

商务谈判成功后，需要编制销售合同。

↗ 实验步骤

- 编制销售合同。
- 审核销售合同。
- 将客户标为交易客户。

↗ 操作部门及人员

销售合同的信息由销售员李强录入，销售经理王池审核销售合同。

↗ 实验前准备

- 将系统日期调整为 2015-02-08。
- 直接采用前述完成的账套。

实验数据

销售合同的信息如表 8-14 所示。

表 8-14 销售合同信息

项 目 名 称	参 数 值
合同名称	数码相机礼品
日期	2015-02-08
单位	个
数量	30
单价	2 500
交货日期	2015-02-10
业务员	李强
应收日期	2015-02-10
客户	同盟集团

操作指导

1. 商机下推生成销售合同

将系统日期调整为 2015-02-08。

以业务员李强的身份登录 CRM 的 Web 页面，执行【客户关系管理】—【商机管理】—【商业机会】—【商机-维护】命令。

由于编制销售合同需要有单据体信息，因此应在弹出的对话框中勾选【潜在机会】等单据体信息，如图 8-52 所示。此处应勾选【潜在机会】。

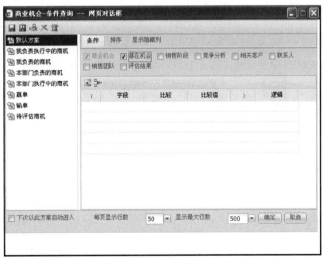

图 8-52 设置过滤条件

单击【确定】按钮后，进入商机维护序时簿界面。选择前面建立的商机，再选择菜单【下推】—【CRM销售合同】，按照实验数据编制销售合同，如图8-53所示。

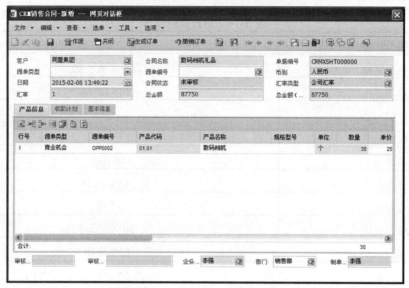

图 8-53　编制 CRM 销售合同

销售合同需要审核，此时应选择菜单【编辑】—【启动多级审核】执行。

2. 审核销售合同

以销售经理王池的身份登录CRM的Web页面，在主页面的待审批处可看见需要审核的合同，单击【处理】按钮，在弹出的对话框中输入审核意见进行审批，如图8-54所示。

图 8-54　销售合同审核意见

审核后的单据如图 8-55 所示。

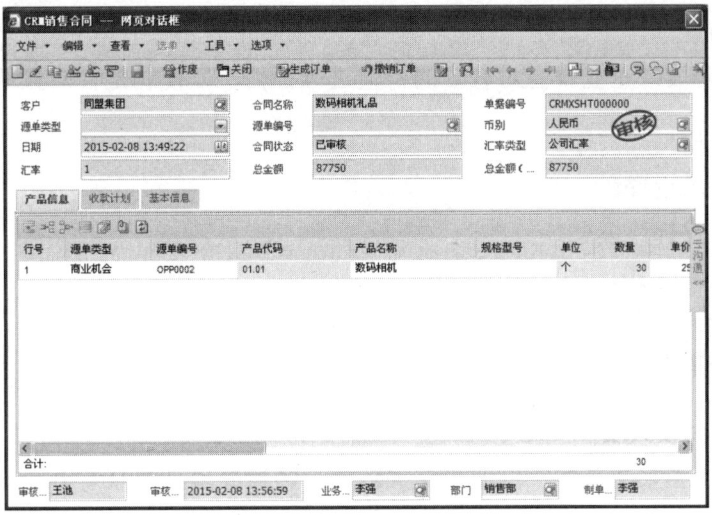

图 8-55 销售合同审核

后续的业务就转入 K/3 ERP 的销售管理模块处理,详细功能请参见销售管理的介绍。

3. 客户属性修改

当客户已经成为交易客户时,需要改变其属性。

以业务员李强的身份登录 CRM 的 Web 页面,执行【客户关系管理】—【客户管理】—【客户管理】—【客户-维护】命令,选择前面录入的客户并打开,进入图 8-56 所示的页面。单击【修改】按钮,在页面中,勾选【交易客户】选项。此时,潜在客户就转变为交易客户。最后单击【保存】按钮。

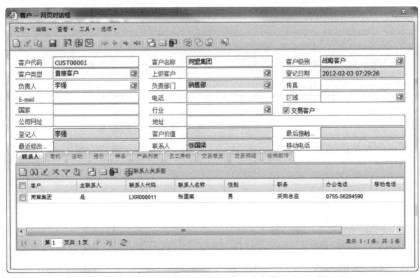

图 8-56 客户属性修改

实验三　客户价值

↗ 应用场景

每过一定阶段，企业就会对客户的价值进行评估，以便制定针对性的营销策略。

↗ 实验步骤

- 评分选项设置。
- 建立客户价值模型。
- 价值等级设置。
- 客户价值模型计算。
- 客户价值查看。

↗ 操作部门及人员

由销售员李强来建立客户价值的相关信息，销售经理王池查看客户价值。

↗ 实验前准备

- 将系统日期调整为2015-02-28。
- 直接采用前述完成的账套。

↗ 实验数据

(1) 评分选项的信息如表8-15和表8-16所示。

表8-15　评分选项——本年订单金额的信息

本年订单金额/元	得 分 值
1～100 000	20
100 000～500 000	40
500 000～1 000 000	60
1 000 000～5 000 000	80
5 000 000～10 000 000	100

表8-16　评分选项——本年收款金额的信息

本年收款金额/元	得 分 值
0～80 000	20
80 000～400 000	40
400 000～800 000	60
800 000～4 000 000	80
4 000 000～8 000 000	100

(2) 客户价值模型的信息如表 8-17 所示。

表 8-17 客户价值模型的信息

客户价值模型	权　值
本年订单金额	30%
本年收款金额	70%

(3) 客户价值等级的信息如表 8-18 所示。

表 8-18 客户价值等级的信息

客户价值等级	等　值
0～20	1
20～40	2
40～60	3
60～80	4
80～100	5

➤ 操作指导

1. 设置评分选项

将系统日期调整为 2015-02-28。

以业务员李强的身份登录 CRM 的 Web 页面，执行【客户关系管理】—【客户管理】—【客户价值】—【客户价值评分选项】命令，在弹出的条件过滤窗口点确定进入客户价值评分选项页面，然后点击【新增】图标，打开评分选项设置页面，按照实验数据，建立"本年订单金额"的评分选项并保存，如图 8-57 所示。以同样操作完成"本年收款金额"的评分选项。

图 8-57 设置本年订单金额评分选项

2. 建立客户价值模型

执行【客户关系管理】—【客户管理】—【客户价值】—【客户价值模型】命令，在弹出的【条件过滤】窗口单击【确定】按钮进入客户价值模型页面。然后单击【新增】图标，打开价值模型页面，按照实验数据建立客户贡献价值模型，如图 8-58 所示。

图 8-58　客户价值模型

3. 建立客户价值等级

执行【客户关系管理】—【客户管理】—【客户价值】—【客户价值等级设置】命令，在弹出的【条件过滤】窗口单击【确定】按钮进入客户价值模型页面。然后单击【新增】图标，打开价值等级设置页面，按照实验数据建立客户价值等级并保存，如图 8-59 所示。

图 8-59　客户价值等级

4. 客户价值计算

执行【客户关系管理】—【客户管理】—【客户价值】—【客户价值计算】命令。单击【计算】按钮，计算客户价值，如图 8-60 所示。

图 8-60　客户价值计算

5. 客户金字塔

以销售经理王池的身份登录 CRM 的 Web 页面，执行【客户关系管理】—【客户管理】—【客户价值】—【客户金字塔】命令，选择客户价值模型为"客户贡献价值"，客户价值分级方法为"客户价值等级"，单击【确定】，进入图 8-61 所示窗口。在此可查询出客户所在的价值等级。

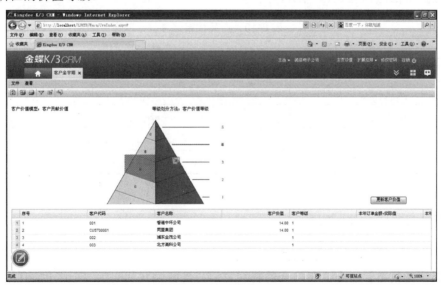

图 8-61　客户价值金字塔

8.2.4 服务管理实验练习

实验一 产品档案

客户购买产品之后,企业还会提供相应的服务。服务包括解决问题、投诉处理、更换部件等。

↗ 应用场景

客户提出产品方面存在问题,销售员了解到相关信息,建立出问题产品的档案,以便作为后续业务处理的依据,以及产品不断完善的信息来源。

↗ 实验步骤

- 修改物料服务资料属性。
- 建立产品档案。

↗ 操作部门及人员

在诚信电子公司,由销售员李强记录客户所提出问题的产品档案信息。

↗ 实验前准备

- 将系统时间改为 2015-02-01。
- 直接采用前述完成的账套。

↗ 实验数据

产品档案信息如表 8-19 所示。

表 8-19 产品档案信息

项 目 名 称	参 数 值
购买客户	香港中环
产品代码	03.01
出库日期	2015-02-01
负责人	王池
保修到期日	2015-02-28

↗ 操作指导

1. 修改物料服务资料属性

以 administrator 的身份登录金蝶 K/3 主控台,执行【系统设置】—【基础资料】—【公共资料】—【物料】命令。在打开的物料窗口,选择物料代码为 03.01 的物料后单击菜单栏的【属性】按钮,打开物料修改页面,选择"服务资料"页签,勾选"生产产品档案"属性,如图 8-62 所示,然后单击【保存】后退出物料属性修改窗口。

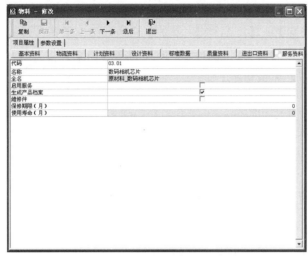

图 8-62　修改服务资料信息

2. 建立产品档案信息

以业务员李强的身份登录 CRM 的 Web 页面,执行【客户关系管理】—【服务管理】—【产品档案】—【产品档案-新增】命令,弹出如图 8-63 所示的页面,按照提供的实验数据正确输入,然后单击【保存】按钮。

图 8-63　建立产品档案

2. 注册

产品档案注册相当于审批的功能，由销售经理进行注册。

以销售部经理王池的身份登录 CRM 的 Web 页面，执行【客户关系管理】—【服务管理】—【产品档案】—【产品档案-维护】命令。弹出【条件过滤】窗口，单击【确定】按钮。在产品档案序时簿中，选择刚才录入的产品档案并打开，单击【修改】按钮，再单击【注册】按钮，完成审批。

3. 失效

产品如果不再提供服务，需要对产品档案进行失效管理。有关失效的操作由学生自行练习。

实验二 服务请求

↗ 应用场景

客户提出服务请求，技术部人员解决问题。

↗ 实验步骤

- 修改物料服务资料属性。
- 建立服务请求。
- 分配服务请求。
- 满意度调查。

↗ 操作部门及人员

在诚信电子公司，由销售员李强记录服务请求，并负责推动解决客户的服务请求。

↗ 实验前准备

- 将系统时间改为 2015-02-01。
- 直接采用前述完成的账套。

↗ 实验数据

(1) 服务请求信息如表 8-20 所示。

表 8-20 服务请求信息

项 目 名 称	参 数 值
客户	香港中环公司
产品名称	数码相机芯片
来源	电话
服务类型	请求

(续表)

项 目 名 称	参 数 值
问题类型	功能缺陷
严重程度	严重
优先级	高
联系人	张来
要求完成日期	2015-02-02

(2) 配件申请信息如表 8-21 所示。

表 8-21 配件申请信息

项 目 名 称	参 数 值
配件代码	03.01
配件名称	数码相机芯片
单位	个
数量	3

(3) 服务请求处理信息如表 8-22 所示。

表 8-22 服务请求处理信息

项 目 名 称	参 数 值
处理状态	处理完成
开始时间	2015-02-01
结束时间	2015-02-02
其他处理人	徐力军
问题原因	数码相机芯片质量问题
解决方案	更换芯片
处理结果	已经更换
说明	采购芯片时应严把质量

➤ 操作指导

1. 修改物料服务资料属性

以 administrator 的身份登录金蝶 K/3 主控台,执行【系统设置】—【基础资料】—【公共资料】—【物料】命令。在打开的物料窗口,选择物料代码为"03.01"的物料"数码相机芯片"后单击菜单栏的【属性】按钮,打开物料修改页面。选择【服务资料】页签,勾选【启用服务】属性,如图 8-64 所示。然后单击【保存】后退出物料属性修改窗口。

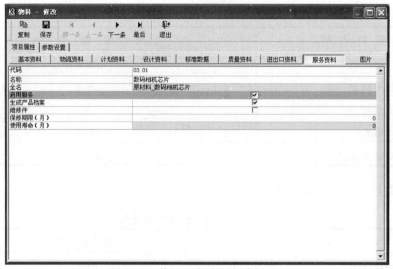

图 8-64　修改服务资料信息

2. 建立服务请求

以销售员李强的身份登录金蝶 K/3CRM 主界面，执行【客户关系管理】—【服务管理】—【服务请求】—【服务请求-新增】命令，按照提供的实验数据正确输入，如图 8-65 所示，然后单击【保存】按钮。

图 8-65　建立服务请求

3. 输入配品配件

在建立服务请求时，客户提出需要更换的配件。

在服务请求单页面，选择【配件申领单】页签，单击【新增】图标，打开【配件申领单-新增】窗口，按照实验数据录入配件信息，如图 8-66 所示，完成后单击【保存】并退出该窗口。

图 8-66　输入配品配件

4. 分配服务请求

销售经理王池查看服务请求，并将其分配给技术人员进行处理。

以销售经理王池的身份登录金蝶 K/3CRM 主界面，执行【客户关系管理】－，执行【服务管理】－【服务请求】－【服务请求-维护】命令，选择前面建立的服务请求，单击【派工】按钮，弹出如图 8-67 所示的页面，选择处理人为"李强"，计划开始日期为 2015-02-01，计划结束日期为 2015-02-02，输入分配意见为"请和技术部的徐力军一起跟进问题，及时解决"，然后单击【保存】按钮。

图 8-67　分配服务请求

5. 处理服务请求

李强于 2015-02-01 接受该服务请求后，与技术部徐力军处理客户的服务请求。在 2015-02-02 处理完毕，李强在系统中录入处理结果。

以销售员李强的身份登录金蝶 K/3 CRM 主界面，执行【客户关系管理】—【服务管理】—【服务请求】—【服务请求-维护】命令。双击前面建立的服务请求进入服务请求单据页面，打开【派工单】页签，选择之前输入的派工单后单击【接受】按钮，弹出接受原因对话框，如图 8-68 所示。输入"会及时跟进处理"意见后单击【确定】完成派工单的接受，并开始协调技术部的徐力军共同跟进该问题。

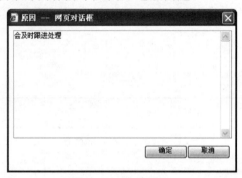

图 8-68 接受派工

该问题处理结束后，李强选择前面建立的服务请求，进入【派工单】页签，单击【处理】按钮，在弹出的如图 8-69 所示的页面中，按照实验数据录入服务请求处理信息，然后单击【保存】按钮，完成服务处理。

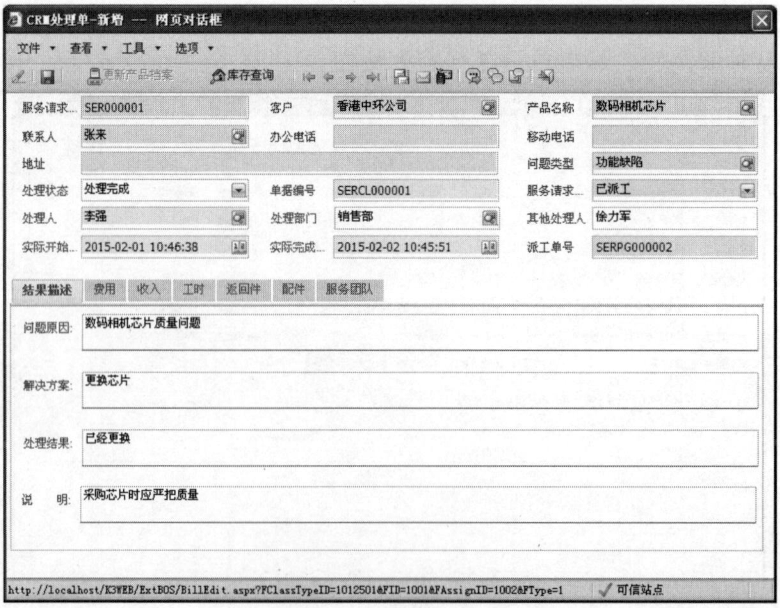

图 8-69 处理服务请求

6. 调研客户满意度

当服务请求的处理结束后,还需要对客户进行调研,询问客户对于服务的反馈意见。

以销售员李强的身份登录金蝶 K/3CRM 主界面,执行【客户关系管理】-【服务管理】-【服务请求】-【服务请求-维护】命令。选择前面建立的服务请求,单击【满意度】按钮,在弹出的页面中,输入满意度调查的结果,如图 8-70 所示。

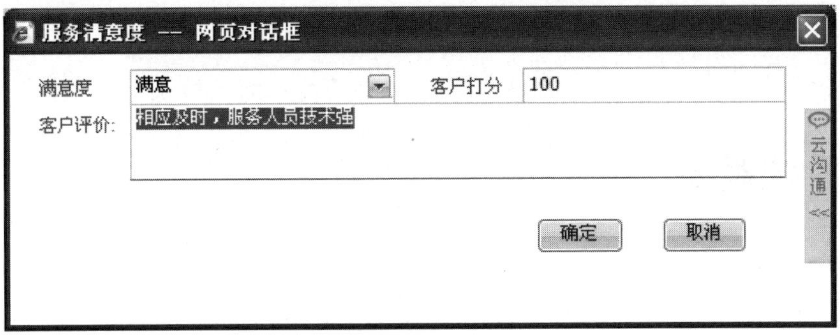

图 8-70 满意度调查

在服务管理中,还有派工单、处理单、配件管理等功能,建议读者自行练习。

客户关系管理的实验练习到此结束,请备份账套,文件名为"F 诚信电子公司(客户关系管理)"。

第 9 章 销售管理

9.1 系统概述

销售管理是对企业与客户之间的销售交易进行管理的过程。当企业与客户达成销售协议之后，就会通过销售合同或者销售订单来驱动企业内部的生产、采购、发货等业务的开展。当销售订单完成出库发货后，实际的物流过程就结束，而同时应收账款就会驱动资金流开始。企业与供应商在应收账款到期后，进行对账，并收取应收账款。

销售管理系统是借助信息化的手段，通过各种销售业务单据的处理，配合仓存系统、应收款管理系统，对销售合同的签订、销售商品的出库、销售发票的管理、货款的收取等销售全过程进行有效的控制和跟踪，通过客户管理、价格管理、信用管理等实现完善的企业存货销售管理。

9.1.1 销售管理业务的处理流程

一个完整的销售业务流程通常包括以下 7 个环节。

销售报价→签订合约→组织生产(或采购)→产品检验入库(或外购入库)→仓库发货→财务记账→收取应收账款

(1) 销售报价：在企业与客户达成正式交易前，会先进行销售报价，以便客户进行筛选。在客户关系管理系统中已经介绍过销售报价，可参考相应的章节。

(2) 签订合约：企业与客户签订销售合同，该业务在销售系统完成。

(3) 组织生产(或采购)：其中生产在生产管理系统完成，采购在采购系统完成。

(4) 产品检验：当产品生产完成后，需要进行质量检验。质检业务在质量管理系统完成，产品合格后，才会入库。产品入库在仓存系统完成。

(5) 仓库发货：发货前，有可能还会有质检。该检验业务在质量管理系统完成。销售出库在销售系统完成，也可以在仓存管理系统完成。

(6) 财务记账：在财务记账业务中，发票和出库单的钩稽核对在销售系统完成，登记应收账款信息在应收系统完成，销售出库商品的成本核算及凭证处理在存货核算系统完成。

(7) 收取应收款：当收到货款之后，由出纳在应收系统完成。

销售业务的完成涉及多个信息系统，下面先介绍在销售管理系统中处理的业务部分，如图 9-1 所示。

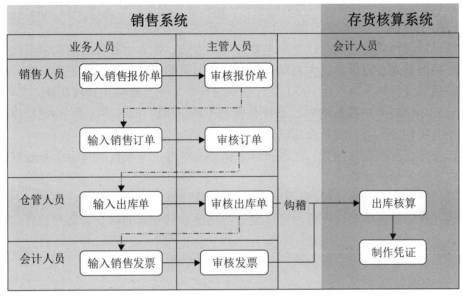

图 9-1 销售系统业务处理流程

与采购系统相类似，销售系统最关键的操作也是单据输入、单据审核及钩稽。

9.1.2 重点功能概述

虽然销售系统关键的操作是单据输入、审核及钩稽，但只能满足日常核算的需要，要真正管理好销售业务，还需更多的高端管理功能。金蝶 K/3 销售系统提供的重点管理功能包括以下三个方面。

(1) 销售价格管理

销售价格管理是企业重要的销售政策之一，灵活的价格调整体系可以满足快速多变的市场需求，严密的价格控制手段可以保证企业销售政策的有效执行。K/3 供应链的销售价格管理给用户提供了一个有效的工具。

销售价格管理的应用主要体现在以下五个方面：

第一，如果启用了销售价格管理，销售类单据新增时，商品的销售单价可以自动从系统设定的价格政策中提取，避免了人为操纵销售单价的风险。

第二，如果单据中商品的销售价格低于价格政策中设定的最低销售价，系统就会进行报警提示。

第三，如果参数中设置"销售订单保存时自动更新销售价格"，则新增销售订单时，系统会根据单据中客户、存货等信息，匹配销售价格的报价和折扣率，自动更新价格政策中原有的销售报价。这样，有效地保证了价格政策的实时性。

第四，在销售类单据界面，可以查询到以往销售的历史价格，有助于销售人员判断销售的商品价钱是否合理。

第五，可以进行可销物料的控制。即可以设定某些商品只能对某些指定的客户销售。

(2) 信用管理

赊销目前已经成为各行业市场中主要的交易方式。作为一种有效的竞争手段和促销手段，赊销能够为企业带来巨大利润。同时，伴随着赊销产生的商业信用风险，对这种风险的管理就变得越来越重要。K/3供应链系统提供了完善的信用管理功能，具体包括：

第一，在销售类单据新增时，系统会针对不同信用对象(客户、职员)进行信用的控制。如控制客户的信用额度是否超过规定标准等。

第二，进行应收账款预警。体现在登录销售系统时，系统自动列示所有超过信用期限的未收货款的销售发票。

第三，根据客户的付款时间，自动计算客户可以享受的现金折扣。

第四，在销售类单据输入时，可以通过快捷键Shift+F8随时查询客户的资信状况，以事先规避坏账可能发生的风险。

第五，提供各种信用报表查询，从中进行总结以咨决策。

(3) 经销商门户

随着互联网技术的发展，企业与客户在供应链协作方面的需求越来越强烈。借助经销商门户，可以将企业的主要产品发布在网上，便于客户及时了解企业的新产品和最新政策动向，开展相应的在线订货业务。同时，企业和客户之间的往来对账、信用额度查询等都可以在网上及时获知。

如果企业面对的是渠道商，渠道商还可以借助经销商门户进行商机报备，避免不同渠道伙伴之间的商机冲突。在渠道销售中最典型的串货问题，也可以借助经销商门户进行管理。

9.1.3 与其他系统的关系

销售系统与其他系统的关系如图9-2所示。

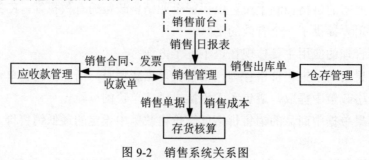

图9-2 销售系统关系图

(1) 销售前台的销售日报表、销售单等可以及时传递到销售管理系统,进行各种销售数据的实时分析(虚线模块在本书中不作介绍)。

(2) 销售系统中的销售发票可以直接传递到应收系统作为确认应收的依据,应收类型的销售费用发票在保存时传递到应收系统转换为其他应收单。

(3) 销售系统的销售出库单也是仓存系统中的一种重要库存交易单据,它会更新相应仓库的即时库存。

(4) 当销售发票和销售出库单钩稽(即互相核对)后,即可以在存货核算系统进行销售出库成本的核算处理,计算出的销售成本可以反填到销售出库单中进行会计凭证的处理。

此外,销售订单是计划系统的主要需求来源之一。销售订单可以作为 MPS 和 MRP 计算的输入;生产任务单和委外加工生产任务单可以根据销售订单生成,处理以销定产的业务;采购系统可以根据销售订单生成采购订单从而处理以销定购的业务。

9.2 实验练习

实验一 销售价格管理

在进行销售日常业务操作之前,先要进行销售价格政策的设置。销售价格管理是为了响应销售价格随实际情况实时变化的需要,同时,也是为了满足最低销售限价的控制,从而使企业的销售收入最大化。

↗ **应用场景**
对销售的价格进行控制指导。

↗ **实验步骤**
- 价格参数的设置。
- 销售价格的设置。
- 销售限价的设置。

↗ **操作部门及人员**
诚信电子公司所有的销售资料、销售单据的录入由销售员李强负责。

↗ **实验前准备**
直接采用前述完成采购业务操作的账套或恢复前述备份账套"F 诚信电子公司(客户关系管理)"。

↗ **实验数据**

(1) 价格参数如表 9-1 所示。

表 9-1 价 格 参 数

修改控制	密码控制,密码为 123
价格取数	客户+物料
折扣取数	客户+物料
限价控制	密码控制,密码为 123
应用场景	销售订单
其 他	采用系统默认值,不作更改

(2) 价格政策如表 9-2 所示。

表 9-2 价 格 政 策

代 码	物料名称	销 货 量	报 价	最低限价
01.01	数码相机	1～50	1 500	1 300
01.01	数码相机	51～10 000	1 400	1 300
01.02	MP3	1～100	200	150
01.02	MP3	101～10 000	180	150
01.03	优盘	0～0	210	200
01.04	移动存储器	0～0	800	600

编号:001。价格政策名称:2015 年销售价格(生效日期:2015-01-01),适合所有客户。

所有产品都实行最低价格控制。

本实验中暂不提供折扣政策的数据(折扣政策的操作与销售价格政策的设置类似,可以参考)。

↗ **操作指导**

1. 设置价格参数

以销售员李强的身份登录金蝶 K/3 主控台,执行【供应链】—【销售管理】—【价格管理】—【价格参数设置】命令,打开【价格管理选项】对话框,如图 9-3 和图 9-4 所示,按照提供的实验数据正确输入。

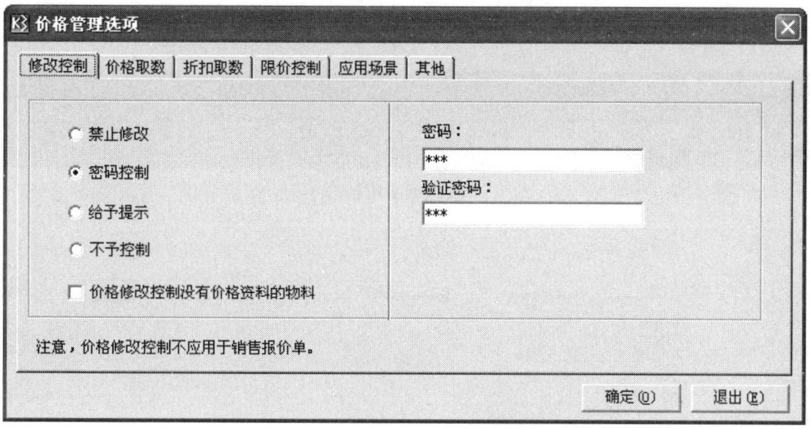

第 9 章 销售管理

图 9-3 价格参数——修改控制设置

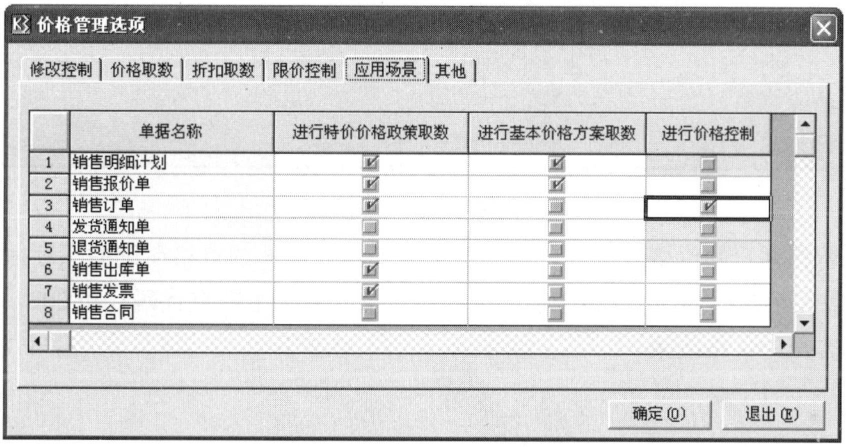

图 9-4 价格参数——应用场景设置

2. 设置销售价格

执行【供应链】—【销售管理】—【价格管理】—【价格政策维护】命令，弹出【过滤】窗口，单击【确定】按钮，进入【价格方案】窗口。

单击【新增】按钮，进入【价格方案维护】窗口。按照实验数据，先填写方案头部内容：价格政策编号为"001"，价格政策名称为"2015年销售价格"，如图9-5所示，然后单击【保存】按钮。

图 9-5 价格方案头的参数设置

选择客户"001 香港中环公司"，单击【新增】按钮，进入【价格明细维护-新增】对话框，按照提供的实验数据正确输入，如图9-6所示。先不设置最低限价，下一小节将介绍。设置完毕，单击【保存】按钮。

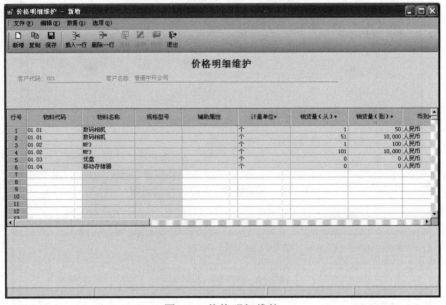

图 9-6　价格明细维护

因为所有客户的价格政策都一样，故可以在录完上面的价格明细并保存后，在【价格明细维护-新增】窗口中单击【复制】按钮，录入另一个客户代码，如 002，从而快速设置其他客户的价格政策。

① 设置每个客户的销售价格政策前，需要先保存价格政策方案。
② 如果销售报价没有数量段的差别，则可以默认为 0，不用修改。
③ 价格类型选择为空，如果选择零售价，则仅对 POS 系统有效，销售管理系统的单据无效。

3. 设置销售最低限价

在【价格方案维护】窗口，选择客户"001 香港中环公司"，单击【价控】按钮，按照提供的实验数据正确输入。在录入时，注意选择限价应用范围为【所有类别】，如图 9-7 所示，这样就可以将售价限制适用于所有的客户。

图 9-7　最低售价录入

销售最低限价是指在企业销售货物、制定价格政策时所设置的价格底线，如果低于该价格，企业将出现亏损，不能保证基本的销售目的。销售最低限价可以看作是企业销售的盈亏平衡点，销售最低限价的设置有效地保证了企业生产经营目标的实现，体现了金蝶 K/3 的企业经营管理思想。

实验二　信用管理

信用管理的目的是为了在不影响销售的前提下，最大限度地减少企业应收账款发生坏账的风险。

⤻ 应用场景

用于对往来账款进行控制，减少坏账发生。

⤻ 实验步骤

- 相关基础资料的设置。
- 信用额度的设置。
- 信用额度的应用。

⤻ 操作部门及人员

在诚信电子公司，信用管理由往来账会计马秀伟负责。

⤻ 实验前准备

直接采用前述操作账套。

⤻ 实验数据

香港中环的信用等级是 A 级，信用额度是人民币 100 000 元；浦东金茂的信用等级是 A 级，信用额度是人民币 30 000 元；北方高科的信用等级是 B 级，信用额度是人民币 10 000 元。对这些公司都不进行信用数量、信用期限的管理。

↗ 操作指导

1. 相关基础资料的设置

往来账会计马秀伟登录金蝶 K/3 主控台，执行【系统设置】—【基础资料】—【公共资料】—【客户】命令，打开【基础平台-[客户]】对话框。选择需要进行信用管理的客户，单击【属性】，打开【客户-修改】对话框，如图 9-8 所示。在客户的属性设置中，选择需要进行信用管理，单击【保存】按钮。将实验数据的三家公司都设置为需要进行信用管理。

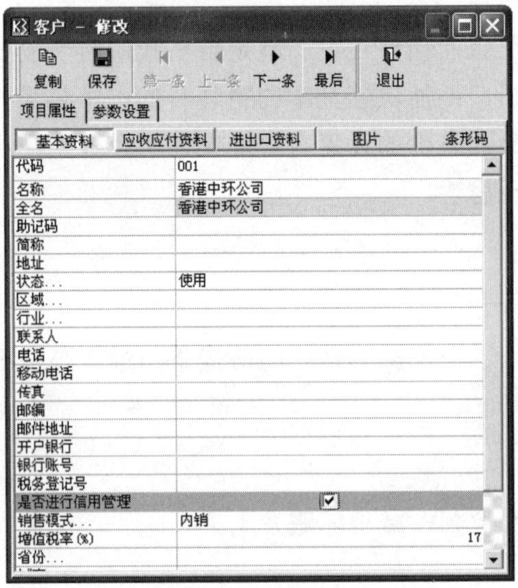

图 9-8 客户信用管理属性设置

2. 信用额度的设置

执行【供应链】—【销售管理】—【信用管理】—【信用管理维护】命令，打开【系统基本资料(信用管理)】对话框，如图 9-9 所示。选择客户"001 香港中环公司"，可以看到，香港中环已有应收款余额 1 000 元，这是应收系统初始化时输入的数据。销售和应收系统的数据互相共享，保证了信用管理的正常使用。先单击【启用】，启用信用额度管理。再单击【管理】，按照提供的实验数据设置每一个客户的信用额度。

注意

① 信用额度，即能够允许当前客户的最大欠款金额。当签订销售订单时，如果超过了规定的信用额度就进行信用控制。
② 信用数量，即当前客户针对每个物料所能赊销购进的最大数量。
③ 信用期限，即企业允许客户从购货到付款之间的时间。一般情况下，为了销售的需要，允许客户有一个付款期限，即为信用期限。

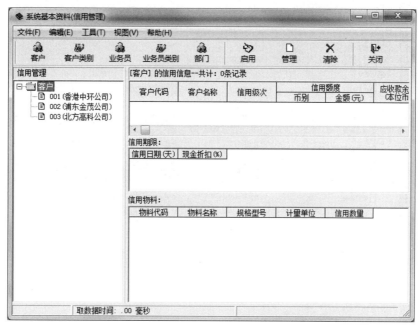

图 9-9　客户信用管理设置

3. 信用参数的设置

返回到上述信用管理的主界面，选择菜单【工具】—【选项】，设置信用参数。如图 9-10 所示，设置信用管理对象为【客户】，信用控制强度为【取消交易】，信用管理选项：不选。

图 9-10　信用控制参数设置

选择菜单【工具】—【公式】，还可以设置信用的计算公式。如图 9-11 所示，设置信用控制单据为【销售订单】，设置控制时点为【保存单据】。

勾选【信用额度】选项，信用额度为"当前单据金额"+所有选项。

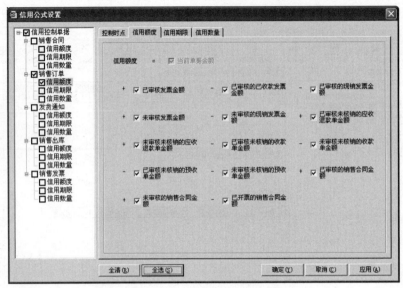

图 9-11　信用控制公式设置

4. 信用额度的应用

新增一张销售订单，如 2015-02-01，销售给香港中环公司 100 台数码相机，保存时系统会提示超出信用额度，不能保存，如图 9-12 所示。

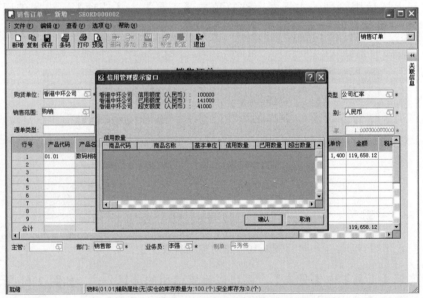

图 9-12　编制销售订单时的信用额度控制

↗ **输出表单**

执行【供应链】—【销售管理】—【报表分析】—【信用额度分析】命令，可以掌握每一个客户的信用额度、已经使用的信用额度，以及还能使用多少信用额度。

实验三　销售业务流程定义

↗ 应用场景
企业在开展销售管理业务时，必须先定义销售业务流程。

↗ 实验步骤
定义销售业务流程。

↗ 操作部门及人员
由诚信电子公司的销售经理王池定义业务流程。

↗ 实验前准备
直接采用前述操作账套。

↗ 实验数据
正常销售流程包括：销售报价→签订销售订单→仓库发货→财务记账 4 个环节，销售报价单可以根据价格政策自动生成，其他环节单据都根据上一个环节单据关联生成。具体为：

(1) 销售订单中的源单单据是销售报价单，并且是必选。

(2) 销售出库单中的源单单据是销售订单，仅是蓝字必选。

(3) 销售发票(专用)中的源单单据是销售出库单，仅是蓝字必选。

↗ 操作指导
以销售经理王池的身份登录 K/3 主控台，执行【系统设置】－【系统设置】－【销售管理】－【业务流程设计】命令，弹出如图 9-13 所示的界面，在该界面中按照提供的实验数据，定义销售业务流程。

图 9-13　定义销售业务流程

实验四　销售报价

↗ 应用场景
如果客户咨询产品的价格时，一般提供销售报价单给客户。销售报价单是销售部门根据企业销售政策、价格资料等，向客户提出的产品标准价格，销售报价单是与客户签订销售合同的基准。

➚ **实验步骤**
- 销售报价单的输入。
- 销售报价单的审核。

➚ **操作部门及人员**

在诚信电子公司，所有的销售资料、销售单据的录入由销售员李强负责，所有销售类资料及单据的审核由销售部经理王池负责。

➚ **实验前准备**

直接采用前述操作账套。

➚ **实验数据**

2015年2月10日，香港中环提出拟订购MP3、数码相机等产品各100个，请求诚信电子公司先给出相关报价。

➚ **操作指导**

1. 输入销售报价单

将系统日期调整为2015-02-10。

销售员李强登录金蝶K/3主控台，执行【供应链】—【销售管理】—【销售报价】—【销售报价单-新增】命令，打开【销售报价单-新增】窗口。先输入购货单位"香港中环"，再打开【数据】菜单，选择【价格资料查询】选项，双击选择MP3、数码相机产品，系统自动引入价格政策，输入数量后，系统根据设置的价格政策生成销售报价单，如图9-14所示。

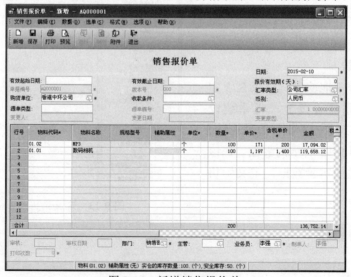

图9-14 新增销售报价单

2. 销售报价单审核授权

要审核报价单，必须对销售部经理进行授权。

以 administrator 身份登录金蝶 K/3 主控台，执行【系统设置】－【系统设置】－【销售管理】－【审批流管理】命令，弹出如图 9-15 所示的窗口，选择销售报价单，再选择【用户设置】页签，找到王池，单击向右的箭头，将"王池"加入用户名中。

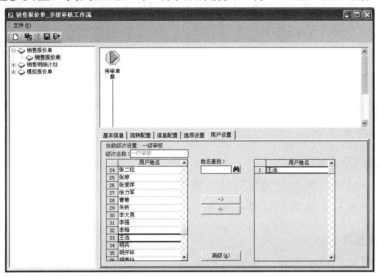

图 9-15　定义销售业务流程

3．审核销售报价单

销售部经理王池登录金蝶 K/3 主控台，审核李强提交的销售报价单。执行【供应链】－【销售管理】－【销售报价】－【销售报价单-维护】命令，弹出【条件过滤】窗口，单击【确定】按钮，进入【报价单序时簿】窗口，逐条审核李强输入的销售报价单。若数据无误，单击【审核】按钮，完成操作，如图 9-16 所示。

图 9-16　审核销售报价单

实验五 签订销售订单

↗ 应用场景

经过多轮的商务谈判，如果达成协议，此时即要签订销售合约，也即通常销售业务中的销售合同或销售订单。对于中小型企业，一般直接采用销售订单。销售订单是仓库发货的依据。

↗ 实验步骤

- 销售订单的输入。
- 销售订单的审核。

↗ 操作部门及人员

在诚信电子公司，所有的销售资料、销售单据的录入由销售员李强负责，所有销售类资料及单据的审核由销售部经理王池负责。

↗ 实验前准备

直接采用前述完成销售报价单输入的账套。

↗ 实验数据

根据几轮的商务谈判，香港中环决定按照诚信电子公司提供的销售报价采购 100 个 MP3，要求在 2015 年 2 月 15 日前交货；并于 2015 年 2 月 10 日正式签订协议，结算日期双方约定为 2015 年 2 月 20 日。

↗ 操作指导

1. 输入销售订单

将系统日期调整为 2015-02-10。

李强登录金蝶 K/3 主控台，执行【供应链】－【销售管理】－【销售订单】－【销售订单-新增】命令，打开【销售订单-新增】窗口。选择源单类型为"销售报价单"，在选单号处，单击 F7 键进入【销售报价单序时簿】窗口进行选单，选择 MP3 的记录，单击【返回】按钮。系统自动携带选中的记录，按照提供的实验数据进行修改，如图 9-17 所示。

注意

销售类单据中一般部门为销售部，业务员是李强，下面的单据录入参照此信息。

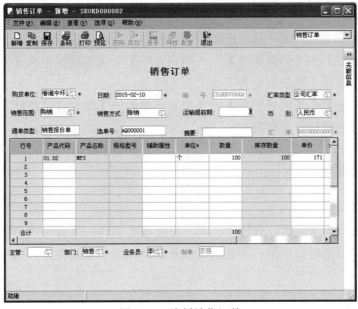

图 9-17 编制销售订单

2. 审核销售订单

王池登录金蝶 K/3 主控台，执行【供应链】-【销售管理】-【销售订单】-【销售订单-维护】命令，弹出【条件过滤】对话框。单击【确定】按钮，进入【销售订单序时簿】窗口，逐条审核李强输入的销售订单，如图 9-18 所示，若数据无误，单击【审核】按钮，完成操作。

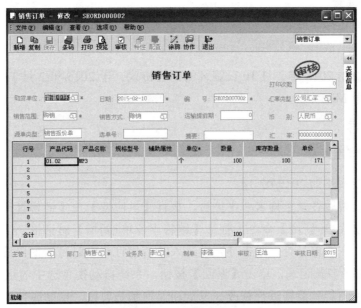

图 9-18 审核销售订单

↗ **输出表单**

销售是企业至关重要的环节,由此系统提供的各种报表也较为丰富。

执行【供应链】—【销售管理】—【销售订单】—【销售订单执行情况明细表】命令,可以随时获悉每一笔销售业务所处的业务环节。

执行【供应链】—【销售管理】—【销售订单】—【销售订单统计表】命令,可以了解每一种产品的销售订货情况。

实验六 仓库发货

↗ **应用场景**

当客户订单交期来临时,仓库管理人员需要根据销售人员提供的单据进行发货,待实际出库后,填制销售出库单。销售出库单是商品出库的业务凭据,也是客户据以提货的凭据。

↗ **实验步骤**

- 销售出库单的输入。
- 销售出库单的审核。

↗ **操作部门及人员**

产品的销售出库由仓库管理员曹敏负责,进出库业务单据的审核由仓储部经理赵力负责。

↗ **实验前准备**

直接采用前述操作账套。

↗ **实验数据**

仓管人员根据 2015 年 2 月 10 日签订的销售协议,于 2015 年 2 月 14 日向香港中环公司发出 100 个 MP3。

↗ **操作指导**

1. 输入销售出库单

将系统日期调整为 2015-02-14。

仓库管理员曹敏登录金蝶 K/3 主控台,执行【供应链】—【销售管理】—【销售出库】—【销售出库单-新增】命令,打开【销售出库单-新增】对话框。选择源单类型为"销售订单",在选单号处,单击 F7 键进入【销售订单序时簿】窗口进行选单。可以通过 Shift 键选择多条记录,单击【返回】按钮,系统自动携带选中的记录,如图 9-19 所示,按照提供的实验数据进行修改。发货和保管都是曹敏。辅助属性为"黑色"。

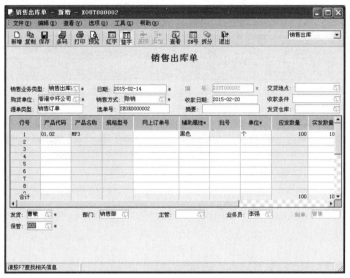

图 9-19 编制销售出库单

2. 审核销售出库单

以仓储部经理赵力的身份登录金蝶 K/3 主控台，执行【供应链】—【销售管理】—【销售出库】—【销售出库单-维护】命令，弹出【条件过滤】对话框。单击【确定】按钮，进入【销售出库序时簿】窗口，逐条审核曹敏输入的销售出库单，若数据无误，单击【审核】按钮，完成操作，如图 9-20 所示。

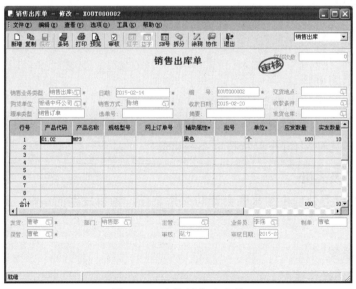

图 9-20 审核销售出库单

↗ **输出表单**

执行【供应链】—【销售管理】—【销售出库】—【销售出库明细表】命令，进入

图 9-21 所示的窗口，可以随时了解对应每一个客户的发货记录。

图 9-21　查询每个客户的销售出库明细

实验七　财务记账

↗ 应用场景

销售出库后，企业需要开给客户相关的出货证明，上面记载货物名称、单价、数量、总价、税额等资料，据以收取货款。

↗ 实验步骤

- 销售发票的输入。
- 销售发票的审核。
- 销售发票和销售出库单的钩稽。
- 销售成本核算(在存货核算系统讲解)。
- 销售业务凭证制作(在存货核算系统讲解)。

↗ 操作部门及人员

销售发票的财务处理由往来账会计马秀伟兼任，销售发票的审核、钩稽由财务部经理许静负责。

↗ 实验前准备

直接采用前述操作账套。

↗ 实验数据

2015 年 2 月 15 日，仓库发货后，财务部开出增值税发票给香港中环公司，包括 2015 年 1 月发出的优盘一起合并开票。

➤ 操作指导

1. 输入销售发票

将系统日期调整为 2015 年 2 月 15 日。

往来账会计马秀伟登录金蝶 K/3 主控台，执行【供应链】－【销售管理】－【销售发票】－【销售发票-新增】命令，打开【销售发票(专用)-新增】窗口。选择源单类型为"销售出库单"，在选单号处，单击 F7 键进入【销售出库序时簿】窗口进行选单。可以通过 Shift 键选择多条记录，单击【返回】按钮，系统自动携带选中的记录，按照提供的实验数据进行修改，输入往来科目：1122－应收账款，如图 9-22 所示。

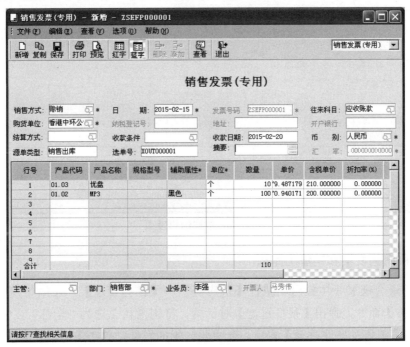

图 9-22 编制销售发票

注意

由于销售方式是赊销，必须输入往来科目：1122－应收账款。

2. 审核采购发票

财务部经理许静登录金蝶 K/3 主控台，执行【供应链】－【销售管理】－【销售发票】－【销售发票-维护】命令，弹出【条件过滤】对话框。将钩稽状态选为"全部"，然后单击【确定】按钮,进入【销售发票序时簿】窗口。逐条审核往来账会计马秀伟输入的销售发票,若数据无误,单击【审核】按钮,完成操作,如图 9-23 所示。

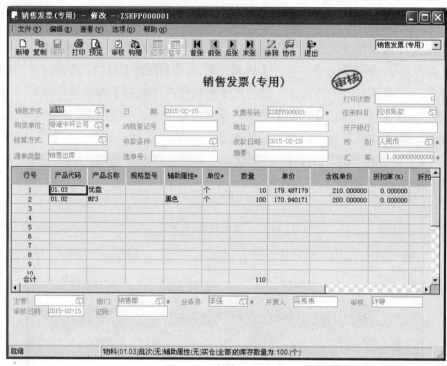

图 9-23　审核销售发票

3. 钩稽销售发票和销售出库单

许静登录金蝶 K/3 主控台,执行【供应链】—【销售管理】—【销售发票】—【销售发票-维护】命令,弹出【条件过滤】对话框。将钩稽状态选为"全部",单击【确定】按钮,进入【销售发票序时簿】窗口。选中要钩稽的发票,单击【钩稽】按钮,打开【销售发票钩稽】对话框,如图 9-24 所示。选择(可以通过 Shift 或 Ctrl 键选择多条记录)本次参与钩稽的销售发票、费用发票和对应的销售出库单,输入本次的钩稽数量,单击【钩稽】按钮,完成操作。

↗ 输出表单

执行【供应链】—【销售管理】—【销售发票】—【客户单位销售情况明细表】命令,可以查看销售给每一个客户的销售商品的品种、数量及金额。

执行【供应链】—【销售管理】—【销售发票】—【销售收入统计表】命令,进入图 9-25 所示的窗口,可以查看每一种商品的销售数量、销售金额及应交增值税情况。

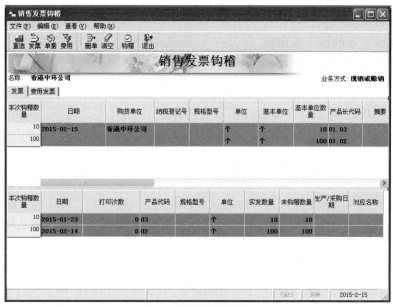

图 9-24　钩稽销售发票

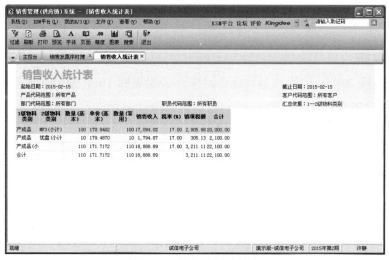

图 9-25　销售收入统计表

执行【供应链】—【销售管理】—【报表分析】—【销售毛利润表】命令，可以查看每一种商品的销售数量、销售金额、发出数量、发出商品的成本及销售的毛利。

实验八　销售退货

↗ 应用场景

处理销售业务过程中经常发生的退货业务。

↗ 实验步骤

- 销售退货单的输入及审核。
- 红字发票的输入及审核。
- 红字发票与销售退货单的钩稽。
- 销售退货成本核算(在存货核算系统讲解)。
- 销售退货业务凭证制作(在存货核算系统讲解)。
- 退货款的支付(在应收系统讲解)。

↗ 操作部门及人员

- 商品的退回由仓库管理员曹敏负责,进出库业务单据的审核由仓储部经理赵力负责。
- 红字发票的处理由往来账会计马秀伟负责,发票的审核由财务部经理许静负责。
- 发票的钩稽由往来账会计马秀伟负责。

↗ 实验前准备

直接采用前述操作账套。

↗ 实验数据

2015年2月20日,因为质量问题香港中环公司退回10个MP3,财务于收到退回货物当日开出红字发票。

↗ 操作指导

1. 输入销售退货单及审核

将系统日期调整为2015年2月20日。

在系统中,通过红字销售出库单来表示销售退货。

仓库管理员曹敏登录金蝶K/3主控台,执行【供应链】-【销售管理】-【销售出库】-【销售出库单-新增】命令,打开【销售出库单-新增】窗口。单击【红字】,按照提供的实验数据进行输入,辅助属性为"黑色",如图9-26所示。

仓储部经理赵力登录K/3主控台,执行【供应链】-【销售管理】-【销售出库】-【销售出库单-维护】命令,在打开的【条件过滤】窗口,选择红蓝标志为"红字",单击【确认】按钮,进入销售出库单序时簿,审核曹敏输入的红字销售出库单。

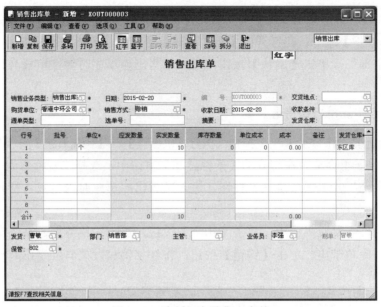

图 9-26 编制红字销售出库单

2．输入红字发票及审核

往来账会计马秀伟登录金蝶 K/3 主控台，执行【供应链】－【销售管理】－【销售发票】－【销售发票-新增】命令，打开【销售发票(专用)-新增】窗口，单击【红字】，按照提供的实验数据进行输入，如图 9-27 所示。注意录入往来科目"1122－应收账款"。

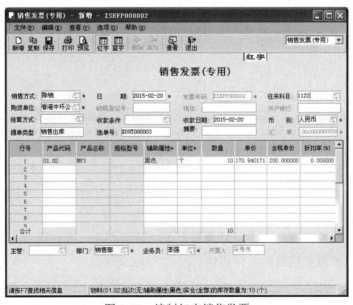

图 9-27 编制红字销售发票

财务部经理许静登录 K/3 主控台，执行【供应链】—【销售管理】—【销售发票】—【销售发票-维护】命令，在打开的【条件过滤】窗口中，选择红蓝标志为"红字"，钩稽状态为"全部"，单击【确认】按钮，进入销售出库单序时簿，审核马秀伟输入的红字发票。

3. 钩稽红字发票与销售退货单

往来账会计马秀伟登录 K/3 主控台，执行【供应链】—【销售管理】—【销售发票】—【销售发票-维护】命令，在打开的【条件过滤】窗口中，选择红蓝标志为"红字"，钩稽状态为"全部"，单击【确认】按钮，进入销售出库单序时簿，双击打开刚审核的红字发票。

在打开的红字发票界面中，单击【钩稽】按钮，进入钩稽界面。系统自动将发票所对应的销售出库单带出。单击【钩稽】按钮，将红字销售发票与红字出库单钩稽，如图 9-28 所示。

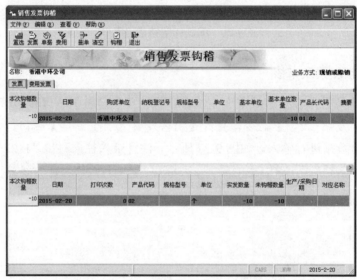

图 9-28 红字发票与红字销售出库单钩稽

实验九 经销商门户—在线订货

↗ 应用场景

客户可以借助经销商门户，及时查看企业的最新产品，并在线订货，实现和企业之间的实时互动，加强供应链的紧密协作。

↗ 实验步骤

- 给销售部成员授权。

- 设置商品分类。
- 建立商品目录，并发布给客户。
- 建立客户用户。
- 客户网上订货。
- 根据网上订单生成销售订单。
- 进行发货处理。
- 进行发货对账、发票对账、收款对账。

操作部门及人员

- 由销售部李强对经销商门户进行维护，并处理客户的网上订单，经理王池进行审核。
- 财务部由马秀伟处理业务，经理许静进行审核。
- 仓库部由曹敏处理业务，经理赵力进行审核。

实验前准备

直接采用前述操作的账套。

实验数据

(1) 商品分类

  分类编号：001　　　　　　分类名：数码相机

(2) 商品目录

  商品代码：01.01　　　商品名称：数码相机　　　商品分类：数码相机

  参考单价：1500　　　发布类型：所有对象　　　币别：人民币

(3) 客户用户

  用户姓名：香港中环公司　　　　　客户类别：客户用户

  对应客户：香港中环公司　认证方式为密码认证，密码123

  权限属性：用户可以进行业务操作　　用户组：users

(4) 香港中环公司的权限

  香港中环公司具有经销商门户管理下的企业公告查看权限，商品目录查看权限，客户查看权限，订货单所有权限，商品分类查看权限，网上退货单所有权限，购物车所有权限，收藏夹所有权限，交货对账所有权限，发票对账所有权限，收款对账所有权限；基础资料_核算项目下物料的查看、详细信息权限，基础资料_币别的查看、详细信息权限，基础资料_计量单位的主要信息、详细信息权限，销售订单执行报表的所有权限。

(5) 订货单

  订货日期：2015-02-01　　　结算币别：人民币

  产品代码：01.01　　　　　单位：个　　　　　数量：30

(6) 销售订单

　　源单类型：订货单　　　购货单位：香港中环公司

　　部门：销售部　　　　　业务员：李强

(7) 销售出库单

　　源单类型：销售订单　　购货单位：香港中环公司

　　发货：曹敏　　保管：曹敏　　批号：20150101　　实发数量：30

(8) 销售发票

　　源单类型：销售出库　　购货单位：香港中环公司

　　往来科目：1122—应收账款

(9) 收款单

　　源单类型：销售发票　　购货单位：香港中环公司

↗ 操作指导

1. 给销售成员授权

经销商门户的设置需要权限，先给销售部的李强、王池授权。

打开金蝶的账套管理主界面，选择"诚信电子公司"的账套，单击【用户】按钮，进入用户管理主界面。选择用户"李强"，单击【功能权限管理】按钮，勾选【经销商门户管理】的权限，然后单击【授权】按钮。以同样的方式，选择用户"王池"，授予同样的权限。如图 9-29 所示。

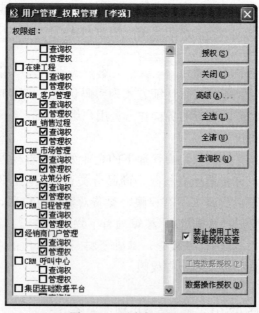

图 9-29　用户权限设置

2. 商品目录建立

将系统日期调整为 2015-02-01。

首先在订货中心建立相应的商品。以销售员李强的身份登录 K/3 主控台，执行【电子商务】－【经销商门户】－【经销商门户】－【经销商门户】，在弹出的 Web 页面中，选择数据源"诚信电子公司"，选择子系统"经销商门户"，再以李强的身份登录。执行【功能导航】－【经销商门户】－【订货中心】－【商品分类】命令，打开商品分类页面，单击【新增】图标，按照实验数据输入商品分类，如图 9-30 所示。

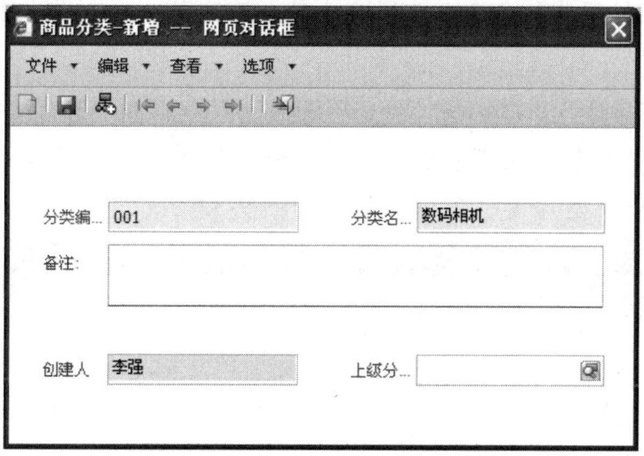

图 9-30 商品分类

执行【订货中心】－【商品目录】命令，进入商品目录的序时簿，单击【新增】按钮，按照实验数据录入商品的信息，然后单击【保存】按钮，如图 9-31 所示。

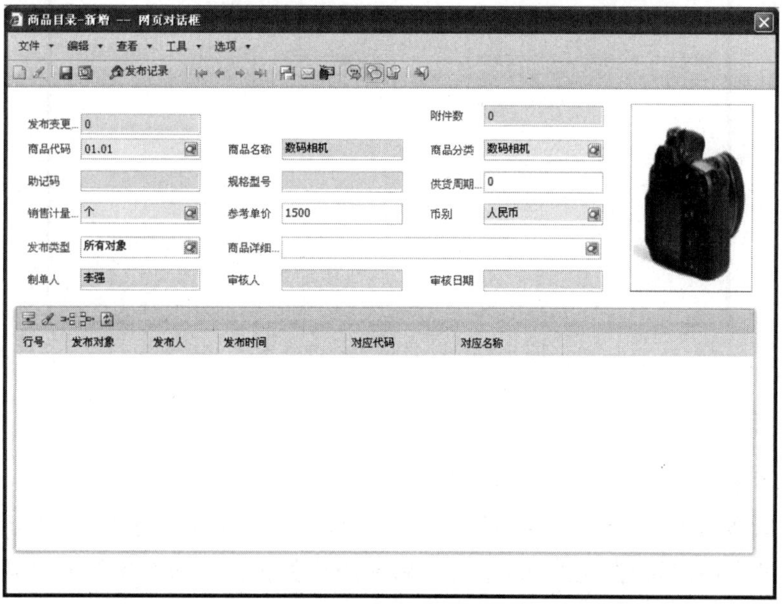

图 9-31 商品目录

选择菜单【编辑】—【启动多级审核】，由销售部经理王池对该信息进行审核。

以 administrator 的身份登录金蝶 K/3 主控台，执行【系统设置】—【系统设置】—【经销商门户】—【审批流管理】命令，进入之后，选择【商品目录】—【商品目录】，单击流程中的【一级审核】图标，再单击右面【属性】框中"审核权限"后的【…】按钮，授予审核的权限。以同样的方式，将订货单、网上退货单、串货投诉等信息也设置为王池具有审核权限。

以销售部经理王池的身份登录经销商门户系统的 K/3 Web 页面，执行【经销商门户】—【订货中心】—【商品目录】命令，选择刚才录入的信息，单击 图标，录入审核意见，完成审核。

以业务员李强的身份登录经销商门户系统的 K/3 Web 页面，执行【经销商门户】—【订货中心】—【商品目录】，选择刚才审核后的商品目录信息，选择 图标，在弹出的对话框中，选择发布类型为【所有对象】。如图 9-32 所示。

图 9-32　发布商品目录给客户

3. 订货单

香港中环公司将采用经销商门户来下订单。

首先建立客户用户。在 K/3 账套管理主界面，选择"诚信电子公司"账套，单击【用户】按钮，进入用户管理界面。再单击【新建用户】按钮，按照实验数据建立用户"香港中环公司"，如图 9-33 所示。

图 9-33 建立客户用户

然后给香港中环公司的账户授权。在用户管理主界面,选择"香港中环公司",单击【功能权限管理】按钮,在用户权限界面,单击【高级】按钮,按照实验数据给香港中环公司授权。如图 9-34 所示。

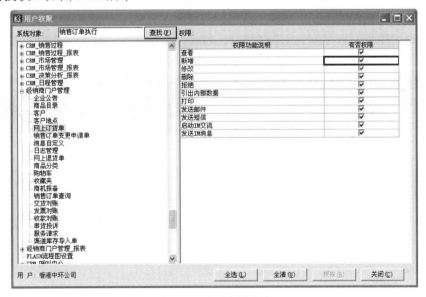

图 9-34 客户用户授权

以香港中环公司的身份登录经销商门户系统的 K/3 Web 页面,执行【经销商门户】-【订货中心】-【商品目录(客户)】,可以查看企业发布的商品目录。如图 9-35 所示。

图 9-35　查看商品目录

执行【订单管理】—【订货单】命令，在页面下部的表格部分，单击【新增行】按钮，按照实验数据输入订单，如图 9-36 所示。最后单击【保存】按钮。

以业务员李强的身份登录系统，执行【经销商门户】—【订单管理】—【订货单查询】命令，查看香港中环公司录入的订单。然后选择菜单【编辑】—【启动多级审核】，启动该订单的审核流程。

图 9-36　填写订货单

以销售经理王池的身份登录系统，执行【经销商门户】—【订单管理】—【订货查询】命令，查看香港中环公司录入的订单。然后选择菜单【编辑】—【多级审核】，审核订单。

4. 销售订单处理

以业务员李强的身份登录 K/3 主控台，执行【供应链】—【销售管理】—【销售订单】—【销售订单-新增】命令。选择源单类型为订货单，光标移动到选单号框中，按 F7 键选择订单，可选择香港中环公司的订货单。如图 9-37 所示，单击【保存】按钮。

图 9-37 产生销售订单

以销售经理王池的身份登录 K/3 主控台，执行【供应链】—【销售管理】—【销售订单】—【销售订单-维护】命令，查看销售订单，单击【审核】按钮，对销售订单进行审核。

> 在实验三中定义了正常情况下的销售业务流程，在本实验中销售订单可来源于经销商门户的订单，因此需要以销售经理王池的身份登录 K/3 主控台，执行【系统设置】—【系统设置】—【销售管理】—【业务流程设计】命令，修改销售订单中的源单单据为销售报价单和订货单。

5. 销售出库

以仓库管理员曹敏登录金蝶 K/3 主控台，执行【供应链】—【销售管理】—【销售出库】—【销售出库单-新增】命令，打开【销售出库单-新增】窗口。按照实验数据录入销售出库单。如图 9-38 所示。

金蝶 K/3 ERP 供应链管理系统实验教程

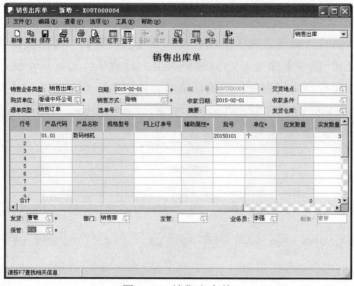

图 9-38 销售出库单

以仓库部经理赵力的身份登录 K/3 主控台，执行【供应链】—【销售管理】—【销售出库】—【销售出库单-维护】命令，打开销售出库单的序时簿，选择过滤条件红蓝字为"蓝字"，对刚才录入的销售出库单进行查看，单击【审核】按钮。

以香港中环公司的身份登录经销商门户系统的 K/3 Web 页面，执行【经销商门户】—【订单管理】—【销售订单执行报表】命令，可以查看到自己所提交的该订货单的执行进展情况。如图 9-39 所示。

图 9-39 销售订单执行报表

5. 往来对账

当货物发放到香港中环公司后,该公司的负责人到经销商门户网站上确认收货信息。

以香港中环公司的身份登录经销商门户系统的 K/3 Web 页面,执行【经销商门户】—【往来对账】—【交货对账】,选择刚收到的数码相机出库信息,单击 图标,进行对账确认。如果确认没有问题,单击 图标接受交货对账。如图 9-40 所示。

图 9-40 交货对账

财务部根据收货的确认信息,编制发票。以财务部马秀伟的身份登录 K/3 主控台,执行【供应链】—【销售管理】—【销售发票】—【销售发票-新增】命令。如图 9-41 所示。

财务部经理许静对销售发票进行审核。以财务部许静的身份登录 K/3 主控台,执行【供应链】—【销售管理】—【销售发票】—【销售发票-维护】命令。过滤条件红蓝标志选【蓝字】。选择刚才编制的销售发票,检查之后,单击【审核】按钮进行审核。

发票寄给香港中环公司之后,香港中环公司进行对账确认。以香港中环公司的身份登录经销商门户系统的 K/3 Web 页面,执行【经销商门户】—【往来对账】—【发票对账】命令,勾选刚才生成的发票信息,单击 图标进行对账确认,仔细查看相关的信息,确认无误之后,单击 图标接受对账,发票对账完成。如图 9-42 所示。

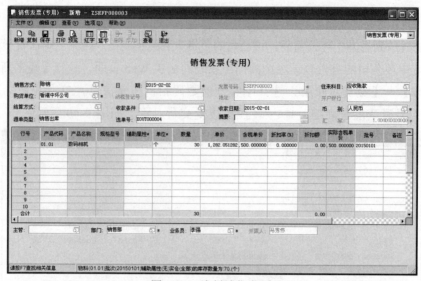

图 9-41　编制销售发票

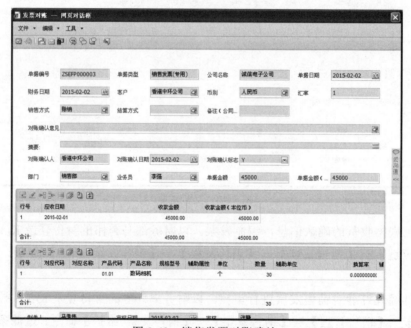

图 9-42　销售发票对账确认

2015 年 2 月 28 日，香港中环公司将发票上各对应的款项打到诚信公司账户上。诚信公司确认收款信息，双方进行对账确认。

将系统时间调整为 2015-02-28。

以财务部马秀伟的身份登录 K/3 主控台，执行【财务会计】—【应收账款管理】—【收款】—【收款单-新增】命令，按照实验数据输入收款单的信息。如图 9-43 所示。

第9章 销售管理

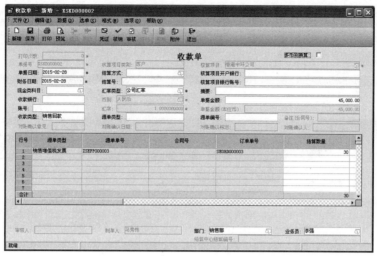

图 9-43 编制收款单

以财务部经理许静的身份登录 K/3 主控台，执行【财务会计】－【应收账款管理】－【收款】－【收款单-维护】命令，查看刚录入的收款单信息，仔细核对后，确认无误，单击【审核】按钮。

香港中环公司可以在网上查看收款的状况，进行收款确认。

以香港中环公司的身份登录经销商门户系统的 K/3 Web 页面，执行【经销商门户】－【往来对账】－【收款对账】命令，勾选刚才收款单信息，单击 图标进行对账确认，仔细查看相关的信息，确认无误之后，单击 图标接受对账，收款对账完成。如图 9-44 所示。

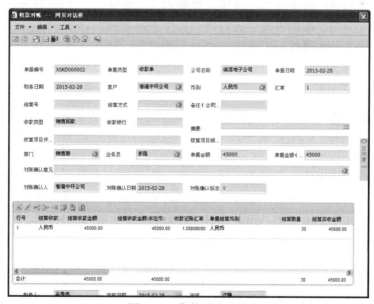

图 9-44 收款对账确认

263

香港中环公司可以查看到订单的执行状态和结果。执行【经销商门户】—【订单管理】—【销售订单执行报表】命令，可查看到该订单已经全部执行完毕，所有订货、发货、开票、收款等工作均完成。如图9-45所示。

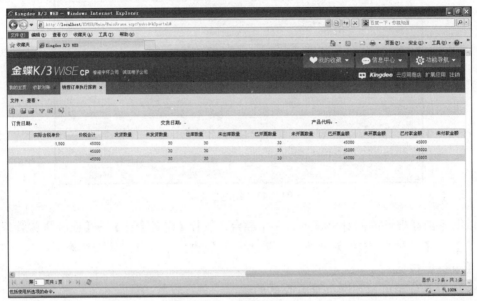

图9-45 订单执行进展查询

经销商门户还有很多功能，此处就不再一一详述。读者可自行练习企业公告、购物车、收藏夹、网上退货、渠道管理等功能，基本操作方式和上述案例类似。

上述实验做完后，备份账套，备份文件名为"F诚信电子公司(销售管理)"。

除了前述介绍的普通销售业务流程外，由于发出货物的时间和进行财务处理的先后不同会产生其他各种应用流程。下面再列举其他几类，请注意其中的细微差别。以下流程由大家自己练习。

实验十　直运销售

↗ 应用场景

不涉及商品的进出库，通过转手获取价差。在该种方式下，企业接到销售订单后再向供应商订购商品。这种方式能够减少企业的库存资金占用，货物直接由供应商处发往客户处，也可以减少运输成本，但缺点是无法监控货物的质量和数量，容易引起纠纷。此种方式适合有长期合作关系的客户和供应商。

↗ 应用流程

该实验练习的应用流程如图9-46所示。

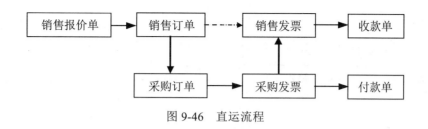

图 9-46 直运流程

> **实验步骤**

- 销售报价单的输入及审核。
- 销售订单的输入及审核。
- 采购订单的输入及审核。
- 采购发票的输入及审核。
- 销售发票的输入及审核。
- 收款单的输入及审核(应收系统处理)。
- 付款单的输入及审核(应付系统处理)。
- 收款单和销售发票的核销(应收系统处理)。
- 付款单和采购发票的核销(应付系统处理)。

> **操作部门及人员**

涉及采购、销售、财务多个环节,大家按各自的角色进行操作。

> **实验前准备**

直接采用前述操作的账套。

> **实验数据**

2015年2月28日,香港中环公司要求订购100个数码相机,销售价为1880元,销售员李强当日即委托佛山通讯直接向香港中环公司发货,月末进行财务结算,并收取或支付货款。

> **操作指导**

参考前述所有单据的操作讲解完成。

实验十一 委托代销

> **应用场景**

委托代销流程和普通销售业务流程类似,不同之处在于销售方式为委托代销方式。同时,需要注意的是,在委托代销方式下,钩稽前的销售出库单制作凭证时,先由产成品转入委托代销发出商品。钩稽后的销售出库单制作凭证时,再结转委托代销发出商品。

↗ 应用流程

该实验练习的应用流程如图 9-47 所示。

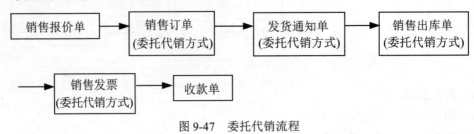

图 9-47　委托代销流程

↗ 实验步骤

- 销售报价单的输入及审核。
- 销售订单的输入及审核。
- 发货通知单的输入及审核。
- 销售出库单的输入及审核。
- 销售发票的输入及审核。
- 销售发票和销售出库单的钩稽。
- 收款单的输入及审核(应收系统处理)。
- 收款单和销售发票的核销(应收系统处理)。

↗ 操作部门及人员

涉及销售、仓管、财务多个环节，大家按各自的角色进行操作。

↗ 实验前准备

直接采用前述操作的账套。

↗ 实验数据

2015 年 2 月 8 日,和香港中环公司签订委托代销合同,委托其代为销售 100 个 MP3,委托代销价为 200 元。2015 年 2 月 28 日,香港中环公司全部销售完毕,结算代销款。

↗ 操作指导

参考前述所有单据的操作讲解完成。

实验十二　分期收款销售

↗ 应用场景

该流程体现的实际业务是：先发货，再分期开票、收款。该种方式下，销售出库时，先由产成品转入分期收款发出商品。钩稽时，将出库单拆分，和发票进行核销。

> 应用流程

该实验练习的应用流程如图 9-48 所示。

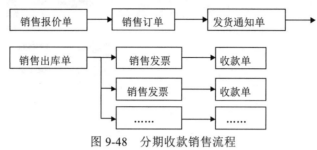

图 9-48　分期收款销售流程

> 实验步骤

- 销售报价单的输入及审核。
- 销售订单的输入及审核。
- 发货通知单的输入及审核。
- 销售出库单的输入及审核。
- *销售发票的输入及审核。*
- *销售发票和销售出库单的钩稽。*
- *收款单的输入及审核(应收系统处理)。*
- *收款单和销售发票的核销(应收系统处理)。*

说明：斜体显示的几个步骤要操作多次。

> 操作部门及人员

涉及销售、仓管、财务多个环节，大家按各自的角色进行操作。

> 实验前准备

直接采用前述操作的账套。

> 实验数据

2015 年 2 月 8 日，销售部以分期收款方式向香港中环公司销售 60 个数码相机，单价为 1800 元，并约定 2015 年 2 月 20 日收取第一期 30 个的货款，2015 年 3 月 10 日收取剩余货款。仓库同日发货。

> 操作指导

参考前述所有单据的操作讲解完成。

如果当月开出所有销售发票，钩稽时，将出库单和所有销售发票一起进行核销。如果销售发票跨月分几期开出，则钩稽时将出库单拆分，和发票进行核销。

第 10 章 进口管理

10.1 系统概述

进口采购业务与国外采购业务最大的不同在于：进口业务跨国内、国际两个市场，涉及国内、国外两种价格；交易资金的结算涉及多种币别的转换，同时为了规避跨国交易风险，衍生了多种国际结算方式；进口环节需要缴纳关税、增值税、消费税等各种税项，且要纳入进口成本核算。而进口管理系统就是为了满足企业进口业务的需求，通过进口订单、进口单证(供应商发票、报关单证、进口税金)的处理，配合采购系统、应付款管理系统一起，对进口合同的签订、进口商品的检验入库、进口发票的管理、货款的支付等进口全过程进行有效的控制和跟踪。

10.1.1 进口管理系统基本业务处理流程

一个完整的进口业务流程通常包括以下 7 个环节。

进口询价→签订进口合同→进口作业(进口单证、报关、完税)→采购检验→仓库收货→财务记账→付汇核销

(1) 进口询价：在签订合同前，先在供应商管理系统进行价格比较等操作。

(2) 签订进口合同：根据询价结果确定了供应商后，与供应商签订外购合同，进口订单在进口管理系统完成。

(3) 进口作业：签订外购合同后，国外供应商会按期提供相关的进口单证(发票、提货单等)，根据这些单证进行报关及完税(缴纳进口关税等)处理。

(4) 采购检验：当采购的物料到达后，将由质检部门进行检测，并在质量管理系统中记录质检的结果。

(5) 仓库收货：仓库的仓管员在质检合格后，将合格的物料及时入库。仓库收货既可以在采购系统，也可以在仓存管理系统完成。

(6) 财务记账：进口单证的信息会自动传递到应付系统，登记为应付账款，进口单证和入库单的钩稽核对在进口系统完成后，进口入库商品的成本核算及凭证处理在核算管理系统完成。

(7) 付汇核销：如果采用信用证方式付款，根据银行的支付记录及时核销供应商的货款。

进口业务的完成涉及多个信息系统，下面先介绍在金蝶 K/3 进口管理系统处理的业务部分，如图 10-1 所示。

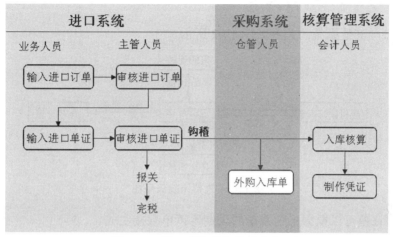

图 10-1　进口系统业务处理流程

从图 10-1 中可以看出，进口系统最关键的操作是：单据输入，单据审核，报关，完税及钩稽。

10.1.2　重点功能概述

金蝶 K/3 进口管理系统提供的重点管理功能如下。

(1) 多级审核流程的自由定义

多级审核在实际业务中非常普遍，特别是进出口业务，涉及信用证使用、合同条款、采用的价格类型、运输方式、报关等各个方面，很难由一个人来对所有的这些业务进行全面审核，所以多级及多人审核就显得非常重要。

多级审核的应用主要体现在以下几个方面。

第一，支持单据在满足一定条件时的审核跳转。例如，一般进口订单的审核流程是部门经理→营销总经理→财务经理，考虑到营销总经理的工作负担，我们可以设置：如果合同金额在 1 万美元以下时无须营销总经理审核，部门经理审核后可以直接跳转到财务经理审核。这样可以满足企业实际应用的需要。

第二，支持审核消息的多种方式发送，包括消息、邮件、短信等多种方式，并且发送消息的内容还可以自动获取需要审核单据上的信息。对于经常出差的各级领导，通过短信催促领导们进行业务审批，可以有效地保证业务审核的高效处理。

如果通过金蝶的 BOS 系统定义审核流程，则还可以满足企业更多复杂应用的需要。

(2) 进口业务的全面跟踪处理

不同于国内采购，进口业务涉及的环节多且复杂，而进口管理系统通过报关、完税、付汇核销等处理满足了进口企业对进口业务全方位的管理要求。

10.1.3 与其他系统的关系

进口系统与其他系统的关系如图 10-2 所示。

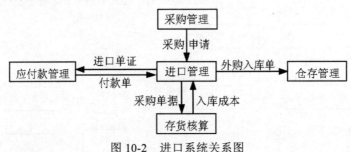

图 10-2 进口系统关系图

(1) 进口订单可以根据采购系统的采购申请单直接生成。

(2) 进口系统中的进口单证可以直接传递到应付系统作为确认应付的依据。

(3) 当进口单证和仓存系统的外购入库单钩稽(即互相核对)后，即可以在存货核算管理系统进行进口费用的分摊及进口成本的核算处理，计算出的进口成本可以反填到外购入库单中进行会计凭证的处理。

10.2 实验练习

实验一　进口业务基础资料

在进行进口日常业务操作之前，先要进行进口管理需要的基础信息设置，包括 HS 编码、供应商信息等。

➚ 应用场景

用于支持进口业务的日常操作。

➚ 实验步骤

- HS 编码。
- 城市港口设置。
- 包装类型设置。
- 包装资料设置。
- 修改会计科目信息。

- 修改物料信息。
- 修改供应商信息。

↗ **操作部门及人员**

在诚信电子公司所有的进口资料、进口单据的录入由采购员胡开林负责,所有进口类资料及单据的审核由采购部经理李大勇负责。

↗ **实验前准备**

直接采用前述完成销售业务的账套或恢复前述备份账套"F 诚信电子公司(销售管理)"。

↗ **实验数据**

(1) HS 编码如表 10-1 所示。

表 10-1 HS 编码

物料代码	物料名称	HS 编码	退税率	进口关税	进口增值税
01	数码相机芯片	85423100	0	3	0
02	数码相机外壳	85423110	0	3	17
03	数码相机	85423110	13	3	17

第一、第二法定计量单位均为个。

(2) 城市港口信息如表 10-2 所示。

表 10-2 城市港口信息

代　码	名　称	海关标准代码
01	美国波士顿	U0121
02	青岛海关	4200
03	江门海关	6810

(3) 包装类型如表 10-3 所示。

表 10-3 包装类型

代码	物料名称	外包装单位	包装方式	其　他
001	瓦楞纸箱	箱	10	毛重、净重:1,长、宽、高:5
002	塑料箱	箱	20	毛重、净重:10,长、宽、高:8

(4) 包装资料如表 10-4 所示。

表 10-4 包 装 资 料

物 料 名 称	包 装 类 型	单 位
数码相机芯片	瓦楞纸箱	个
数码相机	瓦楞纸箱	个
数码相机外壳	塑料箱	个

(5) 由于涉及外币核算，修改会计科目"1122 应收账款""2202 应付账款"的属性为"核算所有币别"。

(6) 物料信息，在【进出口资料】页签，输入 HS 编码等信息。HS 第一、第二法定单位换算率均为 1。

(7) 供应商信息，由于要进行税款缴纳，在供应商资料中增加海关信息：004，江门海关。

↗ 操作指导

1. 设置 HS 编码

HS 编码为编码协调制度的简称，由国际海关理事会制定，英文名称为 The Harmonization Code System(HS-Code)。国际通行的 HS 编码有 22 大类 98 章，由 2 位、4 位及 6 位码组成。该制度是一部科学的、系统的国际贸易商品分类体系，采用 6 位编码，适用于税则、统计、生产、运输、贸易管制、检验检疫等多个方面，目前全球贸易量 90%以上使用这一目录，已成为国际贸易的一种标准语言。我国进出口税则采用 10 位编码，前 8 位等效采用 HS 编码，后两位是我国子目，它是在 HS 分类原则和方法的基础上，根据我国进出口商品的实际情况延伸的两位编码。

执行【系统设置】－【基础资料】－【公共资料】－【HS 编码】命令，打开【基础平台-[HS 编码]】窗口，选择左边的"HS 编码"后，单击【新增】按钮，按照提供的实验数据正确输入，如图 10-3 所示。

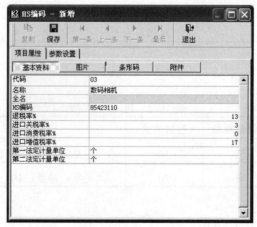

图 10-3 新增 HS 编码

2. 设置城市港口

执行【系统设置】－【基础资料】－【公共资料】－【城市港口】命令，打开【基础平台-[城市港口]】窗口，选择左边的"城市港口"后，单击【新增】按钮，按照提供的实验数据正确输入，如图 10-4 所示。

图 10-4 新增城市港口

3. 设置包装类型

执行【系统设置】－【基础资料】－【进口管理】－【包装类型】命令，打开【包装类型】窗口，选择左边的"包装类型"后，单击【新增】按钮，按照提供的实验数据正确输入，如图 10-5 所示。

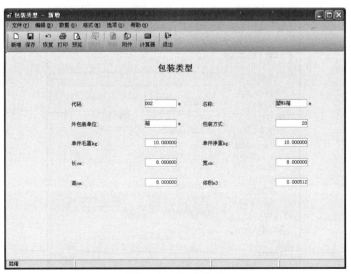

图 10-5 包装类型

4. 设置包装资料

执行【系统设置】－【基础资料】－【进口管理】－【包装资料】命令，打开【物料包装单】窗口。选择左边的物料后，单击【修改】按钮，按照提供的实验数据正确输入，如图10-6所示。

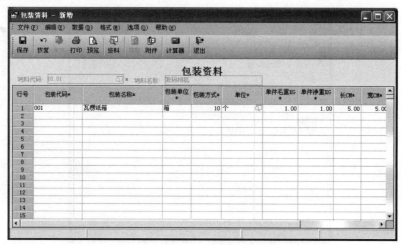

图 10-6　包装资料

5. 修改会计科目信息

执行【系统设置】－【基础资料】－【公共资料】－【科目】命令，打开【基础平台-[科目]】窗口。选择并双击【应收账款】行，在打开的窗口中可以修改会计科目的属性，如图10-7所示，以同样的方法修改应付账款。

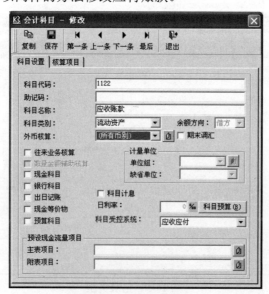

图 10-7　会计科目修改

6. 修改物料信息

执行【系统设置】—【基础资料】—【公共资料】—【物料】命令，打开【基础平台-[物料]】窗口。选择数码相机芯片、数码相机外壳、数码相机三种物料，修改其进出口属性，如图 10-8 所示。

图 10-8 物料修改

7. 供应商

执行【系统设置】—【基础资料】—【公共资料】—【供应商】命令，打开【基础平台-[供应商]】窗口，增加"004, 江门海关"。

8. 其他

这里再给大家介绍一下价格术语。执行【系统设置】—【基础资料】—【公共资料】—【辅助资料管理】命令，打开【基础平台-[辅助资料]】窗口。在左边窗口中选择【价格术语】，可以看到系统中已经预设了部分内容。企业可以根据自己的需要新增，这里不作介绍。

注意

① CIF 由 cost，insurance，freight 三个单词的首字母大写形式组成，中文含义为"成本加保险费加运费"。

② FOB 是 free on board 三个单词首字母的大写，中文含义为"装运港船上交货，风险划分点、交货点、费用划分点均在装运港买方指定的轮船舷"。

另外，保税监管主要用于加工贸易，本案例只给大家介绍自营出口，这里就不再涉及。

实验二　签订进口合同

↗ 应用场景

进口订单是国内企业与国外供应商之间共同签署的协议，以确认进口采购活动的标志。

↗ 实验步骤

- 进口订单的多级审核设置。
- 进口订单的输入。
- 进口订单的审核。

↗ 操作部门及人员

在诚信电子公司，进口合同(订单)的业务涉及两级审核流程，一般由采购员胡开林整理输入进口订单，由经理李大勇进行初次审核，财务部经理许静进行二次审核。

↗ 实验前准备

直接采用前述账套。

↗ 实验数据

(1) 进口订单的多级审核规则。

进口合同(订单)的业务涉及两级审核流程，一级审核人是李大勇，二级审核人是财务部经理许静。

(2) 进口订单。

2015年2月2日，采购员胡开林提出，向美国高盛进口100个数码相机外壳，CIF单价为6美元，100个数码相机芯片，CIF单价为60美元，采用信用证付款，开证日期定为2月6日，要求商品2月28日到货。装运港口为波士顿，目的港为江门海关，运输方式是集装箱运输。订单条款及联系信息可以自由设置。

↗ 操作指导

1. 设置进口订单多级审核规则

以财务部经理许静的身份登录金蝶K/3主控台，执行【系统设置】—【系统设置】—【进口管理】—【审核流管理】命令，打开【进口订单_多级审核工作流】对话框，如图10-9所示。选择【进口订单】项，在右下框的【基本信息】页签中，去掉【启用流程】的勾选，单击左上角的【保存】按钮，接下来就可以对进口订单的审核规则进行定义。系统提供审核消息通过邮件、短信等多种方式发送的功能，这里不一一介绍，大家可以自己练习。

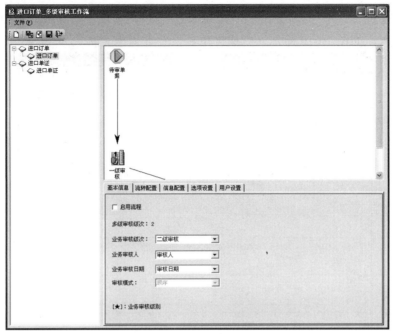

图 10-9 多级审核设置

（1）由于系统默认的审核级次只有一级，需要增加一个审核级次。选择【进口订单】项，单击左上角的图标，增加一个审核级次。

（2）确定各级次的审核人。选择右上图的【一级审核】图标，在右下框的【用户设置】页签，选择一级审核为李大勇；再选择右上图的【二级审核】图标，在右下框的【用户设置】页签，选择二级审核为许静。

（3）在右下框的【基本信息】页签，重新勾选【启用流程】。

（4）单击左上角的【保存】按钮，完成进口订单的多级审核设置。

① 进口系统的单据必须启用多级审核，如果只需要一级审核，可在审核流程设置中只设置一级审核即可。

② 只有系统管理员才能进行多级审核流程的设置。

③ 如果要进行流转配置，则选择右上图的某一个审核级次图标，单击鼠标右键，选择【添加关系】菜单项，就可以设置不同级次间的审核跳转关系。注意，不能建立高级次到低级次的跳转，不能建立相邻两级间的跳转。

2．输入进口订单

以采购员胡开林的身份登录金蝶 K/3 主控台，执行【供应链】—【进口管理】—【进口订单】-【进口订单-新增】命令,打开【进口订单-新增】对话框,按照提供的实验数据进行输入,如图 10-10 所示,完成订单后保存并退出。

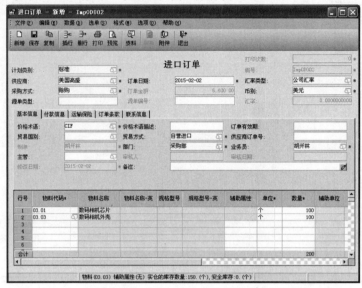

图 10-10　进口订单——基本信息

信用证付款比例指采用信用证方式付款占进口订单的比例,本案例中全部采用信用证方式结算,如图 10-11 所示。

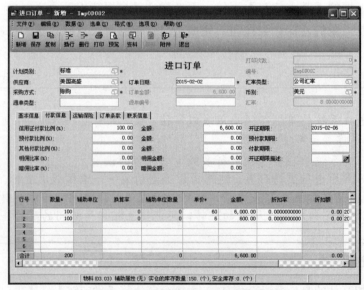

图 10-11　进口订单——付款信息

订单需要提交审核,执行【供应链】—【进口管理】—【进口订单】—【进口订单-维护】命令,弹出【过滤】对话框。单击【确定】按钮,进入【进口订单序时簿】窗口,选择之前录入的订单执行菜单【编辑】—【启动多级审核】,完成多级审核的启动操作。

3. 审核进口订单

以采购经理李大勇的身份登录金蝶 K/3 主控台,执行【供应链】—【进口管理】—【进口订单】—【进口订单-维护】命令,弹出【过滤】对话框。单击【确定】按钮,进入【进口订单序时簿】窗口。逐条审核胡开林输入的进口订单,若数据无误,单击【审核】按钮,完成一级审核操作。由于审核过程并未完毕,因此,此时审核标志仍然为空。单击【查看】按钮,在【多级审核】页签可以查看到进口订单的审核环节,如图 10-12 所示。

注意

如果李大勇要进行反审核操作,就必须采用驳回的方式。

以财务经理许静的身份登录金蝶 K/3 主控台,单击【审核】按钮,完成进口订单的审核。执行菜单【编辑】—【查看审核路线】,可以查看所有审核的意见及审核人,如图 10-13 所示。

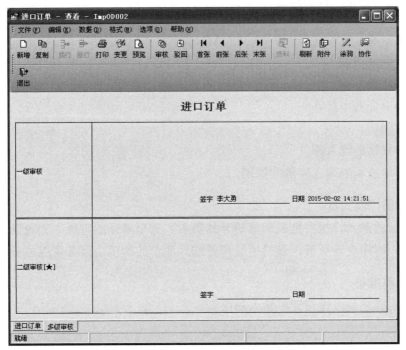

图 10-12　审核信息

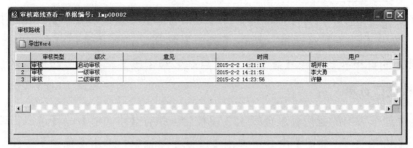

图 10-13　审核路线查看

➚ **输出表单**

单据只是业务执行过程中的一些凭据，要对业务发生的全过程进行有效的监控还需要借助各种报表。

执行【供应链】-【进口管理】-【进口订单】-【采购订单执行情况明细表】命令，可以随时知悉每一笔进口业务所处的业务环节。

实验三　进口作业

➚ **应用场景**

签定进口协议后，就需要根据供应商提供的发票、提货单、运输、保险等信息，进行后续的报关、完税、付款处理。

➚ **实验步骤**
- 进口单证的输入。
- 报关处理。
- 进口单证的审核。
- 完税确认。
- 进口货物验收入库。
- 进口单证和外购入库单的钩稽。

➚ **操作部门及人员**

进口单证的录入、报关由采购员胡开林负责，进口单证的审核、完税确认由经理李大勇负责，入库由仓管负责，进口单证和外购入库单的钩稽由财务部张婷负责。

➚ **实验前准备**

直接采用前述完成进口订单输入的账套。

第10章 进口管理

注意

进口单证处理前也必须先设置多级审核规则,前面介绍进口订单时已经讲述了如何进行多级审核的设置操作,这里就不再赘述。进口单证包括后面出口系统提到的所有单据全部采用一级审核,由部门经理进行一级审核即可。

➤ **实验数据**

2015年2月10日,收到2015年2月2日向美国高盛公司订购原材料(2月27日入库)而寄来的进口资料。物料的包装单位为基础资料中设置的单位;提单号:20150205;船名:玛利号;集装箱号:20150205001;预计到货日期:2月27日。

➤ **操作指导**

1. 录入进口单证

胡开林登录金蝶 K/3 主控台,执行【供应链】-【进口管理】-【进口单证】-【进口单证-新增】命令,打开【进口单证-新增】对话框。选择源单类型为【进口订单】,在源单编号处,单击 F7 键进入【进口订单序时簿】窗口进行选单。通过 Shift 键选择多条记录,单击【返回】按钮,系统自动携带选中的记录,按照提供的实验数据进行修改,如图10-14所示。

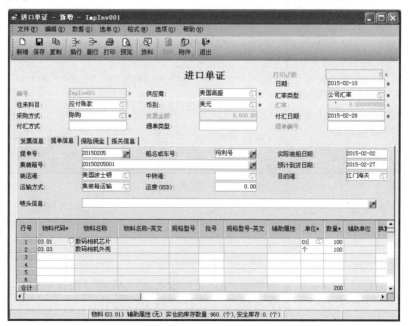

图10-14 进口单证

注意

由于进口方式是赊购，必须输入往来科目：2202—应付账款。

2. 报关处理

胡开林登录金蝶 K/3 主控台，执行【供应链】—【进口管理】—【进口单证】—【进口单证-维护】命令，弹出【过滤】对话框。单击【确定】按钮，进入【进口单证序时簿】窗口，选择【编辑】菜单的【报关】选项，进入【进口单证-修改】对话框。再选择【编辑】菜单的【报关】选项，在【报关信息】页签，系统自动根据基础资料的相关设置，显示相应的报关信息，如图 10-15 所示，企业可以根据实际情况填写纳税海关、报关单号、备案号及完税日期。单击【保存】按钮，完成报关操作。

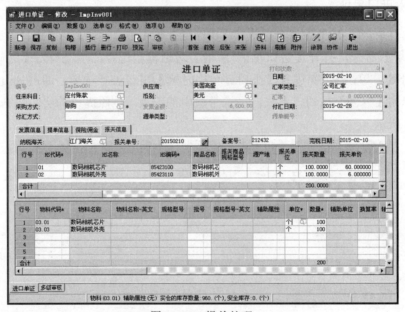

图 10-15 报关处理

 注意

① 报关信息不能手工新增或删除，只能通过"报关"操作生成。
② 进口单证无论是否审核都可以进行"报关"操作。

3. 审核进口单证

李大勇登录金蝶 K/3 主控台，执行【供应链】—【进口管理】—【进口单证】—【进口单证-维护】命令，弹出【过滤】对话框。单击【确定】按钮，进入【进口单证序时簿】窗口，逐条审核进口单证，若数据无误，单击【审核】按钮，完成操作。

4. 完税确认

拿到报关返回的报关单、海关税单后，需要对原报关申请数据进行相应修改并进行完税确认操作。完税确认后，系统自动根据进口税金金额，生成以纳税海关为供应商的采购专用发票(数量为 0、关税＋消费税为不含税金额、增值税为税额)

执行【供应链】—【进口管理】—【进口单证】—【进口单证-维护】命令，弹出【过滤】对话框。单击【确定】按钮，进入【进口单证序时簿】窗口，选择【编辑】菜单的【完税确认】选项，进入【进口单证-修改】对话框。再选择【选项】菜单的【进口税金发票选项设置】选项，进入图 10-16 所示的对话框，设置相关参数。

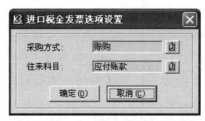

图 10-16 进口税金发票选项设置

 注意

首次进口完税时，由于进口税金发票无须用户手工新增，通过进口单证的完税确认操作，系统即自动生成税金发票。因此，须在生成税金发票之前录入必录项。设置后，如税金发票的"采购方式""往来科目"没有发生改变，则再次生成税金发票时无须再设置。

设置完毕，选择【编辑】菜单的【完税确认】选项，弹出生成完税发票的提示信息，如图 10-17 所示。单击【确定】按钮，完成完税确认操作。

图 10-17 完税确认提示

注意

① 审核状态的进口单证才能做完税确认。
② 一张进口单证只能进行一次完税确认操作。

5. 验收入库

入库单可以手工输入,也可以通过关联进口订单生成。由于前面采购系统的业务流程设计中,外购入库单只能关联采购订单,现在增加了进口业务,则需要修改相关流程。

 注意

验收入库操作不在进口系统完成,但为了讲解进口单证的钩稽操作,这里插入入库的简单介绍。

仓库管理员曹敏登录金蝶 K/3 主控台,通过执行【系统设置】—【系统设置】—【仓存管理】—【业务流程设计】命令,打开【系统基本资料(业务流程自定义)】对话框,选择【外购入库】,勾选【进口订单】,然后保存。

此外,还需要给曹敏查看进口订单的权限,具体操作这里不再介绍。

执行【供应链】—【仓存管理】—【验收入库】—【外购入库单-新增】命令,打开【外购入库单-新增】对话框,如图 10-18 所示。选择源单类型为"进口订单",在选单号处,单击 F7 键进入【进口订单序时簿】窗口进行选单。通过 Shift 键可选择多条记录,单击【返回】按钮,系统自动携带选中的记录,按照提供的实验数据进行修改。

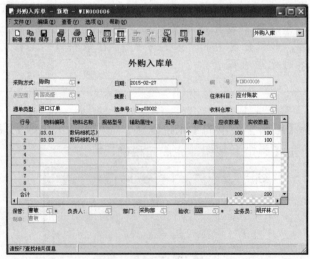

图 10-18 外购入库

仓储部经理赵力登录金蝶 K/3 主控台，审核曹敏输入的外购入库单。

6．钩稽进口单证和外购入库单

财务部张婷登录金蝶 K/3 主控台，执行【供应链】－【进口管理】－【进口单证】－【进口单证-维护】命令，弹出【过滤】对话框。单击【确定】按钮，进入【进口单证序时簿】窗口，选中要钩稽的进口单证，单击【钩稽】按钮，打开【采购发票钩稽】对话框。选择本次参与钩稽的进口发票、费用发票、进口税金和对应的外购入库单，输入本次的钩稽数量，单击【钩稽】按钮，即完成操作。

上述实验做完后，备份账套，备份文件名为"F 诚信电子公司(进口管理)"。

第 11 章 出口管理

11.1 系统概述

国内销售与国外销售业务最大的不同在于:外销业务跨国内、国际两个市场,涉及国内、国外两种价格;交易资金的结算涉及多种币别的转换,出口销售所得到的部分外币收入要按照国家规定与银行结汇,同时为了规避跨国交易风险,衍生了多种国际结算方式;商品在不同的国家或地区流通,也涉及国家海关的监管。而出口管理系统就是为了满足企业出口业务的需求,通过外销订单、出口信用证、出(退)运通知单、装箱单的处理,配合销售系统、仓存系统、应收款管理系统,对出口合同的签订,出口商品的销售出库,出口报关、出口收汇结算的管理等出口全过程进行有效的控制和跟踪。

11.1.1 出口管理系统基本业务处理流程

一个完整的出口业务流程通常包括以下 8 个环节。

出口报盘→签订外销订单→出口信用证审核→出运通知→装箱→销售出库→财务记账→收汇核销

(1) 出口报盘:在签订合同前先在销售管理系统进行价格比较等操作。

(2) 签订外销订单:与客户洽谈后,达成买卖合同,外销订单在出口管理系统完成。

(3) 出口信用证审核:为了规避风险,国际贸易最常用的结算方式就是信用证结算。签订外销合同后,国外客户一般会按期提供信用证。如果企业急需资金,则可以利用信用证进行打包贷款操作。

(4) 出运通知:由于涉外销售有严格的条件约束,为了避免纷争,外销员需要根据订单条款等信息及时通知仓库等部门备货。

(5) 装箱:由于涉及长途运输,外销的货物一般都有严格的装箱标准。

(6) 销售出库:仓库的仓管员根据出运通知,将合格的商品及时发运。仓库发货既可以在销售系统,也可以在仓存管理系统完成。

(7) 财务记账:销售出库后,开具发票,销售发票的信息会自动传递到应收系统,登记为应收账款,销售发票和出库单钩稽保证成本和收入的匹配。

(8) 收汇核销：根据银行的收款记录及时核销客户的货款。

出口业务的完成涉及多个信息系统，下面先介绍在金蝶 K/3 出口管理系统处理的业务部分，如图 11-1 所示。

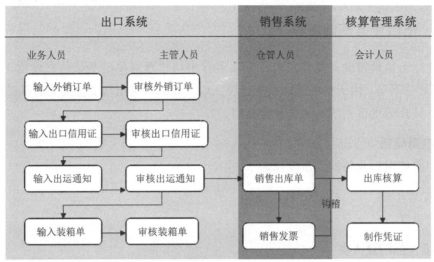

图 11-1 出口系统业务处理流程

从图 11-1 中可以看出，出口系统最关键的操作是单据输入和单据审核。

11.1.2 重点功能概述

金蝶 K/3 出口管理系统提供的重点管理功能如下。

(1) 多级审核流程的自由定义

多级审核在实际业务中非常普遍，特别是进出口业务，涉及信用证使用、合同条款、采用的价格类型、运输方式、报关等各个方面，很难由一个人来对所有的这些业务进行全面审核，所以多级及多人审核就显得非常重要。

多级审核的应用在进口系统中已经提及，这里不再赘述。

(2) 出口业务的全面跟踪处理

不同于国内销售，出口业务涉及的环节多且复杂，而出口管理系统通过出口信用证管理、装箱管理、收汇核销等处理满足了出口企业对出口业务全方位的管理要求。

11.1.3 与其他系统的关系

出口系统与其他系统的关系如图 11-2 所示。

(1) 外销订单可以根据销售系统的销售明细计划直接生成。

(2) 仓存系统的销售出库单可以根据出口系统的出运通知单生成。

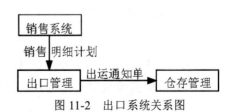

图 11-2 出口系统关系图

11.2 实验练习

实验一　出口业务基础资料

在进行出口日常业务操作之前，先要进行出口管理需要的基础信息设置，包括 HS 编码、客户信息等。由于前面进口系统已经完成了大部分进出口业务需要的基础资料的介绍，这里只介绍出口系统的相关基础资料。

↗ 应用场景

用于支持出口业务的日常操作。

↗ 实验步骤

客户设置。

↗ 操作部门及人员

在诚信电子公司，所有的出口资料、出口单据的录入由销售员李强负责，所有出口类资料及单据的审核由销售部经理王池负责。

↗ 实验前准备

直接采用前述完成销售业务的账套或恢复前述备份账套"F 诚信电子公司(进口管理)"。

↗ 实验数据

(1) 客户资料如表 11-1 所示。

表 11-1　客户资料

代　码	名　称	销售模式
080	美国方红公司	外销
081	美国太平洋环球公司	外销

↗ 操作指导

1. 设置客户资料

执行【系统设置】—【基础资料】—【公共资料】—【客户】命令，打开【基础平台-[客户]】窗口，选择左边的【客户】后，移动光标，单击右边方框，选择【新增】，按照提供的实验数据正确输入，如图 11-3 所示。

图 11-3 新增外销客户

实验二 签订外销订单

↗ 应用场景

外销订单是国内企业与国外供应商之间共同签署的协议，以确认出口销售活动的标志。

↗ 实验步骤

- 外销订单的多级审核设置。
- 外销订单的输入。
- 外销订单的审核。

↗ 操作部门及人员

在诚信电子公司，一般由销售员李强整理输入外销订单，由经理王池进行审核。

↗ 实验前准备

直接采用前述账套。

↗ 实验数据

(1) 外销订单的多级审核规则。

前面进口系统已经提及所有出口系统单据采用一级审核，审核人为王池，具体操作不再讲解。

(2) 外销订单。

2015 年 2 月 6 日，销售员李强向美国太平洋环球公司出口 100 个数码相机，FOB 单价为 150 美元，交货日期为 2 月 26 日。装运港口为江门海关，目的港为波士顿，运输方式为集装箱运输。其他信息可以自由设置。

↗ 操作指导

1. 输入外销订单

以销售员李强的身份登录金蝶 K/3 主控台，执行【供应链】—【出口管理】—【外销订单】—【外销订单-新增】命令，打开【外销订单-新增】对话框，按照提供的实验数据进行输入，如图 11-4 和图 11-5 所示。

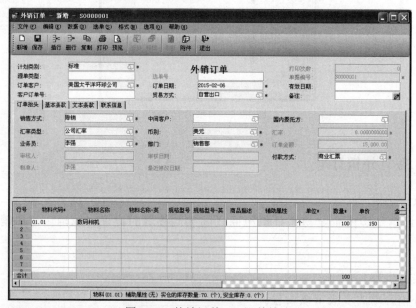

图 11-4　外销订单——订单抬头

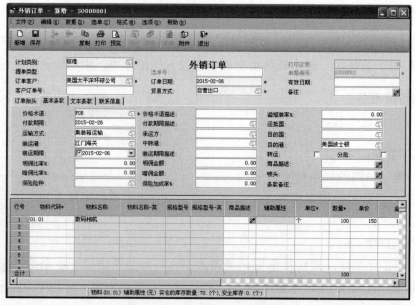

图 11-5　外销订单——基本条款

注意

本案例采用 FOB 价,即装运港船上交货,所以后续不再介绍运输费用等操作。

由于采用一级审核,无须完成启动多级审核的操作。

2. 审核外销订单

以销售经理王池的身份登录金蝶 K/3 主控台,执行【供应链】—【出口管理】—【外销订单】—【外销订单-维护】命令,弹出【过滤】对话框,单击【确定】按钮,进入【外销订单序时簿】窗口。逐条审核李强输入的外销订单,若数据无误,单击【审核】按钮,完成审核操作。

↗ **输出表单**

单据只是业务执行过程中的一些凭据,要对业务发生的全过程进行有效的监控还需要借助于各种报表。

执行【供应链】—【出口管理】—【外销订单】—【外销订单全程跟踪】命令,进入图 11-6 所示的窗口,可以随时知悉每一笔出口业务所处的业务环节。

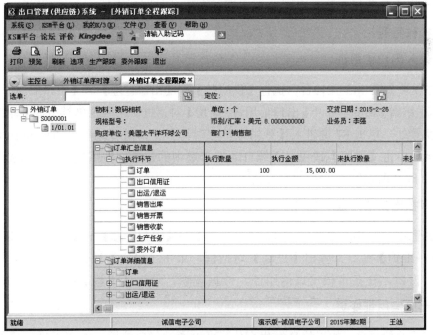

图 11-6 外销订单全程跟踪

实验三 出口信用证处理

↗ 应用场景

出口信用证是客户依据外销订单，通过银行开给卖方(受益人)的有条件的付款承诺书。签定出口协议后，客户方就需要提供信用证以作为采购商品的保证，供货方也可以据此安排生产、发货，必要时还可以拿信用证到银行打包贷款。

↗ 实验步骤

- 出口信用证的输入。
- 出口信用证的审核。
- 出口信用证的变更。
- 出口信用证的打包贷款。

↗ 操作部门及人员

出口信用证的录入由销售员李强负责，出口信用证的审核、变更、打包贷款由经理王池负责。

↗ 实验前准备

直接采用前述完成外销订单输入的账套。

↗ 实验数据

2015年2月6日，收到美国太平洋环球公司开具的信用证。

↗ 操作指导

1. 录入出口信用证

李强登录金蝶 K/3 主控台，执行【供应链】—【出口管理】—【出口信用证】—【出口信用证-新增】命令，打开【出口信用证-新增】对话框。选择源单类型为【外销订单】，在源单编号处，单击 F7 键进入【外销订单序时簿】窗口进行选单。通过 Shift 键可选择多条记录，单击【返回】按钮，系统自动携带选中的记录，按照提供的实验数据进行修改，如图 11-7 所示。

2. 审核出口信用证

王池登录金蝶 K/3 主控台，执行【供应链】—【出口管理】—【出口信用证】—【出口信用证-维护】命令，弹出【过滤】对话框，单击【确定】按钮，进入【出口信用证序时簿】窗口，逐条审核出口信用证，数据无误，单击【审核】按钮，完成操作。

3. 出口信用证变更

审核后的信用证，如果信息发生变化，可以通过出口信用证的变更进行修改。例如，本案例中信用证的有效期限变更为 2015 年 2 月 28 日。王池登录金蝶 K/3 主控台，执行【供应链】—【出口管理】—【出口信用证】—【出口信用证-维护】命令，弹出【过滤】对话框。单击【确定】按钮，进入【出口信用证序时簿】窗口，选择【编辑】菜单的【信用证变更】选项，进入【出口单证-修改】对话框。如 11-8 所示，输入需要修改的有效期限，单击【保存】按钮，完成操作。

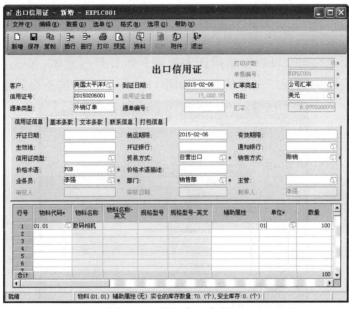

图 11-7　录入出口信用证

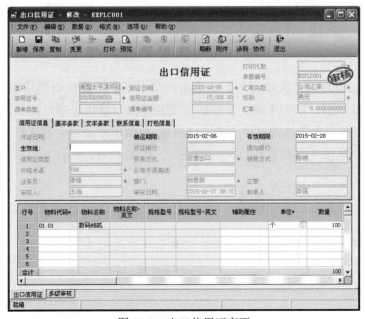

图 11-8　出口信用证变更

注意

审核后的信用证,可以对数量、单价、金额、交货日期等进行变更。

4. 打包贷款

当企业需要资金时,可以以信用证为抵押到银行打包贷款。在打包操作之前,需要先维护公共资料中的银行账号信息,如图 11-9 所示,这里不再详细介绍操作。

图 11-9 银行账号信息维护

执行【供应链】—【出口管理】—【出口信用证】—【出口信用证-维护】命令,弹出【过滤】对话框。单击【确定】按钮,进入【出口信用证序时簿】窗口,选择【编辑】菜单的【打包贷款】选项,进入【出口单证-修改】对话框。在【打包信息】页签输入相关的信息,单击【保存】按钮,完成操作,如图 11-10 所示。

注意

当该笔贷款业务已还贷结束后,可在系统中进行【还贷确认】,表示此贷款已还清,业务已结束。

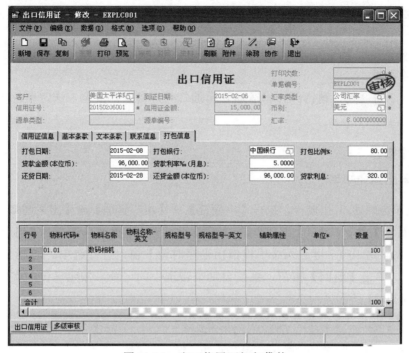

图 11-10　出口信用证打包贷款

↗ **输出表单**

单据只是业务执行过程中的一些凭据，要对业务发生的全过程进行有效的监控还需要借助各种报表。

执行【供应链】－【出口管理】－【出口信用证】－【出口信用证执行情况明细表】命令，可以以出口信用证物料为主线，统计物料的出运、交单议付、收汇的情况。

实验四　出运通知

↗ **应用场景**

出运通知单是业务部门安排仓储部门准备出库的通知单，也是工厂备货或仓储部门装箱的指令。

↗ **实验步骤**

- 出运通知单的输入。
- 出运通知单的审核。
- 报关。

↗ **操作部门及人员**

出运通知单的录入由销售员李强负责，出运通知单的审核、报关等由经理王池负责。

➢ 实验前准备

直接采用前述完成出口信用证输入的账套。

➢ 实验数据

2015 年 2 月 8 日，销售部开出运通知单通知仓库备货。注意，法定单位 1 及法定单位 2 换算率均为 1。

➢ 操作指导

1. 录入出运通知单

李强登录金蝶 K/3 主控台，执行【供应链】－【出口管理】－【出运通知单】－【出运通知单-新增】命令，打开【出口单证-新增】对话框。选择源单类型为"出口信用证"，在源单编号处，单击 F7 键进入【出口信用证序时簿】窗口进行选单。通过 Shift 键可选择多条记录，单击【返回】按钮，系统自动携带选中的记录，按照提供的实验数据进行修改，如图 11-11 所示。

图 11-11 出运通知单

2. 审核出运通知单

王池登录金蝶 K/3 主控台，执行【供应链】－【出口管理】－【出运通知单】－【出运通知单-维护】命令，弹出【过滤】对话框。单击【确定】按钮，进入【出运通知单序时簿】窗口，逐条审核出运通知单，若数据无误，则单击【审核】按钮，完成操作。

3. 报关处理

与进口系统类似，商品的发出也要进行报关处理。执行【供应链】—【出口管理】—【出运通知单】—【出运通知单-维护】命令，弹出【过滤】对话框。单击【确定】按钮，进入【出运通知单序时簿】窗口，选择【编辑】菜单的【报关】选项，进入【出运通知单-修改】对话框。再选择【编辑】菜单的【生成报关商品】选项，在【报关信息】页签，系统自动根据前述内容，显示相应的报关信息，如图11-12所示，单击【保存】按钮，完成报关操作。

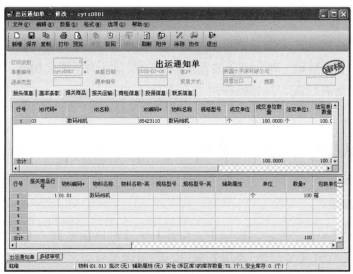

图11-12 报关处理

① 如果报关等信息后续发生变化，可以在上述窗口，选择【编辑】菜单的【单证回填】选项，进行修改。

② 如果报关业务结束，确定报关信息无误后，可选择【编辑】菜单的【报关确认】选项，完成操作。一旦完成报关确认操作后，单据所有字段都锁定不能再修改。

退运通知单是出运通知单的反向操作，这里不再介绍。

实验五 装箱处理

↗ 应用场景

装箱单是进出口业务的重要单据，说明出口商品包装情况。主要显示商品的包装，毛重、净重以及体积、外包装编号、每一包装的装箱情况等。

⌲ 实验步骤
- 装箱单的输入。
- 装箱单的审核。

⌲ 操作部门及人员
装箱单的录入由曹敏负责，装箱单的审核由经理赵力负责。

⌲ 实验前准备
直接采用前述完成出运通知单输入的账套。

此外，还需要给曹敏、赵力赋予装箱单操作的权限，为了简化操作，直接赋予曹敏、赵力出口系统的所有权限，具体操作这里不再介绍。

⌲ 实验数据
2015 年 2 月 8 日，仓库进行装箱处理。

⌲ 操作指导

1. 录入装箱单

曹敏登录金蝶 K/3 主控台，执行【供应链】—【出口管理】—【装箱单】—【装箱单-新增】命令，打开【装箱单-新增】窗口，在出运单号处，单击 F7 键进入【出运通知单序时簿】窗口进行选单。通过 Shift 键可选择多条记录，单击【返回】按钮，系统自动携带选中的记录，按照提供的实验数据进行修改，如图 11-13 所示。

图 11-13 装箱单

2. 审核装箱单

赵力登录金蝶 K/3 主控台，执行【供应链】—【出口管理】—【装箱单】—【装箱单-维护】命令，弹出【过滤】对话框。单击【确定】按钮，进入【装箱单序时簿】窗口，逐条审核装箱单，若数据无误，则单击【审核】按钮，完成操作。

上述实验做完后，备份账套，备份文件名为"F 诚信电子公司(出口管理)"。

第 12 章 应收应付系统

12.1 系统概述

应收款管理,即通过销售发票、其他应收单、收款单等单据的记录,对企业的往来账款进行综合管理,及时、准确地提供给客户往来账款余额资料,提供各种分析报表。同时,系统还提供了各种预警、控制功能,如到期债权列表的列示以及合同到期款项列表,帮助您及时对到期账款进行催收,以防止发生坏账,信用额度的控制有助于您随时了解客户的信用情况。此外,还提供应收票据的跟踪管理,您可以随时对应收票据的背书、贴现、转出、作废等操作进行监控。

该系统既可独立运行,又可与销售系统、总账系统、现金管理等其他系统结合运用,提供完整的业务处理和财务管理信息。独立运行时,通过与金税系统的接口,可以避免发票的重复录入。

而应付款管理,通过采购发票、其他应付单、付款单等单据的记录,对企业的应付账款进行综合管理,及时、准确地提供与供应商往来的账款余额资料,提供各种分析报表。同时系统还提供了各种预警、控制功能,如到期债务列表的列示以及合同到期款项列表,帮助您对到期的应付账款提前进行资金筹划,以保证良好的支付信誉。

12.1.1 应收应付基本业务处理流程

应收应付业务的处理通常处于完整采购或销售业务的末端,包括以下几个环节。

财务登记应收(应付)款→出纳收(付)款→核销往来账→凭证制作

(1) 财务一般根据发票或其他应收(付)单,登记应收(应付)账,如果应收应付系统独立使用,则可以直接在应收应付系统输入发票及其他应收(付)单。如果同时启用了供应链系统,则发票直接在供应链系统输入,保存后自动传递到应收应付系统,往来账会计只需要添加相关的往来信息即可。同时,应收应付凭证也由供应链系统制作完成后传递到应收应付系统。

(2) 收(付)款单据输入及收(付)款凭证制作则在应收应付系统完成。

金蝶 K/3 系统应收业务的处理流程如图 12-1 所示。

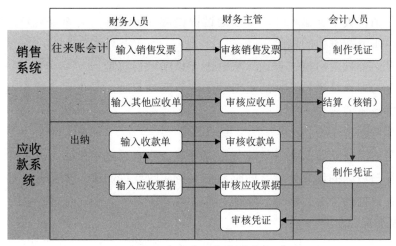

图 12-1 应收业务处理流程

应付业务处理与应收业务类似，本章不再赘述。

从图 12-1 中可以看出，应收应付系统最关键的操作是：单据输入、单据审核、单据核销及凭证制作。

12.1.2 重点功能概述

应收系统关键的操作是单据输入、审核及核销，其重点功能主要有：

(1) 与其他系统紧密集成的单据管理

如果启用了销售系统，则销售系统的赊销发票会自动传递到应收系统统计为应收账款，避免了由于业务繁多而漏登或错登应收账款。如果启用了现金管理系统，出纳在现金管理系统录入的收款单可以自动传递到应收系统，保证了业务员随时准确地了解客户的往来款，方便与客户对账，同时也有利于货款的催收。如果没有启用销售或现金管理系统，也可以在应收系统进行发票、收款单的录入，保证了系统单独使用时业务的完整性。

(2) 信用管理

赊销目前已经成为各行业市场中主要的交易方式。作为一种有效的竞争手段和促销手段，赊销能够为企业带来巨大利润。同时，伴随着赊销产生的商业信用风险以及对这种风险的管理就变得越来越重要。K/3 应收管理系统提供了完善的信用管理功能，具体包括：

第一，在销售类单据新增时，系统会针对不同信用对象(客户、职员)进行信用的控制。如控制客户的信用额度是否超过规定标准等。

第二，进行应收账款预警。体现在登录销售系统时，系统自动列示所有超过信用期限的未收货款的销售发票。

第三，根据客户的付款时间，自动计算客户可以享受的现金折扣。

第四，在销售类单据输入时，可以通过快捷键 Shift+F8 随时查询客户的资信状况，以事前规避坏账可能发生的风险。

第五，提供各种信用报表查询，从中进行总结以咨决策。

由于信用管理也是销售系统的重要功能，下面练习时，应收系统就不再详细介绍，可以参考销售系统的操作。

(3) 票据管理

提供全面的商业汇票的业务处理与跟踪管理，应收票据审核后可以自动生成收款单或预收单，参与后续的结算处理；同时系统支持应收票据的进一步业务处理，帮助企业随时监控应收票据的背书、贴现、收款、作废等业务。

(4) 坏账管理

提供坏账准备的计提、损失和收回的业务及相关的账务处理。对于坏账准备的计提，系统支持备抵法下的三种计提方法：销货百分比法、账龄分析法和应收账款百分比法，满足企业灵活的业务需要，帮助企业加强对应收账款的管理。

(5) 往来账款核销处理

往来账款核销最常见的方式就是收款冲抵客户的应收账款，但在现实中，应收账款的核销往往种类繁多。比如 A 欠 B，B 又欠 C，B 建议 A 直接还钱给 C，这就是转销。另外，还可能 A 采购了 B 的一些商品，而 B 也采购了 A 的一些商品，这时候就可能是双方的往来款互抵。应收系统不但提供了收款对应收账款的核销，还提供了应收款与应付款(应付系统)的冲销，应收款的转销(A 转到 B)，预收款冲应收款，收款单与退款单冲销等。

(6) 对账功能

提供应收系统的单据与总账账簿的对账功能，包括按总额对账和按往来科目对账两种方式，帮助企业随时进行业务信息与财务信息的核对，及时发现和遏制业务部门与财务部门之间由于信息不对称而造成的账实不符问题。

与应收系统相类似，应付系统的重点功能也包括：

(1) 与其他系统紧密集成的单据管理

如果启用了采购系统，则采购系统的赊购发票会自动传递到应付系统统计为应付账款，避免了由于业务繁多而漏登或错登应付账款。

此外，相对于收款管理，资金的支付要求更严格，因为资金一旦支付出去，就很难追收。所以，在应付款管理系统增加了"付款申请单"单据，要求所有资金的支付必须先要预先申请。如果启用了现金管理系统，应付款管理系统的"付款申请单"可以传递到现金系统，出纳根据付款申请单进行资金的支付处理(现金管理系统的付款单)，而现金管理系统的付款单又可以传递到应付款管理系统进行应付款的冲销处理，保证了采购员随时准确地了解供应商的往来款，方便与供应商对账。如果没有启用采购或现金管理系统，也可以在应付系统直接进行发票、收款单的录入，保证了系统单独使用时业务的完整性。

(2) 票据管理

与应收系统稍有不同的是应付系统的票据仅提供付款、退票操作，因为应付票据一般是由供应商持有，出票人一般只负责在指定日期支付确定的金额。所以，应付票据涉及的操作也就只是付款、退票业务。

(3) 往来账款核销处理

与应收系统相类似，应付系统不但提供了付款对应付账款的核销，还提供了应付款与应收款(应收系统)的冲销，应付款的转销(A 转到 B)，预付款冲应付款，付款单与退款单冲销等。

(4) 对账功能

提供应付系统的单据与总账账簿的对账功能，包括按总额对账和按往来科目对账两种方式，帮助企业随时进行业务信息与财务信息的核对，及时发现和遏制业务部门与财务部门之间由于信息不对称而造成的账实不符问题。

12.1.3 与其他系统的关系

应收应付系统与其他系统的关系如图 12-2 所示。

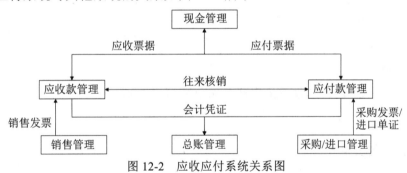

图 12-2 应收应付系统关系图

(1) 销售系统录入的销售发票可以传入应收款管理系统进行应收账款的核算，同时发票可以和应付款系统进行应收冲应付的核算。

(2) 采购或进口系统录入的采购发票/进口单证可以传入应付款管理系统进行应付账款的核算，同时发票可以和应收款系统进行应收冲应付的核算。

(3) 应付系统录入的单据可以与应收款管理系统录入的单据进行各种对冲核算。

(4) 现金管理系统可以和应收应付系统进行票据的互相传递。

(5) 应收应付系统生成的往来款凭证可以传递到总账系统。

12.2 实验练习

实验一 登记应收款

在销售业务发生的过程中,会有许多不同种类的单据,如销售订单、销售发票、销售出库单等,由于销售发票的权威性(据以纳税的依据),一般以销售发票作为统计应收账款的依据。

↗ **应用场景**

用于登记、计算客户所欠的所有货款。

↗ **实验步骤**

- 销售发票的查询。
- 其他应收单的新增、审核。

↗ **操作部门及人员**

财务部往来账会计马秀伟负责应收应付系统的业务操作。

↗ **实验前准备**

直接采用前述完成出口业务的账套或恢复前述备份账套"F诚信电子公司(出口管理)"。

↗ **实验数据**

2015年2月21日,应收香港中环公司包装箱款2 000元。

↗ **操作指导**

1. 查询销售发票

由于已经使用了销售系统,为了保证数据的一致性,所有的销售发票都在销售管理系统输入,应收系统可以自动接收并查看,同时可以根据实际业务需要修改应收系统特有的收款计划栏。此处不修改销售系统传输的发票,只查看。

马秀伟登录金蝶K/3主控台,执行【财务会计】—【应收款管理】—【发票处理】—【销售发票-维护】命令,弹出【过滤】对话框。单击【确定】按钮,进入【销售增值税发票序时簿】窗口,查看销售系统传输过来的发票:

① 2015年2月15日,给香港中环公司开出的销售发票。

② 2015年2月20日,给香港中环公司开出的红字发票。

与发票相关的审核、凭证制作也在销售系统处理,但发票和收款单的核销在应收款系统处理。

如果销售系统没有启用,则发票的新增、审核、凭证制作、核销操作都在应收款系统处理。

2. 新增其他应收单

马秀伟登录金蝶 K/3 主控台,执行【财务会计】-【应收款管理】-【其他应收单】-【其他应收单-新增】命令,打开【其他应收单-新增】对话框,按照提供的实验数据进行输入,如图 12-3 所示。

图 12-3 其他应收单

财务部经理许静审核马秀伟输入的其他应收单。

> 输出表单

执行【财务会计】-【应收款管理】-【账表】-【应收款明细表】命令,可以查看每一个客户每一笔应收账款的金额。

执行【财务会计】-【应收款管理】-【账表】-【到期债权列表】命令,可以列出所有客户到期的应收账款金额及过期的天数,以方便催款。

实验二 出纳收到货款

在日常贸易过程中,货款的结算方式通常多种多样,如转账支票、本票、信汇、电汇、现金、汇票等。一般情况下,转账支票、本票、信汇、电汇、现金等可以及时转入企业银行账户,而承兑汇票则有一定的兑付期限。所以,收到承兑汇票时可以作为应收票据输入,其他方式的收款凭据则可以直接作为收款单输入系统。

↗ **应用场景**

登记、计算客户支付的货款或其他欠款等。

↗ **实验步骤**

收款单的新增、审核。

↗ **操作部门及人员**

诚信电子公司的出纳是李梅,财务部主管张婷负责审核出纳的日常工作。

↗ **实验前准备**

直接采用前述操作账套。

↗ **实验数据**

2015 年 2 月 21 日收到香港中环公司的包装箱款 2 000 元(电汇)。

↗ **操作指导**

1. 新增收款单

出纳李梅登录金蝶 K/3 主控台,执行【财务会计】—【应收款管理】—【收款】—【收款单-新增】命令,打开【收款单-新增】窗口,如图 12-4 所示。选择源单类型为【其他应收单据】,在源单编号处,单击 F7 键进入【其他应收单据】窗口进行选单。可以通过 Shift 键选择多条记录,单击【返回】按钮,系统自动携带选中的记录,按照提供的实验数据进行修改。

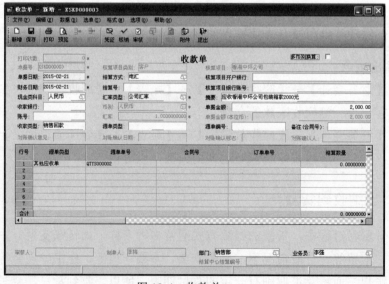

图 12-4 收款单

2. 财务部主管张婷审核李梅输入的收款单

张婷登录金蝶 K/3 主控台，执行【财务会计】—【应收款管理】—【收款】—【收款单-维护】命令，弹出【过滤】对话框。单击【确定】按钮，进入【收款单序时簿】列表窗口，逐条审核李梅输入的收款单，若数据无误，则单击【审核】按钮，完成操作。

由于在应收款管理系统的参数设置中，选择了【审核后自动核销】选项，因此，张婷审核收款单后，系统自动将收款单关联的源单同步核销。如果没选择【审核后自动核销】，也可以在审核后，单击收款单界面的【核销】按钮及时核销，或者通过结算处理(实验四将讲述)进行核销。

↗ 输出表单

执行【财务会计】—【应收款管理】—【分析】—【回款分析】命令，可以查看所有的收款明细，包括交款的客户、金额等。

实验三　出纳收到应收票据

↗ 应用场景

登记、跟踪管理客户已支付的银行票据。

↗ 实验步骤

- 应收票据的新增。
- 应收票据的审核。
- 应收票据的贴现处理。

↗ 操作部门及人员

诚信电子公司的出纳是李梅，财务部主管张婷负责审核出纳的日常工作。

↗ 实验前准备

直接采用前述操作的账套。

↗ 实验数据

(1) 2015 年 2 月 25 日收到香港中环公司的货款 20 000 元，对方开出的是不带息的银行承兑汇票，票据的签发日期是 2015 年 2 月 25 日，付款期限是 3 个月，即 90 天。

(2) 由于资金紧张，诚信电子公司将刚收到的票据于 2015 年 2 月 26 日到招商银行办理贴现手续，贴现率是 5%。

↗ 操作指导

1. 新增应收票据

出纳李梅登录金蝶 K/3 主控台，执行【财务会计】—【应收款管理】—【票据处理】—【应收票据-新增】命令，打开【应收票据-新增】窗口，按照提供的实验数据进行输入，如图 12-5 所示。

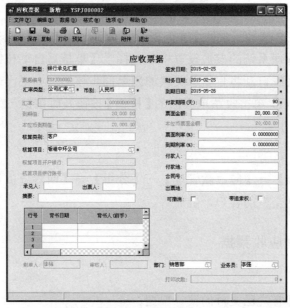

图 12-5　应收票据

2. 财务部主管张婷审核李梅输入的应收票据，许静审核系统自动产生的收款单

张婷登录金蝶 K/3 主控台，执行【财务会计】—【应收款管理】—【票据处理】—【应收票据-维护】命令，弹出【过滤】对话框(事务类型选择"应收票据")，单击【确定】按钮，进入【应收票据序时簿】列表窗口。逐条审核李梅输入的应收票据，若数据无误，则单击【审核】按钮，系统自动弹出一个选择对话框，选择【生成收款单】，单击【确定】按钮，完成应收票据的操作。

由于审核同时还生成了收款单，还需要对收款单进行审核操作。

许静登录金蝶 K/3 主控台，参考前述介绍的收款单的审核操作步骤审核系统刚自动生成的收款单。

① 应收票据审核时，自动产生的收款或预收单，主要用于与应收账款进行核销处理。

② 由于制单与审核不能为同一人，系统审核时自动产生的收款单由财务经理许静审核。

3. 应收票据贴现

财务部主管张婷登录金蝶 K/3 主控台，执行【财务会计】－【应收款管理】－【票据处理】－【应收票据-维护】命令，弹出【过滤】对话框。单击【确定】按钮，进入【应收票据序时簿】列表窗口，选中需要贴现的票据，单击【贴现】，按照提供的实验数据进行输入(结算科目为"银行存款-招行-人民币")，如图 12-6 所示。

图 12-6 应收票据贴现

➚ **输出表单**

执行【财务会计】－【应收款管理】－【票据处理】－【应收票据贴现表】命令，可以查看贴现票据的签发日期、到期日期、贴现日期、贴现净额、贴现利息等信息。

实验四 往来账款核销

➚ **应用场景**

统计客户的实际欠款。

➚ **实验步骤**

应收账款和收款的核销。

➚ **操作部门及人员**

财务部往来账会计马秀伟负责应收应付系统的账款核销操作。

➚ **实验前准备**

直接采用前述操作的账套。

➚ **实验数据**

2015 年 2 月 15 日，给香港中环公司开出的 22 100 元的蓝字销售发票和 2015 年 2 月 25 日收到的应收票据 20 000 元进行部分核销。

↗ **操作指导**

往来账会计马秀伟登录金蝶 K/3 主控台，执行【财务会计】—【应收款管理】—【结算】—【应收款核销-到款结算】命令，弹出【单据核销】过滤条件框，调整单据日期和财务日期的结束时间为 2015-02-28，单击【确定】按钮，进入【应收款管理系统-[核销(应收)]】窗口，如图 12-7 所示。选择本次参与核销的单据，单击【核销】按钮，即完成本次的核销操作。

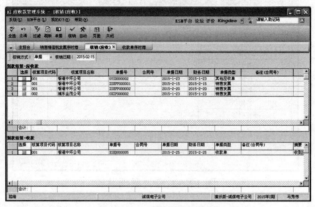

图 12-7 应收账款核销

由于经济业务的复杂性，除了常用的应收款与收款单的核销之外，系统还提供了应收款冲应付款、收款冲付款、应收款转销等多种核销方式，这里不一一介绍。

实验五　坏账处理

↗ **应用场景**

用于坏账发生时的各种会计处理。

↗ **实验步骤**

- 坏账损失的处理。
- 坏账的计提。
- 坏账凭证的处理。

↗ **操作部门及人员**

财务部往来账会计马秀伟负责应收应付系统的坏账业务。

↗ **实验前准备**

直接采用前述操作的账套。

↗ **实验数据**

2015 年 2 月 23 日，应收香港中环公司的往来款 1 000 元，由于收款凭据丢失，加之时间过长，收回无望，特申请作为坏账处理。

➚ 操作指导

1. 处理坏账损失及凭证制作

往来账会计马秀伟登录金蝶 K/3 主控台，执行【财务会计】－【应收款管理】－【坏账处理】－【坏账损失】命令，弹出【过滤条件】对话框。

设置核算项目代码为"001"，单据类型为"应收单"，单击【确定】按钮，进入【坏账损失处理】窗口，如图 12-8 所示。选择需要进行坏账处理的记录，单击【凭证】，弹出【记账凭证-新增】窗口，如果系统自动生成的凭证无误，单击【保存】按钮后返回【坏账损失处理】窗口，即完成坏账损失的处理。

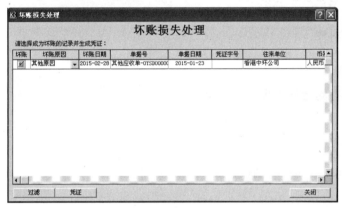

图 12-8　坏账处理

2. 计提坏账准备

往来账会计马秀伟，执行【财务会计】－【应收款管理】－【坏账处理】－【坏账准备】命令，打开【计提坏账准备】对话框，如图 12-9 所示。单击【凭证】，弹出【记账凭证-新增】窗口，如果系统自动生成的凭证无误，单击【保存】按钮后返回，即完成坏账准备计提的处理。

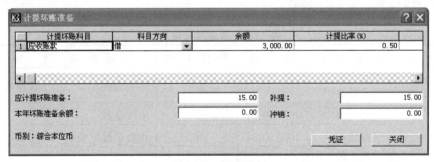

图 12-9　坏账计提

> ① 坏账业务的所有凭证都不采用凭证模板方式生成。
> ② 坏账计提可以一年一次，也可以随时计提。

↗ 输出表单

执行【财务会计】－【应收款管理】－【坏账处理】－【坏账计提明细表】命令，可以查看坏账计提的金额等信息。

实验六 凭证制作

↗ 应用场景

用于往来业务的会计处理。

↗ 实验步骤

- 凭证模板的设置。
- 应收系统单据的凭证制作。
- 凭证审核。

↗ 操作部门及人员

财务部往来账会计马秀伟负责应收应付系统的凭证。

↗ 实验前准备

直接采用前述操作的账套。

↗ 实验数据

凭证模板信息如表 12-1 所示。

表 12-1 凭证模板信息

事务类型	科目来源	科目	借贷方向	金额来源	摘要
其他应收单	单据上的往来科目		借	应收金额	核算项目
	凭证模板	1002.01.01	贷	应收金额	
收款单	凭证模板	1002.01.01	借	收款单收款金额	核算项目
	单据上的往来科目		贷	收款单收款金额	

(续表)

事务类型	科目来源	科　目	借贷方向	金额来源	摘　要
收到票据	凭证模板	1121	借	票面金额	核算项目
	单据上的往来科目		贷	票面金额	
应收票据贴现	凭证模板	1002.01.01	借	贴现额	贴现银行
	凭证模板	6603.02	借	贴息	
	凭证模板	1121	贷	票面金额	
	凭证模板	1121	贷	票面利息	

> 操作指导

1. 设置凭证模板

往来账会计马秀伟登录金蝶 K/3 主控台，执行【系统设置】－【基础资料】－【应收款管理】－【凭证模板】命令，进入【凭证模板设置】窗口，选择【其他应收单】，单击【新增】按钮，弹出【凭证模板】对话框，如图 12-10 所示，按如下数据输入信息。

图 12-10　凭证模板设置

设置模板编号为"1201"，模板名称为"其他应收单"，凭证字为"记"。

参考提供的实验数据设置模板完毕，单击【保存】按钮。再单击【编辑】－【设为默认模板】，将设置好的凭证模板设为生成凭证时的首选模板。

参考前述操作步骤依次新增收款单等的凭证模板。

2. 应收系统单据的凭证制作

往来账会计马秀伟执行【财务会计】－【应收款管理】－【凭证处理】－【凭证-生成】命令，在【选择事务类型】对话框，选择【其他应收单】。单击【确定】按钮，弹出【过滤】框,核销状态选择【全部】。单击【确定】按钮,进入【单据序时簿】窗口,选择需要生成凭证的单据,再单击【按单】按钮,系统自动按设置的凭证模板逐张单据生成凭证。如果单击【汇总】,则将所有选中的单据汇总生成一张凭证,如图 12-11 所示。

参考前述操作步骤依次生成收款单等的凭证。

图 12-11　凭证制作

3. 凭证审核

财务部主管张婷,执行【财务会计】—【应收款管理】—【凭证处理】—【凭证-维护】命令,弹出【会计分录序时簿-过滤条件】窗口。单击【确定】按钮,进入【会计分录序时簿(应收)】窗口,如图 12-12 所示,选择需要审核的凭证,单击【审核】按钮,审核马秀伟制作的所有凭证。

日期	期间	凭证字号	摘要	科目	借方	贷方	制单	审核	过账
2015-2-28	2015-2	记-1	发生坏账损失	坏账准备 - 1231	1,000.00		马秀伟	张婷	
			发生坏账损失	应收账款 - 1122	-1,000.00				
2015-2-23	2015-2	记-2	计提坏账准备	管理费用 - 坏账准备 - 6602.05	15.00		马秀伟	张婷	
			计提坏账准备	坏账准备 - 1231		15.00			
2015-2-21	2015-2	记-3	香港中环公司	应收账款 - 1122	2,000.00		马秀伟	张婷	
				银行存款 - 招行 - 人民币 - 1002.01.01		2,000.00			
2015-2-28	2015-2	记-4	香港中环公司	银行存款 - 招行 - 人民币 - 1002.01.01	45,000.00		马秀伟	张婷	
				应收账款 - 1122		45,000.00			
2015-2-21	2015-2	记-5	香港中环公司	银行存款 - 招行 - 人民币 - 1002.01.01	2,000.00		马秀伟	张婷	
				应收账款 - 1122		2,000.00			
2015-2-25	2015-2	记-6	香港中环公司	应收票据 - 1121	20,000.00		马秀伟	张婷	
				应收账款 - 1122		20,000.00			
2015-2-26	2015-2	记-7	招商银行	银行存款 - 招行 - 人民币 - 1002.01.01	19,752.78		马秀伟	张婷	
				财务费用 - 利息 - 6603.02	247.22				
				应收票据 - 1121		20,000.00			

图 12-12　凭证审核

实验七　期末处理

↗ 应用场景
用于往来业务的会计处理。

↗ 实验步骤
- 期末对账检查。
- 期末调汇。
- 结账。

↗ 操作部门及人员
财务部往来账会计马秀伟负责应收应付系统的期末处理。

↗ 实验前准备
直接采用前述操作的账套。

↗ 实验数据
无。

↗ 操作指导

1. 期末对账检查

为了检查指定科目的凭证是否存在对应的单据，应收应付系统的结账期间是否和总账系统匹配等，需要对系统进行结账前的核对检查。

执行【财务会计】—【应收款管理】—【期末处理】—【期末对账检查】命令，弹出【应收系统对账检查】向导窗口，如图 12-13 所示，设置对账的过滤条件，单击【确定】按钮，开始对账检查。

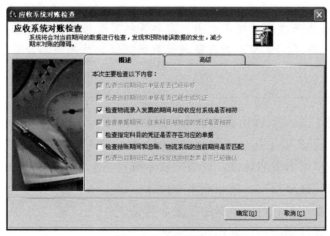

图 12-13　对账检查

2. 期末总额对账

为了让应收应付系统的数据和总账系统等的数据保持一致，需要对数据进行核对检查。

执行【财务会计】－【应收款管理】－【期末处理】－【期末总额对账】命令，弹出【期末总额对账-过滤条件】窗口，如图12-14所示。设置对账的过滤条件，科目代码为"1122"，单击【确定】按钮，开始对账检查。

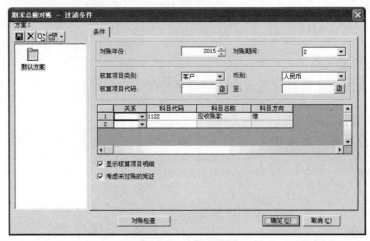

图12-14 对账条件

① 应收系统生成的凭证会自动传递到账务系统，一般情况下，应收系统的往来款余额应该与总账系统往来科目的余额保持一致。

② 本案例中，由于发票从供应链系统传入，要在核算管理系统生成凭证，因此，此时与总账对账可能不平衡。需要等核算管理系统的发票生成凭证后，再进行核对。图12-15所示为存货核算系统凭证制作完成后，应收系统再对账的结果。

与总账对账前，必须确保所有应收系统的相关单据已经生成了凭证。

若对账不平，可从以下几个方面查找原因：

(1) 还有应收单据未生成凭证，造成应收系统有记录而总账系统无的情况。

(2) 应收系统凭证金额与单据金额不一致。

(3) 总账系统存在没有对应单据的往来业务凭证。

(4) 应收系统凭证期间与单据期间不一致。

(5) 应收系统生成的凭证没有审核并过账。

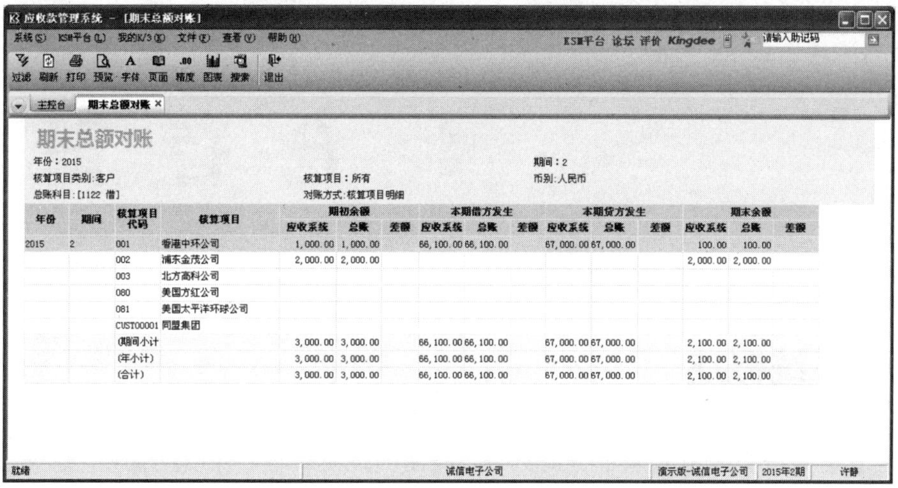

年份	期间	核算项目代码	核算项目	期初余额			本期借方发生			本期贷方发生			期末余额		
				应收系统	总账	差额	应收系统	总账	差额	应收系统	总账	差额	应收系统	总账	差额
2015	2	001	香港中环公司	1,000.00	1,000.00		66,100.00	66,100.00		67,000.00	67,000.00		100.00	100.00	
		002	浦东金茂公司	2,000.00	2,000.00								2,000.00	2,000.00	
		003	北方高科公司												
		080	美国方红公司												
		081	美国太平洋环球公司												
		CUST00001	同盟集团												
		(期间小计		3,000.00	3,000.00		66,100.00	66,100.00		67,000.00	67,000.00		2,100.00	2,100.00	
		(年小计)		3,000.00	3,000.00		66,100.00	66,100.00		67,000.00	67,000.00		2,100.00	2,100.00	
		(合计)		3,000.00	3,000.00		66,100.00	66,100.00		67,000.00	67,000.00		2,100.00	2,100.00	

图 12-15　期末总额对账

上述实验做完后，备份账套，备份文件名为"F 诚信电子公司(应收应付期末处理)"。

3. 结账

当本期所有操作完成之后，如所有单据进行了审核，核销处理，相关单据已生成了凭证，同时与总账等系统的数据资料已核对完毕，则可以进行应收系统期末结账工作。

执行【财务会计】－【应收款管理】－【期末处理】－【结账】命令，按系统提示逐步操作。结账完成，系统进入下一会计期间。

应付系统的操作和应收系统相类似，就不再介绍。

注意

期末结账后，以前期间的数据不能再进行更改，故结账前一定要仔细检查。

如果要修改上一期的数据资料，必须先反结账，但还是建议大家不要轻易进行结账、反结账处理。

第 13 章 仓存管理

13.1 系统概述

仓存管理系统实现出入库单据的处理、商品的批次管理、保质期管理、存量管理等，对存货进出的全过程进行有效的控制和跟踪，实现完善的企业仓储信息管理。

同时，该系统还与供应链其他子系统结合运用，提供订单跟踪管理、供应商供货信息管理、销售价格管理、信用管理等功能。

13.1.1 仓存基本业务处理

仓存业务的处理相对简单，主要是出入库业务的记录，一般由仓管人员负责。具体业务处理流程如图 13-1 所示。

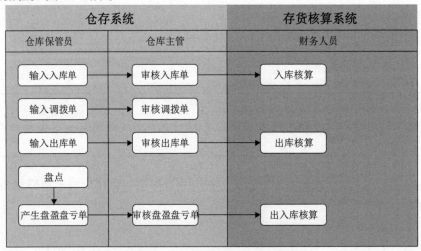

图 13-1 仓存系统业务处理流程

从图 13-1 中可以看出，仓存系统最关键的操作是：单据输入、单据审核及盘点处理。

13.1.2 重点功能概述

仓存系统的操作相对简单，但仓存管理的对象却是企业进行生产发展必不可少的存货资料。金蝶 K/3 仓存系统根据企业的实际应用需要，提供了丰富的仓存管理功能，包括如下几个方面。

(1) 批号管理

批号管理主要用于药品、食品等质量要求严格控制的商品。通过对进出仓库的每一笔存货批号的记录，可以追踪到每一批商品销售的对象、进货的供应商，如果发现某批商品质量有问题，可以及时向销售的客户追回，并退回相应的供应商，或是追究生产人员的责任。

(2) 库龄管理

库龄管理用于统计存货的流转状况，库龄时间越长的商品，周转期越长，针对不同库龄长短的商品企业可以制定不同的销售政策以加速商品的流转。

(3) 保质期管理

在当今竞争激烈的社会中，质量是企业的生命线，保质期管理的重要性毋庸讳言。通过记录进出库商品的入库日期或生产日期，以及保质期时长，可以正确计算商品的到期日期，再通过提前期的设置，在商品即将过期前提醒企业进行相关促销、降价的处理，可以有效地减少商品过期带来的损失。

(4) 存量管理

存货的准备并不是越多越好，也不是越少越好。存货太多，将占用大量资金，降低资金的使用效率；存货太少，会影响企业正常生产。通过存量管理，设置每种存货的最高、最低存量及安全库存量，当超过警戒线时，系统会自动提醒企业进行采购处理。

上述各种管理功能的实现都蕴含在日常单据的输入、审核操作中，需要大家用心进行实际练习。

13.1.3 与其他系统的关系

仓存系统与其他系统的关系如图 13-2 所示。

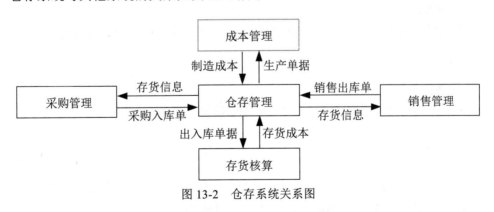

图 13-2 仓存系统关系图

(1) 采购系统录入的采购入库单可以在仓存管理系统及时查询、审核等。

(2) 销售系统录入的销售出库单可以在仓存管理系统及时查询、审核等。

(3) 仓存系统的出入库单可以在核算管理系统按照系统设置中设置的存货计价方法进行成本的自动计算，计算的结果可以自动回填到出入库单中。

(4) 仓存系统的领料单可以传入成本管理系统(本书不作详细介绍)，作为产品生产成本的组成部分。通过成本管理系统计算的产品生产成本可以传入仓存系统的产品入库单中。

此外，还可以根据质量管理的采购检验的物料合格数量进行采购入库；依据生产任务管理系统和重复生产计划系统的产品任务和投料单进行生产领料和产品入库；依据委外加工管理的委外生产任务单和投料单进行委外加工生产领料和委外加工入库；根据车间作业管理系统的工序计划单进行工序领料。

13.2 实验练习

实验一 生产领料

生产领料单是确认原材料出库的书面证明，也是财务人员据以记账、核算产品领料原材料成本的重要原始凭证。

↗ 应用场景
用于记录车间员工的领料业务。

↗ 实验步骤
- 生产领料单的录入。
- 生产领料单的审核。

↗ 操作部门及人员
存货的出入库由仓库管理员曹敏负责，出入库业务单据的审核由仓储部经理赵力负责。

↗ 实验前准备
直接采用前述完成应收应付业务的账套或恢复前述备份账套"F 诚信电子公司(应收应付期末处理)"。

↗ 实验数据
2015 年 2 月 10 日，生产二车间赵武领用数码相机芯片、数码相机控制器(批号：20150131)、数码相机外壳各 100 个，准备生产数码相机。

操作指导

1. 新增生产领料单

仓库管理员曹敏登录金蝶 K/3 主控台，执行【供应链】—【仓存管理】—【领料发货】—【生产领料-新增】命令，打开【领料单-新增】对话框，按照提供的实验数据进行输入，如图 13-3 所示。

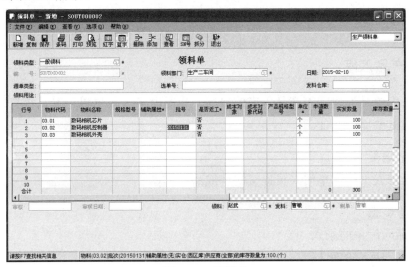

图 13-3　领料单

注意

① 如果存货需要进行批号管理，则商品出库时，需要选择对应的批号。
② 生产领料单包括蓝字生产领料单和红字生产领料单，红字生产领料单代表物料的退回。
③ 仓管人员一般只对物料的数量进行管理，物料进出金额的多少一般由财务人员进行核算统计，所以制单时仓管人员不需要输入出库金额。物料出入库的成本是在核算管理系统中由系统根据其物料的计价方法自动计算核定，系统计算出的成本金额在核算成功后会自动回填到出入库单据中。如果不希望仓管人员查看到财务人员计算的成本单价等，可以通过权限控制让仓管人员只看到存货的出入库数量即可。
④ 不同仓库的物料不能制作在同一张领料单上。
⑤ 录入物料代码等一些基础信息时，可以通过单击 F7 键进行查看选择。

2. 仓储部经理赵力审核曹敏输入的生产领料单

仓储部经理赵力登录金蝶 K/3 主控台，执行【供应链】—【仓存管理】—【领料发货】—【生产领料-维护】命令,弹出【条件过滤】对话框。单击【确定】按钮,进入【生产领料序时簿】窗口,逐条审核曹敏输入的生产领料单,若数据无误,则单击【审核】按钮,完成操作。

↗ 输出表单

执行【供应链】—【仓存管理】—【领料发货】—【生产领料汇总表】命令,可以查看按每一种物料归集的领料情况。

实验二 产品入库

产品入库单是处理完工产品入库的单据,也是财务人员据以记账、核算产成品生产入库成本的重要原始凭证。

↗ 应用场景

用于仓管人员接收车间人员提交的产成品。

↗ 实验步骤

- 产品入库单的录入。
- 产品入库单的审核。

↗ 操作部门及人员

存货的出入库由仓库管理员曹敏负责,出入库业务单据的审核由仓储部经理赵力负责。

↗ 实验前准备

直接采用前述操作的账套。

↗ 实验数据

2015年2月15日,生产二车间生产数码相机100台入东区库,批号为20150215,生产日期为当天。

↗ 操作指导

1. 新增产品入库单

仓库管理员曹敏,执行【供应链】—【仓存管理】—【验收入库】—【产品入库单-新增】命令,打开【产品入库单-新增】窗口,按照提供的实验数据进行输入,如图13-4所示。

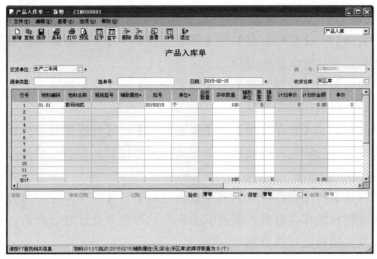

图 13-4 产品入库

① 如果存货需要进行库龄和保质期管理，则产品入库时，需要选择对应的生产日期、保质期天数及有效截止日期。

② 产品入库单包括蓝字产品入库单和红字产品入库单，红字产品入库单代表产成品的退回，即可能由于质量等问题需要重新退回到生产车间进行再加工或是退回到维修车间进行维修处理。

③ 仓管人员一般只对产成品的数量进行管理，产成品入库的金额一般由财务人员进行核算统计，所以制单时仓管人员不需要输入产成品入库金额。入库成本一般由财务人员手工填入或引入入库成本，也可以从成本管理系统中自动取数。

④ 产品入库单可以通过手工录入、订单确认和生产任务单关联等途径生成。

2. 仓储部经理赵力审核曹敏输入的产品入库单

仓储部经理赵力登录金蝶 K/3 主控台，执行【供应链】—【仓存管理】—【验收入库】—【产品入库-维护】命令，弹出【条件过滤】对话框。单击【确定】按钮，进入【产品入库序时簿】窗口，逐条审核曹敏输入的产品入库单，若数据无误，则单击【审核】按钮，完成操作。

除了外购入库(采购系统已经介绍)、产品入库外，金蝶 K/3 供应链系统针对业务的复杂性，还提供了委外加工入库、其他入库等处理。委外加工入库用于处理委外加工产品的入库。其他入库主要用于处理非采购或生产性质的一些零星原材料或产成品入库。

↗ 输出表单

执行【供应链】—【仓存管理】—【报表分析】—【库存账龄分析表】命令,可以对库存所有物料的存储时间进行分析。

执行【供应链】—【仓存管理】—【报表分析】—【保质期清单】命令,可以查询任意时段各仓库物料的保质期情况。

执行【供应链】—【仓存管理】—【报表分析】—【保质期预警分析表】命令,系统对进行保质期管理的物料,按照物料的保质期进行比较、分析,将超过保质期的物料进行预警提示。

执行【供应链】—【仓存管理】—【报表分析】—【安全库存预警分析表】命令,系统对库存所有物料的库存数量,按照安全库存的数量进行比较、分析,将库存数量低于安全库存数量的物料进行预警提示。

实验三 外销发货

↗ 应用场景

签订外销订单户,仓库管理人员需要根据销售人员提供的出运通知单进行发货,待实际出库后,填制销售出库单。销售出库单是商品出库的业务凭据。

↗ 实验步骤

- 销售出库单的输入。
- 销售出库单的审核。

↗ 操作部门及人员

产品的销售出库由仓库管理员曹敏负责,进出库业务单据的审核由仓储部经理赵力负责。

↗ 实验前准备

直接采用前述操作账套。

↗ 实验数据

2015年2月16日,仓库进行销售出库处理。批号:20150215。

↗ 操作指导

1. 输入销售出库单

销售出库单可以手工输入,也可以通过关联出运通知单生成。由于前面销售系统的业务流程设计中,销售出库单只能关联销售订单。现在增加了出口业务,则需要修改相关流程。

仓库管理员曹敏登录金蝶 K/3 主控台，通过执行【系统设置】—【系统设置】—【仓存管理】—【业务流程设计】命令，打开【系统基本资料(业务流程自定义)】对话框，选择【销售出库】，勾选【出运通知单】选项，然后保存。

此外，还需要给曹敏查看出运通知单的权限，具体的操作方法这里不再介绍。

仓库管理员曹敏登录金蝶 K/3 主控台，执行【供应链】—【仓存管理】—【领料发货】—【销售出库-新增】命令，打开【销售出库-新增】对话框。选择源单类型为【出运通知单】，在选单号处，单击 F7 键进入【出运通知单序时簿】窗口进行选单。可以通过 Shift 键选择多条记录，单击【返回】按钮，系统自动携带选中的记录，按照提供的实验数据进行修改，如图 13-5 所示。

图 13-5　销售出库

2. 审核销售出库单

以仓储部经理赵力的身份登录金蝶 K/3 主控台，执行【供应链】—【销售管理】—【销售出库】—【销售出库单-维护】命令，弹出【条件过滤】对话框，单击【确定】按钮，进入【销售出库序时簿】窗口，逐条审核曹敏输入的销售出库单，若数据无误，则单击【审核】按钮，完成操作。

↗ 输出表单

执行【供应链】—【销售管理】—【销售出库】—【销售出库明细表】命令，可以随时了解对应每一个客户的发货记录。

实验四　仓库调拨

有些企业拥有很多仓库，经常需要将物料移动，此时就会用到仓库调拨。一般情况下,调拨处理只是涉及物料物理位置的移动,物料的成本金额中并不因移动而有所增加或减少。

↗ 应用场景
用于记录不同仓库之间的货物移动。

↗ 实验步骤
- 调拨单的新增。
- 调拨单的审核。

↗ 操作部门及人员
存货出入库由仓库管理员曹敏负责,出入库业务单据的审核由仓储部经理赵力负责。

↗ 实验前准备
直接采用前述操作的账套。

↗ 实验数据
2015年2月20日,发现一台数码相机(批号:20150101)由于控制器有问题,需要由东区库调入西区库进行拆分及维修处理。

↗ 操作指导

1. 新增调拨单

仓库管理员曹敏登录金蝶 K/3 主控台,执行【供应链】—【仓存管理】—【仓库调拨】—【调拨单-新增】命令,打开【调拨单-新增】对话框,如图 13-6 所示,按照提供的实验数据进行输入。

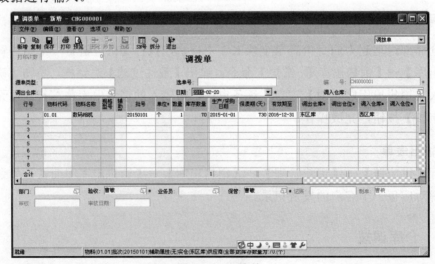

图 13-6 调拨单

2. 仓储部经理赵力审核曹敏输入的调拨单

仓储部经理赵力登录金蝶 K/3 主控台，执行【供应链】—【仓存管理】—【仓库调拨】—【调拨单-维护】命令，弹出【条件过滤】对话框。单击【确定】按钮，进入【仓库调拨序时簿】窗口，逐条审核曹敏输入的仓库调拨单，若数据无误，则单击【审核】按钮，完成操作。

↗ 输出表单

执行【供应链】—【仓存管理】—【仓库调拨】—【调拨单-维护】命令，可以查询所有输入的调拨单。

实验五　盘点处理

在企业实际运作过程中，由于毁损、变质或人为等因素，经常会出现账面库存与实际库存不一致的情况。为了满足会计核算的需要，就必须定期进行存货盘点，以保证账实相符。

↗ 应用场景

用于仓管人员的存货盘点业务。

↗ 实验步骤

- 存货账面数据的备份。
- 盘点表的打印。
- 存货实际盘点结果数据的引入。
- 盘点报告单的编制。
- 盘点结果的财务处理。

↗ 操作部门及人员

存货盘点业务由仓库管理员曹敏和仓储部经理赵力负责。

↗ 实验前准备

- 直接采用前述操作的账套。
- 系统日期调整为 2015-02-28。

↗ 实验数据

企业于 2015 年 2 月 28 日对东区库和西区库进行仓库盘点,发现实际库存 MP3 芯片比账面多 10 个，优盘(东区库)比账面少 2 个。

操作指导

1. 备份存货账面数据

仓储部经理赵力登录金蝶 K/3 主控台，执行【供应链】—【仓存管理】—【盘点作业】—【盘点方案-新建】命令，进入【盘点进程】窗口，如图 13-7 所示。单击【新建】按钮，打开【备份仓库数据】对话框，如图 13-8 所示，选择需要盘点的仓库，备份日期设为"即时库存"，截止日期为 2015 年 2 月 28 日。单击【确定】按钮，完成仓库数据备份，返回【盘点进程】窗口。

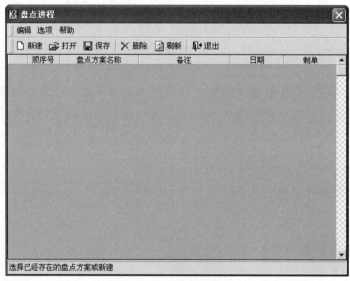

图 13-7　新建盘点方案

图 13-8　备份仓库数据

> **注意**
>
> ① 库存盘点要求所有的出入库单据全部审核，如果备份仓库还有未审核的与出入库单相关的单据，系统提示不能备份；如果该仓库已经备份，而且该仓库还未输出盘点单，则系统不能备份该仓库数据。
>
> ② 当企业一旦确定了一个固定的盘点日期，从此盘点日期开始到盘点结束时的仓存进出要从盘点结果中调整出去，调整后数据才能与财务账对比。如果备份日期选择的是即时库存，则系统自动取数据库服务器端的系统日期。

2. 打印盘点表

即引出需盘点数据，提供仓存人员进行盘点的存货列表。仓库管理员曹敏执行【供应链】－【仓存管理】－【盘点作业】－【盘点表打印】命令，进入【打印物料盘点表】窗口，单击【打印】按钮，即可打印物料盘点表。

3. 引入存货实际盘点结果数据

即盘点结果数据手工录入，或者通过 Excel 格式引入。仓库管理员曹敏执行【供应链】－【仓存管理】－【盘点作业】－【盘点数据录入】命令，进入【录入盘点数据】窗口，如图 13-9 所示。在【盘点数量】列，根据盘点结果手工输入实际盘点数量。或者单击【引入】按钮，直接将盘点结果引入到盘点表中。数据输入完毕，单击【保存】按钮。

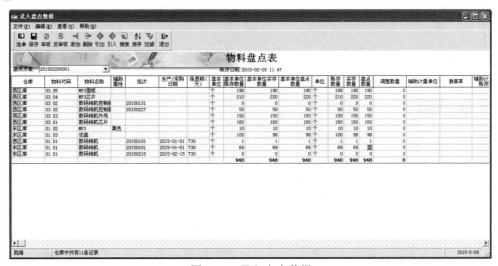

图 13-9　录入盘点数据

注意

调整数量主要是调整系统备份日的账存余额与实际盘点时的账存余额数量不一致造成的差额，本案例中调整数量为 0，即无须调整。

4. 编制盘点报告单

即系统进行账存数据与实存数据差异比较。仓库管理员曹敏执行【供应链】－【仓存管理】－【盘点作业】－【编制盘点报告】命令，进入【物料盘点报告单】窗口，如图 13-10 所示。系统自动根据上一环节输入的盘点数量计算出存货的盘盈盘亏数量。单击【打印】按钮，打印物料盘点报告单，据以作为进行盘盈盘亏财务处理的依据。

仓库代码	仓库名称	物料代码	物料名称	辅助属性	物料批次	生产/采购日期	保质期(天)	基本单位	基本单位账存数量	基本单位实存数量	基本单位盘盈数量	基本单位盘亏数量	单位
001	西区库	03.05	MP3面板					个	190	190			个
001	西区库	03.04	MP3芯片					个	210	220	10		个
001	西区库	01.01	数码相机		20150101	2015-01-01	730	个	1	1			个
001	西区库	03.02	数码相机控制器		20150131			个	0	0			个
001	西区库	03.02	数码相机控制器		20150227			个	50	50			个
001	西区库	03.03	数码相机外壳					个	150	150			个
001	西区库	03.01	数码相机芯片					个	160	160			个
002	东区库	01.02	MP3	黑色				个	10	10			个
002	东区库	01.01	数码相机		20150101	2015-01-01	730	个	69	69			个
002	东区库	01.01	数码相机		20150215	2015-02-15	730	个	0	0			个
002	东区库	01.03	优盘					个	100	98		2	个
			合计						940	948	10	2	

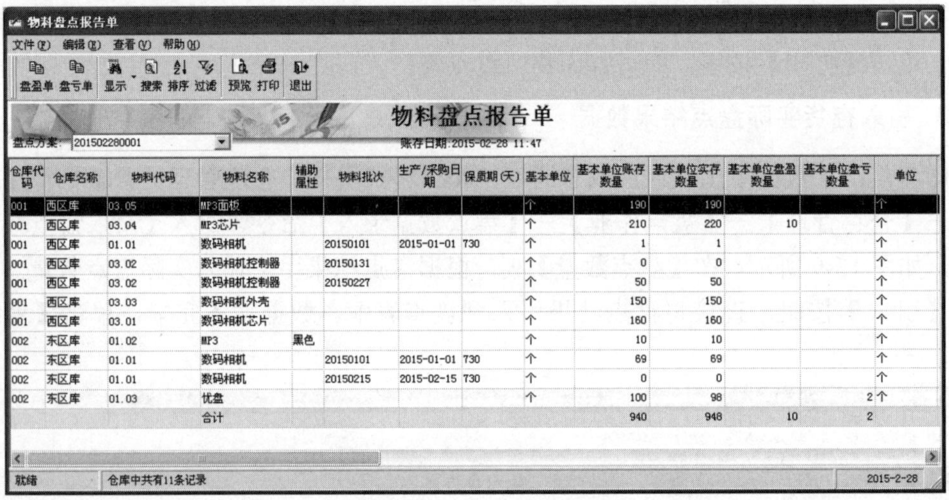

图 13-10　物料盘点报告

5. 盘点结果的财务处理

即根据盘点报告单生成盘盈盘亏单据并审核。在【物料盘点报告单】窗口，仓库管理员曹敏单击【盘盈单】、【盘亏单】，系统自动根据盘盈盘亏数量生成相应的盘盈盘亏单，图 13-11 为盘亏单。

仓储部经理赵力对曹敏生成的盘盈盘亏单进行审核。执行【供应链】－【仓存管理】－【盘点作业】－【盘盈入库-维护】命令，弹出【条件过滤】对话框。单击【确定】按钮，进入【库存调整序时簿】窗口，逐条审核盘盈入库单，若数据无误，则单击【审核】按钮，完成操作。盘亏单的审核也如此，不再赘述。

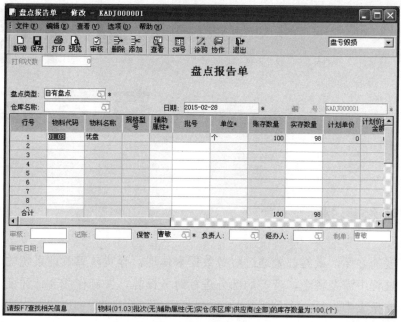

图 13-11 盘亏单

上述实验做完后,备份账套,备份文件名为"F 诚信电子公司(仓存管理)"。

第14章 存货核算

14.1 系统概述

业务开展的好坏，最终都要通过财务数据来体现，存货核算管理系统的目的就是要将业务发生过程中涉及资金、资产的部分进行财务核算，并制作成会计凭证，反映到企业的三大会计报表中。

14.1.1 存货核算管理基本业务处理流程

存货核算管理主要是计算出入库存货成本并制作成凭证，一般由会计人员完成。具体如图14-1所示。

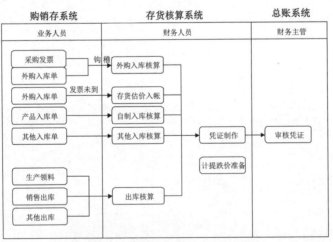

图14-1 核算管理系统业务处理流程

从图14-1中可以看出，核算管理系统最关键的操作是：出入库核算和凭证制作。与供应链其他系统不同的是：核算管理系统几乎不涉及单据的输入，所有参与核算管理的单据都来源于其他业务系统。

14.1.2 重点功能概述

存货核算管理系统提供先进先出法、后进先出法、加权平均法、移动平均法、分批认定法、计划成本法等多种存货的计价方法。各种存货的计价方法可并行使用，准确核算存货的出入库成本和库存金额余额。

外购入库核算可自动分配采购费用、自动进行暂估调整。

14.1.3 与其他系统的关系

存货核算管理系统与其他系统的关系如图 14-2 所示。

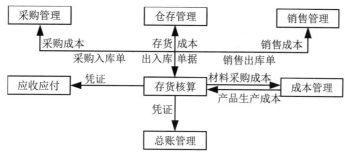

图 14-2 核算管理系统关系图

(1) 接收采购系统录入的已审核的采购发票、外购入库单、委外加工入库单、委外加工出库单、费用发票等单据，进行入库核算计算出采购成本，并制作凭证。

(2) 接收仓存系统录入的所有出入库单据，进行出入库金额核算和凭证处理。

(3) 接收销售系统录入的已审核的销售发票、销售出库单、销售费用发票等单据，进行销售出库核算计算出销售出库成本，并制作凭证。

(4) 核算管理系统将材料出库核算的结果传递给成本系统，作为成本系统计算产品生产成本的组成部分。成本系统计算出的半成品、产成品生产成本传递到核算管理系统作为产品的入库成本。

(5) 对各类发票生成凭证后，核算管理系统自动将凭证字等相关信息传递到应收应付系统对应的往来单据上，实现财务处理的一致性。

(6) 核算管理系统生成的凭证传递到总账系统，并可实现存货与总账系统的对账功能。

14.2 实验练习

实验一 入库核算

入库核算功能主要用来核算各种类型的存货入库的实际成本，不同类型的入库其核算的特点不同，如外购入库的成本需要依据相钩稽的采购发票，还应计入采购费用，委外加工入库的成本由材料费和加工费组成。

↗ **应用场景**

财务人员计算原材料的采购成本等。

↗ **实验步骤**

- 外购入库核算。
- 存货估价入账。
- 自制入库核算。

↗ **操作部门及人员**

诚信电子公司的入库核算由财务部主管张婷负责。

↗ **实验前准备**

直接采用前述完成仓存业务的账套或恢复前述备份账套"F 诚信电子公司(仓存管理)"。

↗ **实验数据**

- 所有数据来源于其他系统,无须单独准备数据。
- 数码相机的自制入库成本为单价 1 100 元。
- MP3 芯片的盘盈入库成本为单价 620 元。

↗ **操作指导**

1. 外购入库核算

主要针对企业对外采购并已收到发票的入库材料进行核算。它的核算以采购发票上的金额和对应的入库单中的数量为准,保证核算的正确性。所以,在外购入库核算中显示的是采购发票,没有发票的物料入库是暂估入库,不属外购入库核算范围。

财务部主管张婷登录 K/3 系统。执行【供应链】—【存货核算】—【入库核算】—【外购入库核算】命令,弹出【条件过滤】对话框。单击【确定】按钮,进入【外购入库核算】窗口,窗口中显示出所有已钩稽、已审核的本期红蓝字发票。

选择需要进行费用分配的发票。系统默认按数量分配,即菜单中的【核算】—【费用分配方式】默认勾选的是【按数量分配】。费用分配主要是将采购过程中发生的可以计入采购成本的费用按照数量或金额两种方式分配到原材料的采购单位成本中。单击【分配】按钮,系统自动完成费用的分摊工作。

双击已进行费用分配的发票,可以查看分配的结果,与图 14-3 所示手工方式下的结算结果一致。

图 14-3 入库成本核算

如本书案例中描述，支付绵阳电子公司货款时，还支付了 1 500 元的运费。发票符合抵扣要求，抵扣税率为 10%。手工计算时，得出的结果如表 14-1 所示。

表 14-1 费用分配表

物 料	数 量	计入成本的运费	可抵扣税金	运 费
数码相机芯片	60	368.18	40.91	409.09
数码相机控制器	50	306.82	34.09	340.91
MP3 芯片	110	675	75	750
合计	220	1 350	150	1 500

单击【核算】按钮，系统开始核算外购入库的采购成本。外购入库核算成功后，系统将采购发票上的单价、金额返填到采购入库单，保持采购成本一致性。选择【查看】菜单中的【对应入库单】选项，可查询刚才入库核算的结果。

参考上述操作逐一核算其他所有采购发票。

2. **存货估价入账**

在实际的采购业务中，经常存在仓库已收到了货物，而财务仍没有收到采购发票的情况，所以在发票到达前，实际的仓库账与财务账存在差异。为了保证财务账和业务账的一致，财务上一般使用暂估入库，在核算成本时人为地给物料一个单位成本。

执行【供应链】—【存货核算】—【入库核算】—【存货估价入账】命令，弹出【条件过滤】对话框。单击【确定】按钮,进入【暂估入库单序时簿】窗口,在该窗口中显示出所有未钩稽、已审核的本期红蓝字外购入库单。执行【编辑】—【查看】命令,打开外购入库单,手工输入暂估物料的入库成本,然后单击【保存】按钮。

3. 自制入库核算

企业的自制产品包括自制产成品和自制半成品,它们的成本是由生产成本中直接人工、直接材料、制造费用和其他费用汇总分配后核算出的,应由财务人员计算获得。如果启用了成本管理系统,自制入库产品的单价可以由成本管理系统【引入】,否则,财务人员需手工填入。

盘盈入库产品的核算也在自制入库核算界面处理。

执行【供应链】—【存货核算】—【入库核算】—【自制入库核算】命令,弹出【条件过滤】对话框。单击【确定】按钮,进入【自制入库核算】窗口。窗口中显示出所有已审核的本期产品入库记录,录入存货的入库单价 1 100,单击【核算】按钮,完成自制入库核算,如图 14-4 所示。

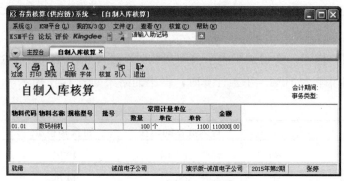

图 14-4 自制入库核算

单击【过滤】按钮,事务类型选择【盘盈入库(实际成本部分)】,单击【确定】按钮,进入【自制入库核算】窗口,窗口中显示出所有已审核的盘盈入库记录,录入存货的入库单价 620,单击【核算】按钮,完成盘盈入库核算,如图 14-5 所示。

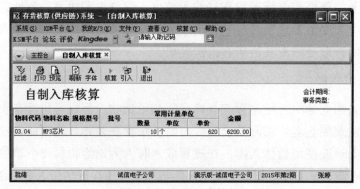

图 14-5 盘盈入库核算

除了上述三种主要的入库核算外，系统还提供了其他入库核算、委外加工入库核算等，此处不一一列举。

> **↗ 输出表单**

执行【供应链】—【存货核算】—【入库核算】—【采购成本明细表】命令，可以分析某一期间外购入库成本的明细组成情况。

实验二　出库核算

主要用来核算存货的出库成本，包括原材料的生产出库核算和产成品的销售出库核算。

> **↗ 应用场景**

财务人员统计销售出库的商品成本。

> **↗ 实验步骤**

- 红字出库核算。
- 材料出库核算。
- 产品出库核算。

> **↗ 操作部门及人员**

诚信电子公司的出库核算由财务部主管张婷负责。

> **↗ 实验前准备**

直接采用前述完成入库核算的账套。

> **↗ 实验数据**

所有数据来源于其他系统，无须单独准备数据。

> **↗ 操作指导**

1. 红字出库核算

张婷执行【供应链】—【存货核算】—【出库核算】—【红字出库核算】命令，弹出【条件过滤】对话框。单击【确定】按钮，进入【红字出库核算】窗口，选择要核算的红字销售出库单，双击打开，直接输入单位成本 100 即可，如图 14-6 所示。如果红字出库单关联了原蓝字出库单，退货成本系统就会自动取蓝字出库单的出库成本，无须在此处再单独输入。

金蝶 K/3 ERP 供应链管理系统实验教程

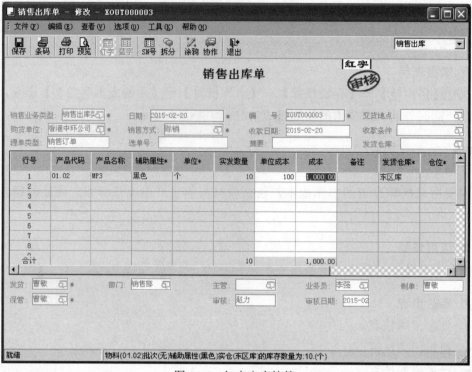

图 14-6 红字出库核算

2. 材料出库核算

执行【供应链】—【存货核算】—【出库核算】—【材料出库核算】命令，进入【结转存货成本】的向导窗口，如图 14-7 所示，按照向导提示结转本期所有物料，完成操作后查看结转报告如图 14-8 所示。

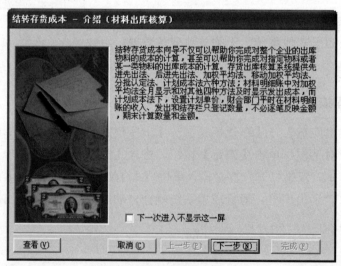

图 14-7 结转存货成本向导

图 14-8　结转存货成本报告

3. 产品出库核算

执行【供应链】—【存货核算】—【出库核算】—【产成品出库核算】命令，进入【结转存货成本】的向导窗口，按照向导提示完成操作。

若物料入库核算未完成(有入库单的单价为零，包括红字)，则系统会提示出错。根据选项决定是否停止继续核算其他物料。

➢ 输出表单

执行【供应链】—【存货核算】—【出库核算】—【生产领料成本明细表】命令，可以反映一定期间物料的生产领料成本的明细情况。

执行【供应链】—【存货核算】—【出库核算】—【销售成本明细表】命令，可以反映一定期间产成品的销售出库的明细情况。

实验三　凭证处理

生成凭证是核算管理最终的目的，是将业务与账务相结合的过程，是业务系统与账务系统的接口，在核算管理系统中生成的凭证可以立刻传输到账务系统中。

➢ 应用场景

将所有的供应链业务进行账务处理，以最终反映到财务报表中。

➢ 实验步骤

- 凭证模板设置。

- 业务凭证生成。
- 凭证审核。

↗ 操作部门及人员

诚信电子公司的业务系统凭证制作由财务部主管张婷负责。

↗ 实验前准备

直接采用前述完成出库核算的账套。

↗ 实验数据

采购入库凭证的模板如下。

仓库收到货物时，会计分录为：

借：原材料
　　贷：材料采购

财务收到采购发票时，会计分录为：

借：材料采购
　　应交税金——增值税——进项税金
　　贷：应付账款

具体凭证模板的设置如表 14-2 所示。

表 14-2 凭证模板信息

事务类型	科目来源	科目	借贷方向	金额来源	摘要
外购入库	单据上物料的存货科目		借	外购入库单实际成本	供应商
	凭证模板	材料采购	贷	外购入库单实际成本	
采购发票	凭证模板	材料采购	借	采购发票不含税金额	供货单位
	凭证模板	进项税额	借	采购发票税额	
	单据上的往来科目		贷	采购发票价税合计	
费用发票	凭证模板	制造费用	借	采购费用发票不含税金额	供货单位
	凭证模板	进项税额	借	采购费用发票可抵扣税额	
	单据上的往来科目		贷	采购费用发票金额	
产品入库	凭证模板	库存商品	借	产品入库单实际成本	交货单位
	凭证模板	生产成本	贷	产品入库单实际成本	

(续表)

事务类型	科目来源	科目	借贷方向	金额来源	摘要
盘盈入库1	单据上物料的存货科目		借	盘盈入库单实际成本	仓库名称
	凭证模板	营业外收入	贷	盘盈入库单实际成本	
销售出库（赊销）	凭证模板	主营业务成本	借	产品出库单实际成本	购货单位
	凭证模板	库存商品	贷	产品出库单实际成本	
生产领料	凭证模板	生产成本	借	生产领料单实际成本	领料部门
	凭证模板	原材料	贷	生产领料单实际成本	
盘亏	凭证模板	营业外支出	借	盘亏单实际成本	仓库名称
	单据上物料的存货科目		贷	盘亏库单实际成本	
销售收入	单据上的往来科目		借	销售发票价税合计	购货单位
	凭证模板	主营业务收入	贷	销售发票不含税金额	
	凭证模板	销项税额	贷	销售发票税额	
外购入库（计划法）	凭证模板	原材料	借	外购入库单计划成本	实收数量
	凭证模板	材料采购	贷	外购入库单计划成本	
调拨	单据上物料的存货科目		借	仓库调拨成本	调出仓库
	单据上物料的存货科目		贷	仓库调拨成本	

↗ **操作指导**

1. 设置凭证模板

财务部主管张婷登录 K/3 系统，执行【供应链】—【存货核算】—【凭证管理】—【凭证模板】命令，进入【凭证模板设置】窗口。选择【外购入库单】，单击【新增】按钮，弹出【凭证模板】对话框，如图 14-9 所示。按如下数据输入信息：模板编号为"201501"，模板名称为"外购入库"，凭证字为"记"。

模板设置完毕，单击【保存】按钮。

参考前述操作步骤依次新增其他业务凭证模板。

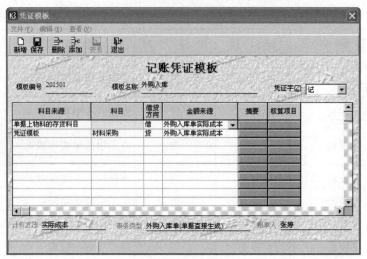

图 14-9 凭证模板

① 凭证模板根据业务的不同也分为多种，每个业务都必须制作相应的模板。每一种核算单据可设置多个凭证模板，指定某个凭证模板为默认凭证模板，系统生成凭证时只按默认的凭证模板生成凭证。

② 科目来源可以有多种选择方式，分别是：

- 凭证模板——是唯一从系统基础资料中会计科目取数的形式。
- 取自单据上物料的存货科目、销售收入科目、销售成本科目——这三种科目在设置物料代码时已设置在物料中了。如果物料的存货科目设定为原材料科目，则此处会计科目就是"1403 原材料"。
- 单据上部门的核算科目——科目设置在部门资料中。

若选择来源于凭证模板，则须在科目栏录入固定科目，可使用 F7 键查找。若选择其他的科目来源，则不需要在模板录入具体科目(【科目】栏自动变灰)，系统会在生成凭证时根据单据上的内容和科目来源自动查找相应的科目。

2. 设置默认模板

在【凭证模板设置】窗口，选择刚才设置的外购入库单模板，执行【编辑】—【设为默认模板】命令，将 201501 号凭证模板设置为制作凭证时的首选模板。

3. 凭证制作

执行【供应链】—【存货核算】—【凭证管理】—【生成凭证】命令，进入【生成凭证】窗口。按照实验数据，选中【外购入库单】，单击【重设】，弹出【条件过滤】对话框，单击【确定】按钮，系统列示所有满足条件的外购入库单，如图 14-10 所示。在【选择标志】列，勾上需要生成凭证的入库单，选择【按单生成凭证】，单击【生成凭证】，完成凭证制作。凭证完成后，执行【供应链】—【存货核算】—【凭证管理】—【凭证查询】命令，查询所有生成的凭证是否正确、完整，如应收账款、应付账款科目的核算项目是否存在等。

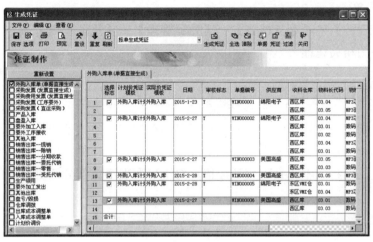

图 14-10 生成凭证

注意

① 凭证是根据凭证模板生成的，凭证生成的关键在于选择业务类型，各种业务的操作过程是一致的。

② 生成凭证有三种选择。

- 【按单生成凭证】：一张单据生成一张凭证。
- 【按单据类型生成汇总凭证】：选择相同类型或相同业务的多张单据生成一张汇总的凭证。
- 【所有选择单据生成汇总凭证】：所有选择的多张单据生成一张汇总的凭证。

③ 生成凭证错误的常见原因主要有：

- 找不到科目，应采取的措施是补录科目或调整科目来源。
- 科目不是最明细，凭证借贷不平，一般是因为金额来源设置不正确。
- 单据上数据为 0 取不到核算项目，此时应对科目进行调整。
- 凭证不能保存，原因是业务系统当前会计期间小于账务系统的当前会计期间。

4. 凭证审核

财务部经理许静登录金蝶 K/3 系统。执行【供应链】—【存货核算】—【凭证管理】—【凭证查询】命令，在【会计分录序时簿】窗口，审核张婷制作的供应链凭证，也可以直接在总账系统进行凭证审核。审核完成后，执行【财务会计】—【总账】—【凭证管理】—【凭证过账】命令，对张婷制作的供应链凭证进行过账处理。

↗ 输出表单

执行【供应链】—【存货核算】—【凭证管理】—【凭证查询】命令，可以查询所有供应链业务的相关凭证。

实验四　存货跌价准备

遵循会计制度的谨慎原则，企业的存货应当在期末按照成本与可变现净值孰低的原则计提存货跌价准备。如果成本低于可变现净值时，则不计提跌价准备；如果成本高于可变现净值时，应将成本降到可变现净值，对于可变现净值部分低于成本的损失，计提跌价准备。

↗ 应用场景

存货跌价准备的计提。

↗ 实验步骤

- 跌价准备参数设置。
- 存货跌价准备计提。
- 存货跌价准备凭证制作。

↗ 操作部门及人员

诚信电子公司的存货跌价准备由财务部主管张婷负责。

↗ 实验前准备

直接采用前述完成凭证制作的账套。

↗ 实验数据

- 存货跌价准备计提方式：按物料计提。
- 所有存货均跌价 2%。

↗ 操作指导

1. 设置跌价准备参数

财务部主管张婷登录 K/3 系统。执行【系统设置】—【系统设置】—【存货核算】—

【系统设置】命令，进入【系统参数维护】窗口。选择【核算系统选项】，按照实验数据设置存货跌价准备计提方式为"按物料计提"。

2. 计提存货跌价准备

执行【供应链】—【存货核算】—【存货跌价准备管理】—【存货跌价维护】命令，弹出【过滤】对话框，单击【确定】按钮，进入【存货跌价维护】窗口，如图 14-11 所示。在【跌价比例】列，手工输入或引入存货的跌价比例，单击【保存】按钮，系统自动计算出应提跌价准备。

图 14-11　存货跌价维护

在计提跌价准备前建议对核算系统当前期间首先进行"关账"处理，以防止在计提了跌价准备之后，操作人员又录入了本期库存单据或修改了库存余额。

3. 存货跌价准备凭证制作

执行【供应链】—【存货核算】—【凭证管理】—【生成凭证】命令，参照实验三的步骤，将存货跌价准备管理业务中的记录生成凭证。财务部经理许静登录金蝶 K/3 系统，审核存货计提跌价准备凭证并过账。

> ① 在制作凭证前，应设置好凭证模板，通常是：
> 借：管理费用——计提的存货跌价准备
> 　　贷：存货跌价准备
> ② 如已计提跌价准备的存货的价值以后又得以恢复，应按恢复增加的数额。
> 借：存货跌价准备
> 　　贷：管理费用——计提的存货跌价准备
> 本例中管理费用没有设置"计提的存货跌价准备"明细科目，改为"管理费用——其他"。

↗ **输出表单**

执行【供应链】—【存货核算】—【存货跌价准备管理】—【存货跌价准备计提表】命令，可以查看各个期间的存货跌价计提情况。

实验五　期末处理

期末处理主要是指将本期的所有数据加计发生额并结转到下一期，包括结存数量、结存金额。

↗ **应用场景**

期末结账处理。

↗ **实验步骤**

- 期末关账。
- 期末对账。
- 期末结账。

↗ **操作部门及人员**

诚信电子公司的业务系统期末处理由财务部主管张婷负责。

↗ **实验前准备**

直接采用前述完成存货跌价计提的账套。

↗ **实验数据**

无。

操作指导

1. 期末关账

通过关账可截止本期出入库单据的继续录入和其他处理，有利于期末结账前的对账处理。

财务部主管张婷登录 K/3 系统。执行【供应链】—【存货核算】—【期末处理】—【期末关账】命令，进入【期末关账】对话框，单击【关账】按钮，完成关账业务处理。

2. 期末对账

在【期末关账】对话框，单击【对账】按钮，可对存货核算管理系统的存货余额及发生额，与总账系统存货科目余额及发生额进行核对，如图 14-12 所示。

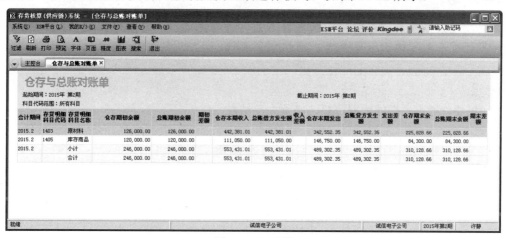

图 14-12　对账

> **注意**
>
> 业务系统生成的凭证会自动传递到账务系统。一般情况下，业务系统的存货余额应该与总账系统存货科目的余额保持一致。

与总账对账前，必须确保所有业务系统的相关单据已经生成了凭证，并且所有凭证都已审核过账。

若对账不平，可从以下几个方面查找原因：

(1) 还有业务单据未生成凭证，造成业务系统有记录而总账系统无的情况。

(2) 凭证模板设置不正确，存货收发未与存货科目借贷相对应。

(3) 总账中有直接录入的涉及存货科目的凭证，造成总账有记录，而业务系统中没有记录的情况。

(4) 暂估冲回后未继续暂估或生成外购入库凭证。

(5) 业务系统生成的凭证没有审核并过账。

上述实验做完后,备份账套,备份文件名为"F 诚信电子公司(核算管理期末处理)"。

3. 期末结账

执行【供应链】－【存货核算】－【期末处理】－【期末结账】命令,进入【期末结账】向导窗口,按系统提示操作。

注意

期末结账后,以前期间的数据不能再进行更改,一定要仔细进行。如果本期还有未处理的出入库单据,则结账会失败。

如果要修改上一期的数据资料,必须先反结账。

第 15 章 总账管理

15.1 系统概述

总账管理系统主要是进行凭证的处理,包括凭证的新增、查询、审核、修改、删除等操作,以凭证为基础编制科目汇总表,登记各种明细账、总账和多栏账,输出科目余额表、试算平衡表等。期末,系统可以自动完成汇兑损益结转、损益结转、自动转账等工作。

15.1.1 总账系统基本业务流程

一个完整的财务处理流程,通常有如下几个环节。

凭证录入→凭证审核→凭证记账→月末计提→结转损益→凭证汇总→结转下期

(1) 凭证录入主要是录入日常基本凭证,比如借款、费用报销、提现、收款、付款、进销存相关凭证、生产制造相关凭证等。但是,如果启用了相关业务系统,则凭证在业务系统制作后会自动传入总账系统,无须再在总账系统录入。

(2) 凭证审核是对录入的凭证进行审查、确认的工作。

(3) 凭证记账主要是将制作的凭证记录登记到账簿上以方便汇总、查询,系统通过过账功能自动完成。

(4) 月末经常需要计提折旧、坏账准备、跌价准备等,如果没有启用相关的业务系统,如固定资产、应收系统、存货核算,则可以通过总账系统的"自动转账"功能来完成。自动转账主要完成各种摊、提业务凭证的制作,是基于已有的数据和凭证而通过一定的逻辑关系,由系统来自动产生凭证的过程。

(5) 结账损益,对于损益类账户,每个月末或者年末,需要将其实际发生额转入本年利润账户,系统将提供这类凭证的自动结账功能。

(6) 手工方式下,凭证记账和凭证汇总需要分开处理。计算机方式下,通过过账功能系统自动完成账簿的登记及科目的汇总工作。

(7) 结转下期,即计算出本期的累计发生额、本年的累计发生额、期末余额,并将余额结转为下一会计期间的期初余额。系统通过期末结账功能完成。

如图 15-1 列示了财务处理在金蝶 K/3 总账系统中的主要操作流程。

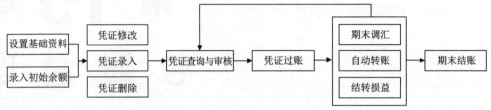

图 15-1　总账系统主要操作流程

15.1.2　重点功能概述

总账系统主要是进行凭证账簿管理的系统，它提供凭证的录入、查询、审核、修改、删除、记账(过账)、总分类账查询、明细分类账查询、多栏账查询、自动转账、期末自动调汇、期末自动结账损益、期末结账等功能。

15.1.3　与其他系统的关系

总账系统和其他系统的关系如图 15-2 所示。

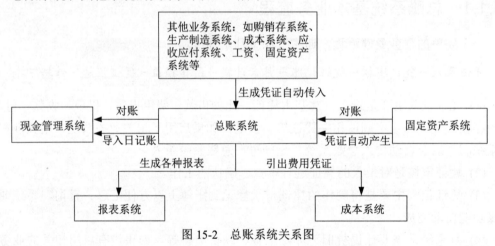

图 15-2　总账系统关系图

15.2　实验练习

本案例主要介绍供应链及与供应链相关的操作，所以只练习凭证的审核、过账等处理，其他操作可以参考本套教材中的《金蝶 K/3 ERP 财务管理系统实验教程》或者《金蝶 K/3 ERP 会计信息系统实验教程》。

实验一 凭证处理

➔ 应用场景

业务系统制作的凭证传递到总账系统后，在总账系统进行审核、过账操作。

➔ 实验步骤

- 凭证审核。
- 凭证过账。

➔ 操作部门及人员

在诚信公司，财务主管张婷负责审核凭证，财务经理许静负责凭证过账。

➔ 实验前准备

恢复"F 诚信电子公司(核算管理期末处理)"账套。

➔ 操作指导

1. 凭证审核

张婷登录 K/3 系统主界面，执行【财务会计】—【总账】—【凭证处理】—【凭证查询】命令，弹出【会计分录序时簿过滤】对话框。单击【确定】按钮，进入总账系统【会计分录序时簿】列表窗口，如图 15-3 所示。

图 15-3　会计分录序时簿

窗口中列出了所有凭证，包括业务系统传递过来的凭证，通过【系统模块】列可以知道该凭证在哪个业务系统产生。由于在存货核算系统中为了和总账进行对账，我们已对所有凭证进行了审核、过账，因此所有凭证都是已审核、已过账状态，并且【审核】、【过账】栏目显示了相应的操作人。

凭证审核后不能再进行修改，但凭证审核后可以进行"反审核"。"反审核"的凭证可以修改，并再次进行"审核"操作。

2. 凭证过账

在金蝶 K/3 系统主界面，执行【财务会计】—【总账】—【凭证处理】—【凭证过账】命令，打开【凭证过账】向导，可以按照系统的提示进行凭证过账操作。

注意

① K/3 系统的过账，类似于手工账下的登记账簿和凭证汇总工作。在手工方式下，由于工作量的关系一般在月底进行，采用信息系统后，可以每天、每周或月末进行。

② 即使系统没有登账，也可以查询各种明细账、多栏账、总账、余额表等内容，就是我们通常所说的模拟记账。

③ 凭证过账后还可以进行反过账。

↗ 输出账表

(1) 凭证汇总表

在金蝶 K/3 系统主界面，执行【财务会计】—【总账】—【凭证处理】—【凭证汇总】命令，弹出【过滤条件】对话框。币别选择"综合本位币"，勾上【包含所有凭证字号】选项，单击【确定】按钮，进入【凭证汇总表】窗口。系统列出了指定日期会计科目的借方发生额汇总数及贷方发生额汇总数。

(2) 总分类账

在金蝶 K/3 系统主界面，执行【财务会计】—【总账】—【账簿】—【总分类账】命令，弹出【过滤条件】对话框。单击【确定】按钮，进入【总分类账】窗口，系统列出了指定期间指定会计科目的期初余额、本期借方发生额合计及贷方发生额合计、期末余额。

(3) 多栏账

在金蝶 K/3 系统主界面，执行【财务会计】—【总账】—【账簿】—【多栏账】命令，打开【多栏式明细分类账】对话框。

先单击【设计】按钮，打开【多栏式明细账定义】对话框，如图 15-4 所示。在【编辑】页签，单击【新增】按钮，设计多栏账的方案。

图 15-4　多栏账设计

首先在【会计科目】处选择"管理费用",然后在【币别代码】处选择"RMB",单击下方的【自动编排】按钮,即完成了多栏账的设计。

设计完毕,单击【保存】按钮。在【浏览】页签,选择刚定义的多栏账,单击【确定】按钮,系统自动按定义的规则显示符合要求的多栏账,如图 15-5 所示。

图 15-5　多栏账

实验二　结转损益

↗ 应用场景

凭证制作的目的是正确编制报表。为了编制损益表,月末需要将损益类科目实际发生额自动转入本年利润科目。

↗ **实验步骤**
- 自动结转损益。
- 结转损益凭证审核。
- 结转损益凭证过账。

↗ **操作部门及人员**
由主管会计张婷进行自动结转损益的操作，由经理许静对凭证进行审核、过账。

↗ **实验前准备**
- 将系统时间调整为 2015-02-28。
- 接实验一继续练习。

↗ **实验数据**
2015 年 2 月 28 日，将所有损益类科目实际发生额结转到本年利润科目中。
设置凭证类型为"损益"，凭证生成方式为"按普通方式结转"。

↗ **操作指导**
在金蝶 K/3 系统主界面，执行【财务会计】—【总账】—【结账】—【结账损益】命令，打开【结转损益】向导，依照系统提示操作，根据实验数据选择结转损益方式，如图 15-6 所示，点击【完成】按钮进行自动结转损益。

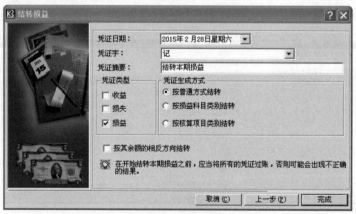

图 15-6 结转损益

在金蝶 K/3 系统主界面，执行【财务会计】—【总账】—【凭证处理】—【凭证查询】命令，弹出【会计分录序时簿过滤】对话框。单击【确定】按钮，进入总账系统【会计分录序时簿】列表窗口，可以查看刚才生成的损益凭证，如图 15-7 所示。

图 15-7　凭证查询

许静登录系统，审核结账损益凭证。执行【财务会计】—【总账】—【凭证处理】—【凭证过账】命令，打开【凭证过账】向导，完成凭证过账操作。

损益类科目结转到本年利润必须使用系统提供的结转损益功能，否则将影响损益表的正确。

上述实验做完后，备份账套，备份文件名为"F 诚信电子公司(总账)"。

实验三　期末结账

↗ 应用场景

了解期末结账的方法，待相关系统业务都处理完毕，凭证全部生成，并审核、过账后，再做结账工作。

↗ 实验步骤

期末结账。

↗ **操作部门及人员**

主管会计张婷进行期末结账处理。

↗ **实验前准备**

- 将系统时间调整为 2015-02-28。
- 接实验二继续练习。

↗ **实验数据**

无。

↗ **操作指导**

在金蝶 K/3 系统主界面，执行【财务会计】－【总账】－【结账】－【期末结账】命令，打开【期末结账】向导，依照系统提示操作。结账完成，系统进入下一会计期间，在窗口的右下角，可以看到当前会计期间为：2015 年第 3 期。

① 如果其他系统参数设置了"与总账同步"，则需要其他系统先结账，总账系统才能结账。

② 期末结账是本期工作的最后一项工作，一定要慎重，确保前面工作都完成后再进行结账。

③ 系统还提供"反结账"的功能，建议大家不要轻易进行结账、反结账处理。

第 16 章 模拟练习案例

经过前面的学习,基本可以了解供应链管理系统的各项实际操作了。下面可根据给出的模拟练习案例独自完成企业的各项业务操作。

16.1 案例背景

为创公司是深圳一家销售生活用纸的批发公司,主要面向深圳的超市、商场等销售面巾纸、卷筒纸、湿纸巾等纸类用品。由于业务发展需要,拟于 2015 年 1 月使用金蝶 K/3 信息系统。

16.2 初始化

16.2.1 建账

1. 新建账套

(1) 账套号:001。
(2) 账套名:为创。
(3) 账套类型:标准供应链解决方案。

2. 添加用户

添加的用户信息如表 16-1 所示。

表 16-1 用 户 信 息

职 员	部 门	职务、职责
李明	行政人事部	总经理
唐兵	行政人事部	工资计算、资产管理
陈民	财务部	经理
高起	财务部	会计
王明	财务部	出纳

(续表)

职　员	部　门	职务、职责
刘雨	采购部	经理
许三	采购部	采购员
罗元	销售部	经理
任武	销售部	销售业务员
龙英	仓管部	经理
张才	仓管部	宝安仓管员
常胜	仓管部	广州仓管员

16.2.2　设置系统参数

根据自己的要求设置。

16.2.3　设置基础资料

1. 会计科目

引用新会计准则会计科目。

2. 计量单位

计量单位信息如表 16-2 所示。

表 16-2　计　量　单　位

计量单位组	计量单位代码	计量单位名称	是否基本计量单位	系　　数
数量组	01	包	是	1
	02	卷	否	1
	03	盒	否	10
	04	箱	否	20

3. 客户

客户信息如表 16-3 所示。

表 16-3 客户信息

客户代码	客户名称
001	沃玛超市
002	万佳商场
003	天红商场

4. 供应商

供应商信息如表 16-4 所示。

表 16-4 供应商信息

供应商代码	供应商名称
001	为达公司
002	洁霸公司
003	花柔公司

5. 物料

物料信息如表 16-5 所示。

表 16-5 物料信息

代码	名称	计量单位	计价方法
001	面巾纸		
001.01	为达面巾纸	包	加权平均
001.02	洁霸面巾纸	包	加权平均
002	卷筒纸		
002.01	为达卷筒纸	包	加权平均
002.02	洁霸卷筒纸	包	加权平均
003	湿纸巾		
003.01	花柔湿纸巾	包	加权平均

16.2.4 初始化数据

1. 存货初始余额

存货初始余额如表 16-6 所示。

表 16-6 存货初始余额

编码	数量余额	金额	仓库
001.01	3000	9 000	宝安仓库
001.02	10000	30 000	宝安仓库
002.01	2000	2 000	宝安仓库
002.02	4000	4 000	宝安仓库
003.01	5000	10 000	宝安仓库

广州仓库暂时无存货。

2. 应收应付初始余额

应收应付初始余额如表 16-7 所示。

表 16-7 应收应付初始余额

客户名称	单据类型	单据日期	应收金额
沃玛超市	普通发票	2009-12-23	500 000
万佳商场	其他应收单	2009-12-23	20 000
供应商名称	单据类型	单据日期	应付金额
为达公司	增值税发票	2009-12-20	400 000
洁霸公司	其他应付单	2009-12-20	100 000

3. 总账科目初始余额

总账科目初始余额如表 16-8 所示。

表 16-8 总账科目初始余额

科目名称	方向	期初余额
现金	借	5 000
银行存款		
——工行	借	1 200 000
——建行	借	0
应收账款		
——沃玛超市	借	500 000
——万佳商场	借	20 000
库存商品	借	55 000
固定资产	借	300 000
累计折旧	贷	10 000

(续表)

科 目 名 称	方　　向	期 初 余 额
短期借款	贷	
应付账款		
——为达公司	贷	400 000
——洁霸公司	贷	100 000
实收资本	贷	1 570 000

16.2.5　结束初始化

存货核算系统、应收应付系统、总账系统依次结束初始化。

在实际企业运用中，建议按照应收应付系统→存货核算系统→总账系统的顺序进行结束初始化操作。因为启用存货核算系统后，应收应付系统如果还未结束初始化，采购、销售系统的发票将无法传递到应收应付系统，从而会导致应收应付系统和供应链系统的数据不一致。

16.3　日常业务处理

16.3.1　采购管理

(1) 采购部采购员许三于 2015 年 2 月 15 日向为达公司订购 1 000 箱面巾纸，单价为 50 元(不含税价)。2015 年 2 月 20 日货到，当日采购部门通知宝安仓库入库，同日收到为达公司开出的增值税发票。

(2) 采购部采购员许三于 2015 年 2 月 16 日向洁霸公司订购 1 000 箱卷筒纸，单价为 20 元(不含税价)。2015 年 2 月 20 日货到，当日采购部门通知宝安仓库入库。

16.3.2　销售管理

(1) 万佳商场于 2015 年 2 月 20 日向销售部任武订购为达面巾纸和花柔湿纸巾各 500 盒，销售价分别是 50 元(不含税价)、40 元(不含税价)。当日宝安仓库发货，销售部门开具销售发票。

(2) 天红商场于 2015 年 2 月 25 日向销售部任武订购 100 箱洁霸卷筒纸，销售价为 50 元(不含税价)。当日宝安仓库发货。

(3) 月底，天红商场退回 3 箱受潮卷筒纸，入宝安仓库。

16.3.3 仓存管理

月末盘点，发现实际洁霸卷筒纸比账面多 50 卷，花柔湿纸巾比账面少 80 包，作盘盈盘亏处理。

16.3.4 存货核算管理

(1) 进行出入库成本核算。
(2) 制作凭证。

16.3.5 应收管理

(1) 2015 年 2 月 25 日收到万佳商场银行票据 30 000 元。
(2) 2015 年 2 月 28 日收到万佳商场转账支票 4 000 元。
(3) 采购部采购员许三于 2015 年 2 月 15 日向为达公司订购 1 000 箱面巾纸，单价为 50 元(不含税价)。2015 年 2 月 20 日货到，当日采购部门通知宝安仓库入库，同日收到为达公司开出的增值税发票。
(4) 采购部采购员许三于 2015 年 2 月 16 日向洁霸公司订购 1 000 箱卷筒纸，单价为 20 元(不含税价)。2015 年 2 月 20 日货到，当日采购部门通知宝安仓库入库。

16.3.6 应付管理

(1) 2015 年 2 月 20 日支付为达公司货款(电汇)30 000 元。
(2) 2015 年 2 月 20 日支付洁霸公司转账支票 20 000 元。

16.3.7 总账管理

(1) 5 日，提取现金 10 000 元备用。
借：现金　　　　　　　　　　10 000
　　贷：银行存款——建行　　　　10 000
(2) 20 日，任武等报销本月通信费。
借：管理费用——通信费/销售部/任武　　500
　　　　　　——通信费/行政人事部/李明　800
　　　　　　——通信费/财务部/陈民　　300
　　贷：现金　　　　　　　　　　　　1 600

16.4 期末处理

按照存货核算系统→应收应付系统→固定资产→工资系统→现金管理系统→总账系统的顺序进行期末业务处理。